IBEROAMÉRICA
SÍNTESIS DE SU CIVILIZACIÓN
SEGUNDA EDICIÓN

THE SCRIBNER SPANISH SERIES
General Editor, CARLOS A. SOLÉ
The University of Texas at Austin

IBEROAMÉRICA
SÍNTESIS DE SU CIVILIZACIÓN

SEGUNDA EDICIÓN

CARLOS A. LOPRETE
Ex profesor, Universidad de Buenos Aires

DOROTHY McMAHON
University of Southern California

Charles Scribner's Sons / New York

ACKNOWLEDGMENTS

The authors wish to thank the following persons and companies for permission to reprint materials appearing in this volume:

"Piececitos" by Gabriela Mistral, from *Poesías completas,* 3a. edición (Madrid: Aguilar, 1966). Reprinted by permission of Doris Dana. Copyright 1922 by Gabriela Mistral.

"Un patio" by Jorge Luis Borges, from his *Fervor de Buenos Aires* (Buenos Aires: Emecé Editores, S.A., 1969). Reprinted by permission of Emecé Editores, S.A., Buenos Aires. Copyright © 1969 by Jorge Luis Borges.

Maps on p. 4 and p. 6 by Felix Cooper.
Cover and text design by Lenni Schur.

5 7 9 11 13 15 17 19   Q/P   20 18 16 14 12 10 8 6 4

Printed in the United States of America
Library of Congress Catalog Card Number 73-1346
ISBN 0-684-13801-8 (pbk)

ADVERTÉNCIA A LA SEGUNDA EDICIÓN

Esta nueva edición de *Iberoamérica: Síntesis de su civilización*, actualizada y revisada, responde a los profundos cambios operados en los últimos años en la América Latina y a las expectativas de la juventud universitaria actual. Se han tenido en cuenta, además, los valiosos consejos recogidos en diversos ambientes académicos desde la aparición primera de este libro en 1965.

Por tratarse de una historia de la civilización, es natural que no haya podido eludirse, sin riesgos científicos, ninguna época del proceso total, aunque el imperativo de modernización ha exigido una reducción de lo antiguo en beneficio de lo contemporáneo.

En los aspectos formales del texto se han conservado las características iniciales (organización cronológica, selección sintética de personajes y asuntos históricos, unidad temática en cada capítulo, lengua moderna y clara, bibliografía de consulta, adecuación al nivel de las clases a que está destinado, etc.).

La América Latina pasa en estos momentos por una etapa decisiva de su civilización. Quizás, más que nunca en su historia, esta parte del continente se agita en busca de una forma propia de vida, que no ha encontrado todavía. Este proceso desorienta —cuando no desalienta— a quienes no conocen profundamente la realidad de estos países jóvenes. Se hace necesario, pues, una profundización de los estudios latinoamericanos más allá de lo anecdótico y pintoresco y una mayor flexibilidad de pensamiento para entender el nuevo fenómeno.

Pensar en una reversión hacia el pasado es absurdo. La historia marcha siempre hacia adelante. El futuro habrá de surgir por evolución o por revolución de lo actual, y seguramente será distinto de lo tradicional. La comprensión de este proceso requiere, metodológicamente, que Iberoamérica sea analizada a través de sus propias ideas y de su propia realidad.

En estos momentos todo está sujeto a crítica y revaloración: las instituciones, la sociedad, la iglesia, las fuerzas armadas, la política, la economía y las relaciones internacionales, tal como pasó en Europa en tiempos del Renacimiento y de la Revolución Francesa. Pero el continente crece, adquiere nuevas potencias y crea nuevas formas culturales.

Los autores confían en que los estudiantes interpretarán los nuevos hechos como naturales en una civilización en estado de transición o crisis y no de caos, que brega entre factores adversos y favorables, por una sociedad más justa en lo económico, político, social y cultural. Esto les permitirá obtener así una visión más realista y saludable de la civilización latinoamericana.

C.A.L.
D.McM.

ÍNDICE DE MATERIAS

ADVERTENCIA A LA SEGUNDA EDICIÓN   v

Uno / AMBIENTE FÍSICO Y HUMANO   3

DEFINICIÓN / MARCO POLÍTICO / PANORAMA GEOGRÁFICO /
ECONOMÍA / POBLACIÓN / EL HOMBRE AMERICANO / LA CUL-
TURA AMERICANA ORIGINARIA: El Maíz / LAS CULTURAS PRI-
MITIVAS: Tolteca; mochica; la de Tiahuanaco

Dos / LAS GRANDES CULTURAS INDIAS   27

EL PUEBLO MAYA: La ciudad-estado; la escritura y los libros; la aritmética y los calendarios; la arquitectura, escultura y pintura; música, danza y
teatro; la literatura / EL PUEBLO AZTECA: Tenochtitlán; el ejército y la
guerra; la educación, usos y costumbres; arquitectura y otras artes; la religión

y los calendarios; literatura / LOS INCAS: El Tahuantinsuyo o Imperio Inca; la arquitectura; religión; literatura, artes y ciencias / LAS CULTURAS ABORÍGENES MENORES: Los chibchas; los araucanos; los pampas; los patagones; los caribes; los aborígenes del Brasil

Tres / EL DESCUBRIMIENTO Y LA CONQUISTA   65

LA ÉPOCA DEL DESCUBRIMIENTO Y LA EXPLORACIÓN: Cristóbal Colón; Hernando de Magallanes; América dividida; el espíritu de exploración; el descubrimiento y la civilización moderna / LA CONQUISTA: La lucha inicial contra los indios; la "leyenda negra"; las leyes de Indias / LA POLÍTICA DE COLONIZACIÓN

Cuatro / EL RÉGIMEN COLONIAL Y LA
         CIUDAD INDIANA   83

LA ADMINISTRACIÓN COLONIAL / RÉGIMEN ECONÓMICO / LA SOCIEDAD COLONIAL: El mestizaje; los indios; los viajeros / LA VIDA EN LA CIUDAD COLONIAL: La conquista espiritual; educación; la imprenta y los libros; la ciencia; religión; el patronato real; la inquisición

Cinco / LAS LETRAS Y LAS ARTES EN
        LA COLONIA   105

LOS CRONISTAS Y LOS HISTORIADORES DE INDIAS: El Inca Garcilaso de la Vega / LA ÉPICA: Alonso de Ercilla / EL BARROCO: Sor Juana Inés de la Cruz / EL TEATRO / LA ARQUITECTURA / LAS OTRAS ARTES: La escultura; la pintura; artes menores

Seis / EL BRASIL COLONIAL   121

EL DESCUBRIMIENTO Y LA COLONIZACIÓN: Las capitanías generales; Bahía, capital del Brasil colonial; el mestizaje; la Francia Antártica; el Brasil holandés; el Brasil, colonia española / LA EXPANSIÓN AL INTERIOR Y LOS "BANDEIRANTES" / TIRADENTES Y LA "INCONFIDENCIA MINEIRA" / LA CULTURA COLONIAL Y LAS LETRAS / LAS ARTES: El "Aleijadinho"

Siete / LA INDEPENDENCIA Y EL NEOCLASICISMO   133

AMÉRICA A FINES DEL SIGLO XVIII / LAS NUEVAS IDEAS / LA INDEPENDENCIA: Simón Bolívar; José de San Martín; Miguel Hidalgo / ANARQUÍA Y CAUDILLISMO / LA LITERATURA DE LA REVOLUCIÓN / LA POESÍA NEOCLÁSICA: Andrés Bello / LA NOVELA

Ocho / **LA ORGANIZACIÓN NACIONAL Y EL ROMANTICISMO**   149

LOS DICTADORES / LA ORGANIZACIÓN NACIONAL EN LA AR-
GENTINA / LA REFORMA EN MÉXICO: El emperador Maximiliano;
Porfirio Díaz / LAS GUERRAS DE LA ÉPOCA / EL ROMANTICIS-
MO: La idea de una cultura americana; el americanismo literario; Esteban
Echeverría; el liberalismo / LOS GRANDES PENSADORES Y MAES-
TROS: Domingo Faustino Sarmiento; Juan Montalvo; Eugenio María de
Hostos; Justo Sierra; Enrique José Varona; Manuel González Prada

Nueve / **EL TRÁNSITO AL SIGLO XX**   167

CUBA Y LA GUERRA DE LOS ESTADOS UNIDOS Y ESPAÑA / LOS
ESTADOS UNIDOS E IBEROAMÉRICA: El sistema panamericano / EL
SEGUNDO ROMANTICISMO / LA LITERATURA GAUCHESCA /
EL REALISMO / EL MODERNISMO: Rubén Darío; José Enrique Rodó;
Ariel y el arielismo

Diez / **PRIMERA MITAD DEL SIGLO XX**   187

PANORAMA POLÍTICO / LA REVOLUCIÓN MEXICANA / LA GUE-
RRA DEL CHACO / LAS DOS GUERRAS MUNDIALES / EL MOVI-
MIENTO INDIGENISTA PERUANO / EL PERONISMO / EL MO-
VIMIENTO NACIONALISTA REVOLUCIONARIO DE BOLIVIA / LA
REFORMA UNIVERSITARIA / EL CRIOLLISMO: Horacio Quiroga; Ró-
mulo Gallegos / LA NOVELA DE LA REVOLUCIÓN MEXICANA: Ma-
riano Azuela / LA POESÍA POSMODERNISTA: Gabriela Mistral; César
Vallejo / EL ENSAYO: Alfonso Reyes; José Vasconcelos / EL NACIONA-
LISMO

Once / **LA ACTUALIDAD: POLÍTICA**   209

CRITERIO DE INTERPRETACIÓN / LA INESTABILIDAD POLÍTICA
Y SOCIAL / LA REVOLUCIÓN CUBANA: El castrismo / EL MARXIS-
MO EN CHILE / LA REVOLUCIÓN MILITAR PERUANA / EL RENA-
CIMIENTO DEL PERONISMO / LA TRADICIÓN: FUERZAS AR-
MADAS, IGLESIA Y BUROCRACIA / LA VIDA POLÍTICA / LAS
REVOLUCIONES / LOS PARLAMENTOS / LOS POLÍTICOS / LOS
PARTIDOS / LAS GUERRILLAS / LA IGLESIA REBELDE

Doce / **LA ACTUALIDAD: ECONOMÍA**   235

PANORAMA ECONÓMICO / EL DESARROLLO ECONÓMICO: La Comisión para América Latina (CEPAL) / LA REFORMA AGRARIA: En

México; las reformas de los 50: Bolivia, Guatemala y Venezuela; la reforma en Cuba; Chile y los otros países / LA INDUSTRIALIZACIÓN / LAS INVERSIONES / EL COMERCIO / PERSPECTIVAS

Trece / LA ACTUALIDAD: SOCIEDAD Y EDUCACIÓN   265

EL CAMBIO SOCIAL / EL URBANISMO / VIDA RURAL / LA PERSONALIDAD DE LOS IBEROAMERICANOS / EDUCACIÓN: La alfabetización; la enseñanza; la universidad / LA CIENCIA / LOS INTÉRPRETES LOCALES

Catorce / LITERATURA Y ARTES CONTEMPORÁNEOS   291

LA POLÉMICA CULTURAL / LA NOVELA DE PROTESTA SOCIAL: Miguel Ángel Asturias / LA NARRATIVA ACTUAL: Gabriel García Márquez / OTROS MOVIMIENTOS Y AUTORES: Jorge Luis Borges / LA POESÍA: Pablo Neruda / LA PINTURA: Los muralistas mexicanos / LA ARQUITECTURA / LA ESCULTURA / LA MÚSICA / CINE, RADIO Y TELEVISIÓN

Quince / EL BRASIL EN LOS SIGLOS XIX Y XX   315

DON JUAN, REY DE PORTUGAL Y EL BRASIL / EL GRITO DE IPARANGA: DON PEDRO I, EMPERADOR / DON PEDRO II / LA REPÚBLICA / LA REVOLUCIÓN DE 1930: Getulio Vargas / BRASILIA, NUEVA CAPITAL / LA OPERACIÓN PANAMERICANA: Kubitscheck / EL RÉGIMEN MILITAR ACTUAL / EL "MILAGRO BRASILEÑO" / LA LITERATURA DEL SIGLO XIX: Joachim Machado de Assis / LA LITERATURA DEL SIGLO XX / LA ARQUITECTURA: Oscar Niemeyer y Roberto Burle Marx / LA PINTURA: Candido Portinari y Emiliano di Cavalcanti / LA MÚSICA: Heitor Villa Lobos

Dieciséis / PUNTOS DE VISTA   333

APÉNDICE   339

FECHAS IMPORTANTES, 341 / BIBLIOGRAFÍA SUMARIA, 347 / VOCABULARIO, 361 / ORÍGENES DE FOTOGRAFÍAS, 405

IBEROAMÉRICA

SÍNTESIS DE SU CIVILIZACIÓN

SEGUNDA EDICIÓN

La pampa argentina. El caballo, traído originalmente de Europa por los españoles, ha sido una fuerza económica importante en el desarrollo del Nuevo Mundo.

UNO
AMBIENTE FÍSICO
Y HUMANO

DEFINICIÓN

Iberoamérica es un complejo de diecinueve naciones que se extienden en el continente americano desde el Río Grande, al norte, hasta el Cabo de Hornos, al sur, y cuyas lenguas oficiales son en la actualidad[1] el español y el portugués. Se las denomina así, porque son países de América descubiertos, conquistados y colonizados a partir del siglo XV por España y Portugal, que juntos constituyen la Península Ibérica. Dentro de la denominación Iberoamérica no cabría, con propiedad, la república de Haití, cuyo idioma oficial es el francés.

Algunos historiadores prefieren, en cambio, el nombre de *América Latina,* porque incluye a aquel país y, además, señala el aporte[2] histórico, racial

[1] **actualidad** present, present day

[2] **aporte** contribution

3

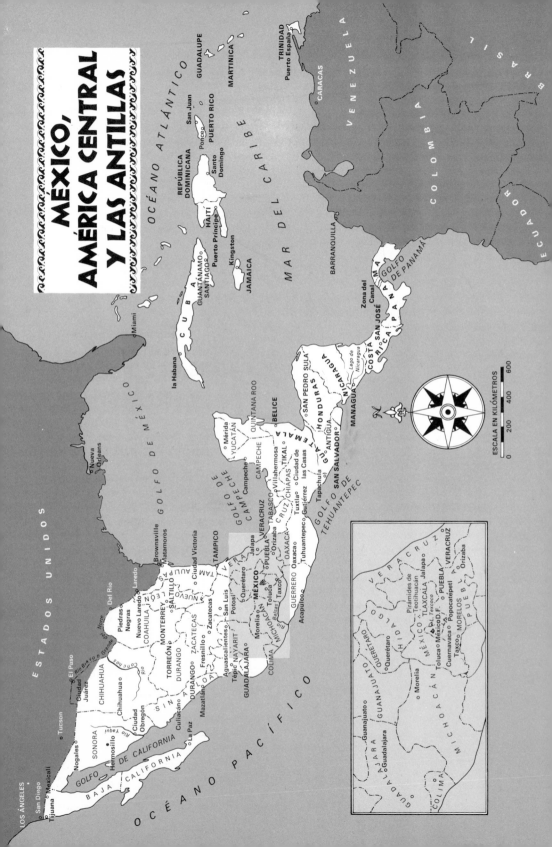

y cultural de Francia e Italia en esta parte del continente. En los Estados Unidos es muy corriente esta denominación.

Otros historiadores, hispanos generalmente, usan el nombre de *Hispanoamérica* o *América Hispánica,* para caracterizar a los países de origen español y distinguirlos de los otros. Puerto Rico, antigua colonia hispánica [5] incorporada desde 1898 a los Estados Unidos, formaría parte de ese conjunto hispanoamericano, según dicho criterio.

Por su parte, ciertos autores iberoamericanos, que prefieren alejar los orígenes de estas naciones hasta su más remota antigüedad posible, dando así lugar a las antiguas culturas precolombinas, han propuesto el nombre de [10] *Indoamérica.* En muchos casos, la elección del nombre responde a una preferencia ideológica. En este libro adoptamos el nombre de *Iberoamérica* por ser más exacto para referirse a los países hispanoamericanos y al Brasil conjuntamente.

Los europeos de la época de la conquista denominaron a estas tierras [15] *Indias Occidentales,* por oposición a las Indias Orientales, y también *Nuevo Mundo.* El nombre de *América* está relacionado con el del cartógrafo Américo Vespucci, de origen italiano, por extrañas circunstancias. [3]

MARCO POLÍTICO

Iberoamérica no es una unidad desde el punto de vista geográfico: un país, México, [4] está en la América del Norte; otros seis países — Guatemala, Honduras, El Salvador, Nicaragua, Costa Rica y Panamá — están en la América [20] Central; dos — Cuba y la República Dominicana — están situados en el mar Caribe, y los diez restantes — Brasil, Venezuela, Colombia, Ecuador, Perú, Bolivia, Paraguay, Chile, Argentina y Uruguay — están en la América del Sur. *Puerto Rico y Haití.* [25]

En total, ocupan un territorio de aproximadamente 8.000.000 de millas cuadradas, un sexto más o menos de las tierras del mundo, y el doble del territorio europeo. Desde la frontera norte de México al sur de la Argentina hay una distancia de 7.000 millas. La superficie de Iberoamérica fue mayor

8 mill. mi² — 1/6 del mundo.

---

[3] Foreign geographers, notably the German Martin Wadseemüller in his *Cosmographiae Introductio* (1507), confused as to the identity of the true discoverer of the New World, began referring to it as *Amérige, Tierra de América,* or *América.*

[4] Although the Dictionary of the Royal Spanish Academy uses the spelling *Méjico, mejicano,* this text follows the usage of Mexico itself and employs the forms *México, mexicano.*

MAR DEL CARIBE

BARRANQUILLA
CARTAGENA
LA GUAIRA
MARACAIBO
TRINIDAD
L. Maracaibo
CARACAS
R. Orinoco
V E N E Z U E L A
GEORGETOWN
PARAMARIBO
CAYENA
LA GUAYANA
INGLESA
SURINAM
LA GUYANA
FRANCESA
R. Cauca
MEDELLIN
MANIZALES
ZIPAQUIRÁ
BOGOTÁ
CALI
Cataratas del
Tequendama
SILVIA
SIERRA
PACARAIMA
POPAYAN
C O L O M B I A
R. Negro
ORITO
Cotopaxi
QUITO
Chimborazo
GUAYAQUIL
E C U A D O R
R. Amazonas
BELÉM
R. Madeira
MANÁOS
FORTALEZA
IQUITOS
R. Marañón
SIERRA DEL
ESTRUENDO
SIERRA DEL
DESORDEN
CHICLAYO
R. São Francisco
RECIFE
TRUJILLO
Huascarán
P E R Ú
B R A S I L
SIERRA DE
LOS PARECIS
CALLAO
LIMA
HUANCAYO
SALVADOR
HUANCAVELICA
MACCHU PICHU
ICA
CUZCO
Mato
Grosso
Distrito
Federal
B O L I V I A
L. Titicaca
BRASILIA
AREQUIPA
LA PAZ
COCHABAMBA
MINAS
GERAIS
SUCRE
BELO HORIZONTE
SIERRA DA
MANTIQUIERA
IQUIQUE
P A R A G U A Y
Chuquicamata
RÍO DE JANEIRO
ANTOFAGASTA
Desierto de
Atacama
CONCEPCIÓN
SÃO PAULO
Volcán Llullaillaco
ASUNCIÓN
VILLARICA
Cataratas del Iguaçu
TUCUMÁN
R. Paraná
RÍO GRANDE
DEL SUR
CÓRDOBA
PORTO ALEGRE
VIÑA DEL MAR
MENDOZA
SANTA FE
URUGUAY
VALPARAÍSO
SANTIAGO
ROSARIO
SALTO
BUENOS AIRES
MONTEVIDEO
CONCEPCIÓN
P a m p a s
PUNTA DEL ESTE
CHILLÁN
BAHÍA
BLANCA
Río de la Plata
MAR DEL PLATA
R. Colorado
VALDIVIA
R. Negro
A R G E N T I N A
PUERTO MONTT
ISLA DE
CHILOÉ
COMODORO
RIVADAVIA

O C É A N O   P A C Í F I C O

O C É A N O   A T L Á N T I C O

Estrecho de
Magallanes
ISLAS
MALVINAS
Punta Arenas
Tierra del Fuego
Cabo de Hornos

N

AMÉRICA
DEL SUR

ESCALA EN KILÓMETROS
0   500   1000

hasta el siglo pasado, antes de algunos cambios políticos internacionales, en que la región norteña del antiguo imperio español pasó al dominio de los Estados Unidos: California (1848), Arizona (1848-1853), Nuevo México (1848), Texas (1845), Luisiana (1803) y Florida (1819). El Brasil es el más grande de todos los países, con una extensión casi igual a la de los Estados Unidos, incluyendo Alaska.

No todo el territorio americano situado al sur del Río Grande es iberoamericano, pues algunas islas del mar Caribe son posesiones europeas: Martinica y Guadalupe, de Francia; Curazao, de Holanda; las Bahamas, Barbados y otras son colonias inglesas. Puerto Rico forma parte de los Estados Unidos bajo un régimen jurídico especial y los puertorriqueños tienen la ciudadanía norteamericana. En el territorio continental de Centro América, están la Honduras Británica, y la zona del Canal de Panamá, de los Estados Unidos. [5] En la América del Sur, se encuentran la Guyana, [6] la Guayana Holandesa y la Guayana Francesa. Asimismo, son posesiones extranjeras algunas islas más. [7] En los tiempos actuales hay litigios pendientes de solución entre varios países fronterizos y hay también diferencias de opinión entre otros países del mundo con respecto a la región antártica.

PANORAMA GEOGRÁFICO

Casi tres cuartas partes de la América ibérica están dentro de la zona tropical y su clima es bastante cálido, salvo en las tierras altas o en las regiones litorales, [8] donde la influencia de la altura o del mar atempera el calor. La distribución de las lluvias es muy irregular, pero la costa atlántica es más húmeda, en general, que la del Pacífico.

Algunas regiones del centro de la América del Sur, particularmente las extensísimas selvas del Brasil, Venezuela, Colombia, Ecuador, Perú, Bolivia

---

[5] Currently, in the spring of 1973, the United States and Panama are discussing a new treaty which will afford Panama more control over the Canal Zone and more income. Both countries have agreed in principle, but specific details have not been finally worked out.

[6] On May 26, 1966 British Guiana became Guyana — an independent parliamentary democracy with a British governor-general — at an official ceremony in which it received from Queen Elizabeth's representative the documents granting its independence. On February 23, 1970 the Commonwealth nation became a republic with its own president, prime minister, and National Assembly.

[7] The Virgin Islands in the Caribbean and the Falklands off the coast of Southern Argentina, for example.

[8] **litoral(es)** coastal

La naturaleza iberoamericana. *Página opuesta:* Cataratas del Iguazú, entre
Argentina, Paraguay y Brazil; Rebaño de ganado en la pampa argentina. *Arriba:*
Paricutín, un volcán aparecido en 1943 en Michoacán, México; Los Andes
peruanos.

y Paraguay, son consideradas por los geógrafos como zonas no incorporadas todavía al efectivo progreso nacional, y lo mismo acaece,[9] aunque en menor grado, con ciertas regiones de la América Central y México. Últimamente ha habido[10] bastante progreso, especialmente en el Brasil y Venezuela.

5   La naturaleza de Iberoamérica es espectacular y sorprendente. La Cordillera de los Andes, que se extiende sin interrupción desde el Estrecho de Magallanes hasta Centroamérica, por más de 4.000 millas, es la más larga barrera montañosa del mundo. En ella se encuentran muchos volcanes y el pico más alto del hemisferio occidental, el Aconcagua (22.834 pies),

10 en el sector argentino. La cordillera se ensancha a gran altura[11] entre Perú, Bolivia, Chile y Argentina, constituyendo el Altiplano,[12] una meseta extensa entre los 12.000 y 14.000 pies de altura, donde se encuentra el lago Titicaca. La parte meridional,[13] entre Chile y la Argentina, está cubierta de hielos y nieves perpetuas, y enormes glaciares descienden desde las alturas hasta

15 las aguas del mar.

---

[9] **acaece** happens
[10] **Últimamente ha habido** Recently there has been

[11] **se ensancha a gran altura** achieves an imposing size and height
[12] **Altiplano** Highlands
[13] **meridional** southern

① barrier.

El hombre y la naturaleza. *Página opuesta:* El Altiplano boliviano cerca de La Paz. *Arriba:* Secadero de tabaco cerca de El Espiñal, Colombia; Cultivo de papas con arado de madera en Ecuador.

Tres grandes sistemas fluviales existen en Sudamérica. El del río Amazonas, segundo río del mundo en longitud (3.900 millas) —el Nilo es el primero— que cruza casi todo el continente de oeste a este. En torno a esta cuenca [14] se extiende la mayor área de selva tropical de todo el mundo. El sistema del Río de la Plata incluye otros tres ríos: el Uruguay, el Paraguay y el Paraná, e interna sus aguas dulces por muchísimas millas dentro del océano. El sistema del río Orinoco es el tercero en importancia. Otros ríos importantes son el San Francisco, en Brasil, y el complejo del Magdalena y el Cauca, en Colombia.

La región del Amazonas, en Brasil, es la más densa concentración vegetal del mundo, a causa del clima tropical y las grandes lluvias. Cerca de un cuarto de todas las especies vegetales conocidas han sido halladas en el Brasil.

La Pampa argentina, de suelo húmedo y fértil, cubierta de pastos naturales, avanza con uniforme horizontalidad desde el Río de la Plata, abarcando un cuarto de millón de millas cuadradas. Monótona y fascinante al mismo tiempo, es una de las zonas del mundo más apta para la gana-

---

[14] **cuenca** basin

dería y la agricultura. En Venezuela y Colombia los Llanos ofrecen similares características, aunque ocupan menos extensión y están por el momento menos explotados.

En Perú, Ecuador, Colombia y Venezuela, las montañas corren paralelas al mar y determinan en gran parte la economía y la vida de la población. En Centroamérica y en México, ocupan también buena parte del territorio, formando una interesante combinación de alturas, valles, tierras bajas y playas.

La fauna de Iberoamérica es bastante diferente de la europea y la asiática. Muchos animales, como el caballo, el cerdo, la mula, el asno, el ganado ovino y el ganado vacuno, [15] no existían en estas regiones y fueron traídos por los conquistadores españoles y portugueses. La llama, la alpaca, la vicuña y el guanaco eran utilizados por los aborígenes en diversas faenas y menesteres, y en ciertas regiones andinas continúa aún su empleo. Tampoco existían gallos ni gallinas. En cambio, era muy variada la fauna en reptiles, insectos y carnívoros.

Muchas plantas, conocidas por los conquistadores europeos en sus países, tampoco crecían en América: arroz, trigo, avena, [16] cebada, [17] centeno, [18] caña de azúcar y café. Fueron también introducidas en el continente por los conquistadores. En cambio, el suelo producía otras desconocidas en Europa, como el maíz, el tabaco, el cacao, el maní, [19] la mandioca, la papa y la batata. [20]

ECONOMÍA

El territorio iberoamericano es rico en recursos naturales. Venezuela, Chile y Brasil poseen importantes reservas de hierro; Venezuela es el quinto productor de petróleo del mundo; Bolivia figura entre los tres mayores países en minas de estaño; Chile es importante en la producción de cobre; México extrae gran parte del plomo y de la plata mundiales; Argentina es uno de los mayores productores de trigo, maíz, carne vacuna y cueros; [21] Brasil es el mayor productor de café, y conjuntamente con Colombia y otros países iberoamericanos abastece [22] casi toda la demanda mundial; Argentina es

---

[15] **ganado ovino y ganado vacuno** sheep and cattle
[16] **avena** oats
[17] **cebada** barley
[18] **centeno** rye

[19] **maní** peanut
[20] **batata** sweet potato
[21] **cueros** hides
[22] **abastece** supplies

Una mina de estaño en Bolivia. La producción de materias primas es una actividad económica principal en muchos países iberoamericanos.

importante en la producción de lanas; y Brasil vende algodón en escala mundial. El tabaco, el cacao y varias frutas como la banana y la piña son también productos de importancia.

La economía de muchos de estos países depende de un solo producto de exportación: Guatemala, El Salvador, Colombia y Brasil, del café, en más de un 60 %; Cuba, del azúcar; Honduras, de las bananas; Bolivia, del estaño; Venezuela, del petróleo; Uruguay, de las lanas; Chile, del cobre. Otros dependen de dos o poco más artículos de exportación. [5]

En industria manufacturera, sólo tres de ellos, Brasil, México y Argentina, han logrado un moderado desarrollo. Iberoamérica es todavía una región productora de materias primas, [23] aunque los distintos países realizan grandes esfuerzos por alcanzar la etapa industrial. [10]

---

[23] **materias primas**   raw materials

La mitad aproximadamente del comercio exterior de Iberoamérica se realiza con los Estados Unidos, y en segundo término, con naciones europeas.

POBLACIÓN

La población actual de Iberoamérica es heterogénea. El total de habitantes de los diecinueve países ascendía en 1970 a los 273 millones de personas.
5 Desde el año 1920, es la población que más rápidamente crece en el mundo.

La mezcla racial y cultural es una de las características humanas de la América española y portuguesa: los elementos raciales originarios son el indio, el blanco y el negro. Sobre un primitivo fondo aborigen, [24] de muy diversas clases y culturas, se sobrepuso el elemento blanco europeo y, algu-
10 nos años más tarde, el negro procedente de África. De estos tres grupos raciales, combinados en todas las formas y en diversas proporciones, surgieron los *mestizos* (hijos de blancos e indígenas), los *mulatos* (de blancos y negros), y los *zambos* (de indígenas y negros). Existen, además, mezclas en otros grados, al punto que apenas son discernibles los caracteres origina-
15 rios. En tiempos de la Colonia, se denominaba *criollos* a los descendientes de europeos nacidos en suelo americano.

Es posible que el mestizo sea el representante racial más típico de Iberoamérica. La proporción actual de los diferentes grupos raciales varía según los países: Argentina, Uruguay y Costa Rica son países predominan-
20 temente blancos; Guatemala, Ecuador, Perú y Bolivia tienen más de la mitad de su población indígena; México, El Salvador, Honduras, Nicaragua, Panamá, Venezuela, Colombia, Chile y Paraguay son mestizos en su mayoría; la República Dominicana (y Haití) tienen poblaciones predominantemente negras y mulatas; y el Brasil tiene varios grupos étnicos y varias
25 combinaciones.

La densidad de población es en todos los países baja en relación a las tierras habitables. Grandes corrientes inmigratorias vinieron a estas partes de América desde el siglo pasado, y se calculan en unos 12 millones los europeos ingresados desde el año 1800. De ellos, 4 millones fueron españo-

---

[24] At present there still exist many indigenous peoples, the *Jíbaros* of Ecuador for example, who have not entered at all into the mainstream of modern civilization. Others, such as the *Aymarás* of Bolivia, have been only partly assimilated into modern society.

les, otros 4 millones italianos y 2 millones portugueses; el resto, lo constituyeron alemanes, polacos, franceses, ingleses y demás. En algunas zonas, fue importante el aporte de chinos, japoneses y sirio-libaneses. Los negros llegaron como esclavos, mientras que los demás lo hicieron en calidad de inmigrantes libres. En el período de la Segunda Guerra Mundial y de la postguerra, nuevos contingentes de europeos se instalaron en el continente, en particular en la Argentina, Brasil y Venezuela.

En Iberoamérica las ciudades capitales son excesivamente grandes en relación con la población total del país. La ciudad más grande es São Paulo, Brasil. Entre las de habla española las mayores son Ciudad de México y Buenos Aires. Hay muchas otras ciudades grandes como Caracas, Venezuela y Bogotá, Colombia, para nombrar sólo unas pocas.

EL HOMBRE AMERICANO

No se conoce exactamente el origen del hombre americano, ni tampoco ha podido establecerse con certeza científica la época en que apareció en el continente. Numerosas teorías se han propuesto, con mayor o menor fundamento, pero por el momento este enigma permanece sin solución.

Entre las teorías planteadas, [25] una sostiene que el hombre americano es autóctono [26] del continente. La teoría del origen malayopolinesio afirma que los primitivos pobladores de América llegaron por difusión a través del océano Pacífico.

Una de las más difundidas interpretaciones afirma que el hombre americano llegó desde el Asia, a través del Estrecho de Behring, hace por lo menos unos 20.000 años, en estado de civilización neolítica o acaso paleolítica, y que una vez en el continente, desarrolló una cultura propia. Descendieron los grupos inmigratorios desde el Canadá, por el oeste de los Estados Unidos, en dirección al sudeste, y fueron extendiéndose sucesivamente por todo el hemisferio, hasta llegar a la Patagonia. Sin embargo, no se ha podido demostrar la relación entre las lenguas americanas primitivas y las lenguas asiáticas.

Por vía de hipótesis, y a base de los restos antropológicos, se ha pensado que el primitivo hombre americano era fuerte, erguido, [27] de complexión

---

[25] **planteadas** set forth
[26] **autóctono** native to the country

[27] **erguido** erect

Vida rural y urbana. *Página
opuesta:* Vivienda a la orilla
de un cocotal en Venezuela;
Familia rural a la hora de la
cena en Chile. *Izquierda:*
Caracas, Venezuela. *Abajo:*
Una familia de clase media
en la ciudad de México.

delgada, piel oscura, cabello negro, pómulos salientes [28] y ojos mongoloides, o sea, de tipo oriental.

LA CULTURA AMERICANA ORIGINARIA:
EL MAÍZ

Se supone que estos pueblos inmigrantes fueron cazadores y pescadores, y que una vez instalados en tierras americanas, se convirtieron a la agricultura y desarrollaron numerosos productos vegetales, en particular el maíz, que es un producto básico en las culturas indígenas desde el Canadá hasta la Patagonia. Las civilizaciones aborígenes de América ˙fueron fundamentalmente civilizaciones agrícolas, y los numerosos productos alimenticios [29] que los europeos encontraron a su llegada fueron la contribución indígena a la civilización mundial. Estos pueblos primitivos trajeron consigo el fuego, el perro y algunas habilidades manuales, y su cultura rudimentaria evolucionó poco a poco hacia formas propias y originales. La civilización del Viejo Mundo está caracterizada por la presencia del trigo panificable, [30] la utilización de los grandes cuadrúpedos, el arado y la rueda. Los primeros pobladores de América carecieron [31] de estos elementos. No conocieron los animales de tiro, [32] y por consiguiente, no tuvieron ningún tipo de carruaje. Las áreas de culturas precolombinas no fueron tampoco iguales entre sí y su grado de evolución fue diferente.

En general, desarrollaron una agricultura, arquitectura, técnica textil, astronomía, algunas ciencias, el uso de los metales preciosos y del cobre, la metalurgia y otras habilidades como la cerámica y la cestería. [33]

Lo que se considera como el más grande aporte cultural de los primitivos americanos es el descubrimiento del maíz. No se conoce exactamente el lugar donde se logró por primera vez este cereal, pues se han encontrado restos de fósiles de maíz en el Perú, México y los Estados Unidos. [34] Ésta es una planta que requirió, para conseguirse, la intervención humana. Este

---

[28] **pómulos salientes** protruding cheekbones
[29] **alimenticios** nourishing, nutritional
[30] **panificable** capable of producing bread
[31] **carecieron** lacked
[32] **animales de tiro** animals to move a vehicle

[33] **cestería** basket making
[34] Corn is a hybrid obtained through the crossing of different, but similar, vegetable species. The only plant known at present which can be crossed successfully with corn to produce an additional hybrid is *teocinte*, which grows in Mexico and Guatemala.

proceso de domesticación fue sumamente difícil, y sin él no habrían tenido oportunidad de desarrollarse las importantes civilizaciones que vinieron después.

El maíz ocupa un lugar preponderante en la mentalidad, costumbres e industrias indígenas, aun en nuestros días. Sirve como base para muchas bebidas alcohólicas, conocidas con distintos nombres. También se usa el maíz para hacer tortillas, que sirven de sustituto del pan de trigo en muchísimas partes.

LAS CULTURAS PRIMITIVAS

Desde la época prehistórica hasta la llegada de los españoles en el siglo XV, hubo frecuentes inmigraciones de pueblos al actual territorio americano, las cuales vinieron en diferentes etapas [35] de desarrollo cultural y se localizaron en distintas zonas geográficas. Las culturas indias más importantes encontradas por los españoles son el tema del capítulo que sigue. Allí mencionaremos brevemente unas de las culturas ya desaparecidas [36] antes de la llegada de los españoles.

Uno de los más importantes pueblos fue el tolteca (200 a. de C.-1200 d. de C.). Era parte de la familia náhoa y fue el primero de ella en llegar al valle de México, procedente del norte. Tuvieron, como sus sucesores los aztecas, una escritura ideográfica y escribieron historias de su pueblo en libros ilustrados hechos de un papel especial. Pero, sobre todo, fueron constructores de edificios monumentales y grandes ciudades-templos. La ciudad de Teotihuacán, próxima a la actual ciudad de México, fue una ciudad ceremonial. En ella, sobresalen la Pirámide del Sol, la Pirámide de la Luna, y el Templo de Quetzalcóatl. [37] Otra ciudad importante de esta civilización fue Tula. En todos los casos, la arquitectura tolteca se distingue por los edificios gigantescos y el empleo de la piedra tallada [38] como elemento decorativo. Practicaron, asimismo, la escultura y la pintura.

El gran símbolo tolteca fue la Serpiente Emplumada (Quetzalcóatl), que puede verse en las ruinas de Teotihuacán, y que pasó más tarde a la cultura maya y a la azteca. Según la tradición tolteca, Quetzalcóatl era un

---

[35] **etapas** periods, stages
[36] **desaparecidas** vanished
[37] The correct spelling of Indian names in Spanish (as in English) is often doubtful. The versions used in this text are those most commonly used by authors of the regions concerned, but other spellings are possible.
[38] **tallada** carved, cut

Las civilizaciones pre-colombinas de México. *Arriba:* Pirámide tolteca en Tula
—el detalle muestra las columnas talladas que sostenían el templo. *Abajo:* Cabeza
y máscara olmecas hechas en piedra. *Derecha:* Vasija policromada de los
mixtecas, que representa a Maquilzochitl, dios azteca del baile y la música.
Página opuesta: Teotihuacán: La pirámide del Sol; El penacho de Quetzalcoatl.

Las culturas pre-incaicas del
Perú: Incensario en forma de
llama, Tiahuanaco, Bolivia;
Vasija mochica del Alto Perú.

La Puerta del Sol, resto de la cultura de Tiahuanaco. Tiahuanaco, una aldea
boliviana a unos 50 kilómetros al sur del lago Titicaca, a 3.900 metros de altura, es
un campo notable de ruinas, algunas de ellas del siglo IV. Sería un centro religioso;
se lo abandonó en el siglo XIV.

hombre blanco de barba grande. Predicó una nueva religión de virtud, amor y penitencia, e introdujo en el país las artes útiles y las de ornato. Predijo, también, que con los años llegarían del oriente unos hombres blancos y con barba, como él, que conquistarían el país. [39]

En el Perú y Bolivia, con anterioridad a los incas hubo varias culturas [5] que se desarrollaron con relativa independencia unas de otras. En el período que corre del nacimiento de Cristo hasta ocho siglos después, sobresalió en la costa norte del Perú la civilización mochica, que tuvo una gran importancia en su época. Los mochicas fueron grandes ingenieros y constructores. Particularmente notable también fue su cerámica. Se destacan [40] los llamados [10] "vasos-retratos", los cuales representan con tanta precisión los rostros humanos que se ha pensado que reproducen los de individuos particulares. Los rasgos anatómicos faciales y los estados de ánimo están logrados magníficamente. Otros vasos reproducen formas de animales, y casi todos tienen el asa en forma de estribo, [41] característica de la cerámica mochica. Por los [15] restos de algunas piezas conservadas hasta la actualidad, se presume que practicaron la amputación de miembros y la circuncisión.

Otra cultura preincaica, y una que muchos misterios encierra, es la de Tiahuanaco. Las ruinas principales se encuentran en la meseta del antiguo Alto Perú, actual Altiplano, cerca del lago Titicaca: son restos de anti- [20] guos edificios, caracterizados por el empleo de enormes masas de piedra, algunas de ellas de varias toneladas de peso. [42]

La más atractiva de las ruinas es el inmenso recinto [43] del Kalasasaya, cerca de La Paz, Bolivia, que es un conjunto cuadrangular, con una ancha escalinata de entrada y otras construcciones a los costados. Hay en varias [25] partes grandes rocas abandonadas, que se transportaban a tracción humana, y que se denominan "piedras cansadas", para señalar que no se sabe el motivo de su abandono. Muy notable, entre todos estos restos, es la Puerta del Sol, situada dentro del recinto de Kalasasaya. Está construida con un solo bloque de piedra; tiene excavada una parte y un indescifrado friso [44] [30] en la parte superior.

Notable también es la cerámica de Tiahuanaco, representada por vasos de base plana y labios plegados hacia afuera. En la decoración, de tipo

[39] For this reason, the ruling Indians of the area were disposed to "return" the land to the Spaniards in accordance with the prophecy.
[40] **Se destacan** There stand out
[41] **asa en forma de estribo** handle in the shape of a stirrup

[42] In an earlier phase of this culture, called *Tiahuanaco I,* large stones, almost in their natural state, were employed. In the later phase, *Tiahuanaco II,* wellwrought smaller blocks were used.
[43] **recinto** enclosure, region
[44] **friso** frieze, border

animalístico, sobresalen el jaguar o puma, y el cóndor o halcón.

Actualmente [45] hay mucho interés en las culturas precolombinas por parte de los antropólogos, quienes, a base de sus investigaciones, hacen aportes [46] importantes a nuestros conocimientos de las antiguas culturas indias.

5 Vamos aprendiendo más y más. [47]

CUESTIONARIO

1. ¿A qué parte del continente americano se llama Iberoamérica?   2. ¿Por qué no es lo mismo decir Iberoamérica que América Latina?   3. ¿Qué estados de los Estados Unidos eran antes parte de Iberoamérica? 4. ¿Cómo es la naturaleza en Iberoamérica?   5. ¿Cuáles son algunos de los animales originarios del continente americano?   6. ¿Qué plantas encontraron los conquistadores europeos en el continente?   7. ¿Cuáles son los productos naturales más abundantes en Iberoamérica?   8. ¿Cuántos habitantes tenía Iberoamérica en 1970?   9. ¿Qué es un criollo, un mestizo, un mulato, un zambo?   10. ¿Cuáles son las ciudades más grandes de Iberoamérica?   11. ¿Cuál es el origen más probable del hombre americano?   12. ¿Cuándo se cree que llegaron al continente los primeros habitantes?   13. ¿Qué clase de civilización tenían los primitivos pobladores? 14. ¿Cómo se supone que era físicamente el primitivo americano?   15. ¿Qué es el maíz y qué importancia tuvo en la civilización americana?   16. ¿Qué representa la Serpiente Emplumada de los toltecas?   17. ¿Cuáles son las características principales de la cerámica mochica?   18. ¿Qué es el recinto de Kalasasaya?   19. ¿A qué se llama "piedra cansada"?   20. ¿Qué es la Puerta del Sol y dónde se encuentra?

TEMAS ESPECIALES DE COMPOSICIÓN Y CONVERSACIÓN

1. La naturaleza de Iberoamérica.
2. El elemento humano de Iberoamérica.

---

[45] **actualmente** at the present time
[46] **aportes** contributions

[47] **Vamos aprendiendo más y más** We continue to learn more and more

3. Los productos naturales y el comercio de Iberoamérica.
4. La civilización del primitivo hombre americano.
5. El origen del hombre americano.

Dintel tallado de una puerta maya de Yaxchilan, Chiapas, México. La figura arrodillada ofrece un sacrificio a sus dioses mientras un criado la contempla de cerca.

DOS
LAS GRANDES CULTURAS INDIAS

EL PUEBLO MAYA

El origen de los mayas es un misterio. Se desconoce de dónde provienen. Probablemente, durante muchos años o siglos llevaron una vida nómada, en busca de una región propia, hasta que se asentaron en la región de las actuales Yucatán (México), Guatemala, parte de Honduras, y El Salvador. Es probable que recorrieran tierras muy frías y muy cálidas y que el descubrimiento del maíz, en la zona mencionada, les diera la oportunidad de quedarse allí y dedicarse a su cultivo.

5

El pueblo maya contó con [1] excelentes artistas, hombres de ciencia, astrónomos y arquitectos. Es probable que por el refinamiento estético de su

---

[1] **contó con**   had

arte y arquitectura, la precisión de su sistema astronómico, la complejidad de sus calendarios y la inteligencia en el desarrollo de su matemática y su escritura, no hayan sido superados por ninguna otra civilización del Nuevo Mundo y apenas [2] igualados por muy pocas del Viejo Mundo. Están considerados como los "griegos de América".

Los mayas se establecieron en Centroamérica hacia los años 2000 ó 1500 antes de Jesucristo. Durante varios siglos vivieron en un estado de formación cultural, hasta que aproximadamente en el año 300 después de Cristo lograron las características esenciales de su civilización, en la región denominada El Petén, en el norte de Guatemala.

Esta civilización estuvo integrada por numerosas ciudades-estados, que hablaban una lengua común, aunque con ligeras [3] variantes dialectales, y tenían similares rasgos culturales. Sin embargo, no parecen haber tenido una unidad política ni una ciudad capital. En esta época se levantan las grandes ciudades: Tikal (la más antigua y la mayor) y Uaxactun, en Guatemala; Chichén-Itzá (abandonada y reconstruida tres veces) y Palenque, en México; y Copán, en Honduras.

Viene luego una época de inexplicable silencio, en que las ciudades son abandonadas y cesan de erigirse monumentos: los palacios, templos, casas de los gobernadores, pirámides, monolitos son devorados por la selva. [4]

Hacia el año 900, aproximadamente, la civilización maya está localizada, sin que se sepa cómo, en la península de Yucatán. Entran entonces en estrecho contacto con los toltecas de México y se produce un importante intercambio comercial en la frontera.

Comienza así un renacimiento de la nueva cultura maya-tolteca, bajo el signo de *Kukulcán* (exacta transcripción maya del nombre tolteca Quetzalcóatl). El arte y la arquitectura se vitalizan con la introducción de motivos toltecas, como la serpiente emplumada. En esta época del Renacimiento maya, se levanta la más bella ciudad de la región, Uxmal, las carreteras se reconstruyen y extienden, y florecen la arquitectura y el arte.

Hacia fines del siglo XII, estalla una guerra civil, y más tarde otra, en el siglo XV, entre mayas e itzás, descendientes de los antiguos conquistadores toltecas: los habitantes de Mayapán son matados y la capital saqueada y

---

[2] **apenas** scarcely, hardly
[3] **ligeras** slight
[4] This abandonment might have been caused by natural calamities, epidemics, civil wars, foreign wars, crop failures, or aesthetic and intellectual exhaustion, but none of these conjectures has ever been definitely confirmed.

destruida. Finalmente, en esta situación de decadencia, el pueblo maya cae bajo los conquistadores españoles, en los siglos XVI y XVII.

La ciudad-estado

Se cree que la ciudad maya no era un centro urbano, en el sentido moderno de la palabra, sino más bien un centro ceremonial. En las ciudades descubiertas, la mayor parte de los edificios son templos, palacios y locales para ceremonias: una plaza central, rodeada de esos tipos de construcciones que se levantaban sobre grandes plataformas o terrazas en forma de pirámides truncadas, con largas escalinatas para el ascenso. [5]

Los templos tenían a menudo [6] la forma rectangular, con una sola cámara, y raras veces, con varias. Ocupaba un lugar importante en la ciudad el local para el juego de la pelota, en forma de rectángulo con asientos de piedra a los costados para los espectadores. Se cree que dicho deporte se practicaba con una pelota de goma, que se pateaba con los pies.

En torno a la ciudad se extendían las *milpas* o campos de maíz y las tierras de labranza y cría de animales, y rodeando al conjunto, la selva imponente y majestuosa.

Al frente de la organización política estaba un oficial denominado *halach uinic,* que significa "hombre verdadero", cuyo cargo era hereditario en la familia. Tenía amplios poderes, políticos y religiosos, y probablemente fijaba su conducta con la ayuda de un consejo de los jefes principales, los sacerdotes y los consejeros especiales. Designaba a los jefes de las ciudades y las aldeas, quienes estaban en una especie de relación feudal con él y eran, por lo general, personas de su misma sangre. Al mismo tiempo, era la más alta autoridad religiosa, pues el estado maya tuvo caracteres teocráticos. Era considerado como un semidiós. Todos le debían sumisión y obediencia. Tenía una esposa legítima y varias concubinas.

La antigua sociedad maya consistía en cuatro clases sociales: los nobles, los sacerdotes, el pueblo común y los esclavos. La nobleza era también hereditaria y la constituían los magistrados de las ciudades y aldeas, quienes además de gobernar, ejercían la justicia y, en tiempos de guerra, mandaban sus propios soldados.

Los sacerdotes provenían de la nobleza y su posición se adquiría también por herencia. Además de la administración de la religión y el culto,

---

[5] Sometimes these terraces were constructed by taking advantage of hills or other natural elevations, but sometimes they were completely man-made. [6] **a menudo** often

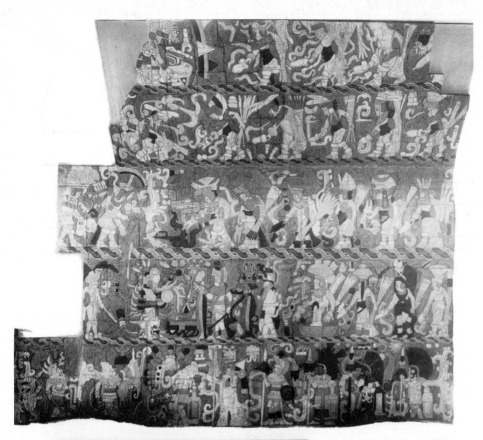

Arriba: Soldados guerreros en la decoración de un templo maya–tolteca, 1200 d.C., Chichén Itzá, Yucatán.
Izquierda: Clásica figura maya hecha de barro, Campeche.
Página opuesta: Chichén Itzá: el templo de Kukulcán, visto desde la parte superior del Templo de los Guerreros.

eran eruditos, astrónomos y matemáticos. Constituían una clase sumamente respetada y poderosa, por su sabiduría, sus predicciones y la superstición del hombre común.

El pueblo común estaba integrado por los agricultores de maíz y demás trabajadores, que sostenían al jefe supremo, a los señores locales y a los sacerdotes. La clase inferior la constituían los esclavos. Según parece, los esclavos eran los prisioneros, los huérfanos, los hijos de los esclavos, los condenados por robo, y los individuos comprados o intercambiados. En algunos casos, ciertos esclavos podían redimirse. Los prisioneros de guerra importantes eran sacrificados, mientras que los otros quedaban como esclavos en poder de los soldados que los habían capturado.

La religión de los mayas fue politeísta e idolátrica, basada en la personificación de la naturaleza y la divinización de los cuerpos celestes y del tiempo. Esta religión era esotérica y su interpretación estaba a cargo de los sacerdotes. Incluía también una cosmogonía u origen del mundo. Las ceremonias del culto fueron muy importantes, e iban desde el simple ofrecimiento de alimentos a los dioses hasta la práctica de sacrificios humanos, aunque no con la frecuencia y el rigor de los aztecas. [7]

La escritura y los libros

No tuvieron los mayas un alfabeto comparable al nuestro. Su lenguaje escrito consistía en jeroglíficos o escritos con dibujos. Inventaron para escribir sus libros un papel a base de fibras vegetales. Los volúmenes eran largas tiras [8] de papel, dobladas y plegadas [9] varias veces, que se desplegaban para leer. Las cubiertas eran generalmente de madera muy decorada.

Los mayas debieron de haber escrito muchos libros, pero fueron quemados por los españoles para acabar con la superstición y la idolatría.

La aritmética y los calendarios

Los mayas adoptaron en su numeración un sistema de veinte unidades que representaba la suma de los dedos de las manos y los pies. Los números iban del 1 al 19 y terminaba la serie con el cero, inventado por los mayas.

---

[7] The sacrificial offerings depended on the gravity of the situation. In moments of great crisis, especially when there was a need for rain, human beings were sacrificed. The Mayas believed in a Creator and they practiced forms of baptism, confession, penance, and fasting.
[8] **tiras** sheets
[9] **plegadas** folded

Escritura maya. *Arriba:* sistema de números basados en 20: el punto representa uno, la barra el cinco, y la concha el 20 o el cero. *Abajo izquierda:* Símbolos típicos, algunos matemáticos, otros representan dioses, el árbol, la luna, el maíz. *Abajo derecha:* representación escrita de una fecha (795 d.C.) y otras ilustraciones. En 1562, Fray Diego de Landa quemó cientos de libros mayas en la creencia de que estaban llenos de supersticiones y mentiras; solo 3 se salvaron. (*From* The Rise and Fall of Maya Civilization *by J. Eric S. Thompson. Copyright 1954 by the University of Oklahoma Press.*)

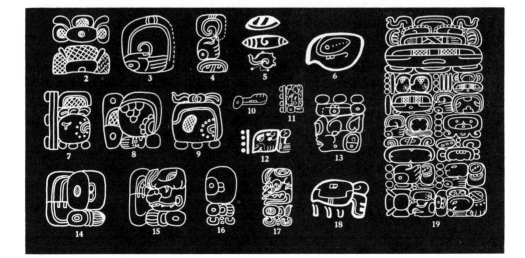

Por ejemplo, se representaba el uno con un punto y el cinco con una raya. De las combinaciones y repeticiones de estos símbolos surgían los demás números. Pero paralelamente a este sistema numeral tenían otro, que se ha denominado de "variantes de cabeza", y que consistía en la representación de los mismos números básicos citados mediante la figura de cabezas humanas con caracteres distintos.

Es muy conocida la extraordinaria capacidad de los mayas para la astronomía. Realizaban observaciones desde edificios especiales y se distinguieron por la predicción de los eclipses, lo cual presupone una ciencia evolucionada. Conocieron asimismo los períodos de varios astros.

El calendario, considerado como uno de los más grandes adelantos del mundo antiguo, comprendía 365 días, como en nuestros tiempos, divididos en 18 meses de 20 días cada uno, y un período final de 5 días. Al lado de este calendario civil, tenían otro, el religioso, que constaba de 260 días. También tenían otro de tipo perpetual, es decir, [10] que marcaba el tiempo desde 3113 a. de C. El sistema de fechas conocido como "la larga cuenta" se basa en este calendario. Comúnmente se cree que los mayas inventaron sus calendarios, pero es muy posible que heredaran [11] algo de unos posibles antecesores, los olmecas.

La arquitectura, escultura y pintura

La arquitectura maya sorprendió en su tiempo a los conquistadores españoles y continúa sorprendiendo en la actualidad al investigador moderno, por la belleza de la construcción y el alarde [12] técnico que representa. Resulta misterioso comprender cómo pudieron vencer la piedra: cortarla, pulirla, grabarla y subirla a grandes alturas, sin poseer instrumentos de hierro ni conocer la rueda. Conocieron, eso sí, el compás, la escuadra y la plomada. [13]

Los techos eran siempre planos, hasta que con el tiempo lograron inventar la denominada "media bóveda maya". Los mayas, como otras civilizaciones antiguas americanas, no conocieron el arco de medio punto, [14] pero en lugar de él crearon una especie de arco semicurvo, muy característico. Es posible que la estructura de la cabaña inspirara la forma de los edificios monumentales que probablemente servían para fines religiosos o gubernamentales. Muy característicos de la arquitectura maya son los frisos, de

---

[10] **es decir** that is to say
[11] **heredaran** inherited
[12] **alarde** manifestation, display

[13] **plomada** plummet, plumb bob
[14] **arco de medio punto** semicircular arch

notable buen gusto. Utilizaron mucho las columnas, rectangulares y cilíndricas. Las ventanas tenían sólo el valor de medios de ventilación, y tanto éstas como las puertas, tenían dinteles muy adornados y horizontales. Emplearon también un cemento especial y el estuco en los muros.

La escultura fue complementaria de la arquitectura, y con el tiempo prosperó y produjo obras de tal factura artística, que algunos la consideran superior a la egipcia y a la caldea. Uno de los más frecuentes motivos escultóricos es la serpiente emplumada (Kukulcán), divinidad principal en las mitologías azteca y tolteca. Lograron gran dominio en el esculpido de la forma humana, generalmente guerreros y sacerdotes con complicadas y suntuosas vestimentas.

También cultivaron los mayas la pintura, aunque en menor grado que las otras artes. Muchos templos y palacios mayas son famosos por los murales pintados en ellos. Después de un bosquejo primero, aplicaban los colores y contorneaban las figuras con líneas fuertes y decididas. Las pinturas se fabricaban con sustancias minerales y vegetales, en forma de polvos o líquidos y se les agregaba una sustancia viscosa para fijar los colores en las paredes. Los preferidos eran el rojo, el amarillo, el azul, el blanco y el negro, en diferentes intensidades, pero el color más característico de la paleta maya fue el cobrizo.[15] La pintura sobre objetos de cerámica fue la otra especialidad.

Música, danza y teatro

En música, los mayas no alcanzaron grandes progresos debido a sus instrumentos demasiado primitivos: flautas y pitos de caña, hueso o barro, tambores y clarines, y trompetas de caracoles y cuernos. Las melodías eran monótonas.

Las danzas, en cambio, eran muy variadas y vistosas. Practicaban el baile en conjunto y las principales danzas eran: la de las banderas, de carácter marcial; la de las candelas, ritual y más bien religiosa, con antorchas; y la de las cintas, en que un gran número de bailarines entrelazaban artísticamente al son de la música unas cintas que pendían de una estrella colocada en la punta de un mástil.

Hay bastantes razones para creer que los mayas conocieron las representaciones dramáticas y tuvieron un buen teatro. Las obras se representaban

---

[15] **cobrizo** copper

en las plazas públicas y, a veces, en los templos. Se conserva una pieza dramática, el *Rabinal Achí,* perteneciente a los *quichés,* una tribu del pueblo maya.

La literatura

⁵ Las obras literarias que se conservan provienen de textos escritos en lengua maya pero transcritos en caracteres latinos por nativos de la zona, en épocas posteriores a la Conquista misma.

Uno de ellos, *El libro de Chilam Balam,* escrito por un maya de Yucatán, expresa la desesperación de los indígenas ante la invasión de los españoles, profetizada por un sacerdote. Es una de las obras literarias famosas.

¹⁰ En la región de Guatemala, se escribieron también algunos libros después de la Conquista, también en lengua maya y caracteres latinos. El *Popol Vuh* es un libro sagrado de los quichés, una especie de Biblia maya, donde se mezclan cosmogonía, religión, mitología e historia de dicho pueblo.

En general, los libros mayas que se conservan no son de fácil com¹⁵prensión y a veces resultan incoherentes, pero revelan una alta inspiración poética, un profundo patriotismo, y una constante apelación al mundo científico y religioso del pueblo.

EL PUEBLO AZTECA

Los aztecas, llamados también *tenochcas* o *mexicas,* fueron los creadores de la más valiosa de las culturas del centro y sur de México. Llegaron a la ²⁰ región del valle central a principios del siglo XIII, desde un lugar del norte llamado Aztlán, desconocido hasta ahora para nosotros.

Dirigió esta peregrinación desde el norte un caudillo y sacerdote llamado Ténoch. Como el territorio del valle estaba ya ocupado por otras tribus náhoas, vivieron sucesivamente en varios lugares, luchando a veces contra ²⁵ algunos pueblos, y soportando otras la dominación o las hostilidades. Se calcula en poco más de 100 años este período de peregrinaje. Por fin, en el año 1312, lograron tomar posesión de un islote situado dentro del lago Texcoco, donde en cierto modo podían estar a resguardo de [16] los ataques enemigos. [17]

---

[16] **a resguardo de** safeguarded from
[17] According to an Aztec legend, the god Huitzilopoxtli (or Mexitli) made

known to his people that they must leave Aztlán and move to the south, establishing themselves at the spot

Levantaron allí una choza [18] destinada al dios Huitzilopoxtli, y en torno de ella, sus viviendas de cañas y juncos. [19] El pueblo se llamó Tenochtitlán, y con los años, vino a convertirse en la fabulosa ciudad que más tarde deslumbró por su grandeza a los conquistadores españoles: la ciudad de México. 5

Como el terreno agrícola era insuficiente en el valle de México para mantener la población que crecía, los aztecas construyeron huertos llamados chinampas, donde cultivaron maíz, frijoles, legumbres, calabazas [20] y chile. Consistían en estacas clavadas [21] en el lago, sobre las cuales colocaban un tendido de césped [22] y una capa de limo [23] extraído del fondo de la laguna, 10 tal como puede apreciarse hoy en día en Xochimilco.

En forma progresiva, los emperadores aztecas fueron conquistando a los pueblos vecinos, y después de apoderarse de todo el Anáhuac o valle central, extendieron el imperio hacia el océano Pacífico, el golfo de México y Guatemala, con muy pocas excepciones. 15

Hacia principios del siglo XVI, llegaron al territorio los exploradores y conquistadores españoles. Hernán Cortés, a pesar de la feroz resistencia de los aztecas, tomó a Tenochtitlán y su imperio (1519), y así comenzó a levantarse la colonia que se denominó después Nueva España. [24]

El pueblo azteca no estuvo organizado en un imperio absoluto. Teóri- 20 camente, tuvo un régimen democrático militar de gobierno, y el imperio constituía una especie de confederación. No hubo propiamente clases sociales, sino más bien rangos: los nobles, los sacerdotes, los militares, el pueblo común y los esclavos.

Varias familias formaban un clan y veinte clanes constituían la tribu de 25 los aztecas. Cada clan se administraba por sí mismo mediante un jefe civil, otro jefe militar y un consejo, que elegía a los dos primeros. Los representantes de cada clan constituían el consejo de la tribu azteca. De estos veinte consejeros, los cuatro más experimentados y sabios eran seleccionados para formar otro consejo menor que aconsejaba al jefe del estado (tlacatecutli). 30

---

where they would see an eagle devouring a snake. One day, after many wanderings and sufferings, they saw the sign on an island. They founded there the city of Tenochtitlán also called México, because of its relation to their god Mixitli. This legendary account of the origin of the name México is not generally accepted by historians and linguists.

[18] **choza** hut, cabin

[19] **cañas y juncos** canes and reeds
[20] **calabazas** pumpkins, squash
[21] **estacas clavadas** stakes struck
[22] **tendido de césped** a covering of turf
[23] **capa de limo** layer of mud
[24] The story of the Aztec people and their struggles with the Spanish invaders can be read in accounts by Bernal Díaz del Castillo and William H. Prescott. See Bibliography.

[handwritten: Moctezuma]

al cual los españoles llamaron en su lengua emperador o rey.

Este cargo era a la vez electivo y hereditario, pues se adjudicaba entre los hermanos del gobernante anterior, o en su defecto, entre los sobrinos. En casos excepcionales, podía ser desposeído de su mando, como sucedió con Moctezuma. Al lado de este jefe supremo, que unía a sus funciones militares las sacerdotales, había un jefe civil.

Los esclavos eran las personas expulsadas de los clanes por mala conducta o por dejar de trabajar la tierra que tenían asignada. Si persistían en la indolencia, se los castigaba con penas mayores y, en última instancia, se los entregaba a los sacerdotes para el sacrificio.

[handwritten: Tlaloc — Huitzilopoxtli]

Tenochtitlán

La actual ciudad de México se llamó en tiempos antiguos Tenochtitlán. Los españoles la llamaron "Venecia de América", porque estaba construida en el lago Texcoco y cruzada por canales que servían de calles. Se comunicaba con tierra firme por medio de calzadas [25] especiales. [26]

El suelo del antiguo islote se fue ampliando con las *chinampas* y el dominio de otra isla, Tlatelolco. En la época de apogeo [27] en que la encuentran Hernán Cortés y sus soldados (1519), la ciudad estaba dividida en cuatro secciones mayores y veinte menores. El centro cívico y ceremonial era la Plaza Mayor. Allí estaba la gran pirámide dedicada a Huitzilopoxtli y a Tlaloc, de doscientos pies de altura, con un doble templo encima. Al término de las gradas se encontraba la piedra del sacrificio. También estaba allí el templo de Quetzalcóatl, de estructura redondeada; el recinto del juego de la pelota; la residencia de los sacerdotes; el edificio donde se colgaban los cráneos de las víctimas sacrificadas (*tzompantli*), y otra numerosa serie de construcciones públicas y oficiales.

De igual importancia arquitectónica eran otras obras: el mercado, la piedra sagrada de la guerra, la piedra del calendario, el palacio de Moctezuma, el aviario real, arsenales, escuelas. Tenochtitlán fue una de las ciudades mejor planeadas y más extraordinarias de todas las culturas antiguas, y prácticamente inexpugnable para otras tribus de la época.

[handwritten: inpregnable]

---

[25] **calzadas** causeways
[26] The original construction had buildings of adobe, but later stone was used for public buildings. The wealthy classes had homes of stone and brick covered with colored plaster.
[27] **apogeo** apogee, highest point

El ejército y la guerra

Los aztecas fueron un pueblo fundamentalmente guerrero y agricultor. Su ejército logró un alto grado de organización y disciplina y los varones recibían, desde niños, una esmerada [28] educación para el ejercicio de las armas y de la guerra. Los altos oficiales de la tribu, el jefe de guerra y los jefes de sección y clanes comandaban los ejércitos. Los otros cargos se encomendaban a los miembros de las órdenes guerreras, como los Caballeros Águilas, los Caballeros Tigres y una tercera orden, los Caballeros Flechas. [29]

La guerra tenía un concepto ritual, y los conflictos económicos y políticos con otros pueblos eran bien recibidos, pues brindaban [30] la ocasión para luchar, poniendo en práctica de esta manera, según su concepción, la lucha entre las fuerzas de la naturaleza y el hombre.

Practicaron a veces un tipo especial de guerra para cautivar enemigos y sacrificarlos a sus dioses que necesitaban saciar. [31] Estas costumbres y creencias fueron motivo de gran censura por los españoles.

La educación, usos y costumbres

Dedicaron particular atención a la educación de los hijos, que comenzaba en el hogar [32] y continuaba en las escuelas de los templos principales. Daba comienzo a los tres años, y el fin era conducir a los niños lo más pronto posible al conocimiento de las técnicas y obligaciones de la vida adulta. En el hogar, los padres enseñaban a los hijos varones, y las madres a las mujeres. Hasta los seis años, el método consistía en el consejo, pero más tarde se cambiaba por el castigo severo.

Después de los quince o dieciséis años, asistían a dos clases de escuelas: una para la enseñanza general, y otra para la instrucción de las obligaciones religiosas. La primera pertenecía al clan y en ella se enseñaba ciudadanía, uso de las armas, artes, oficios, historia, tradición y cumpli-

---

[28] **esmerada** careful, thorough

[29] Arms were important to the Aztecs. They used shields of tightly-packed cotton and helmets of various non-metallic types. They were apparently the first Americans to use swords, which they fashioned from wood. They also used bows, javelins, and maces.

[30] **brindaban** offered, afforded

[31] If the warrior survived, he achieved fame and glory. If he was captured, he believed that he would achieve the most glorious of deaths by being sacrificed. If he was killed in battle, his remains were cremated, which, according to his beliefs, granted him a special sort of heaven reserved exclusively for warriors. The Spaniards called it "guerra florida."

[32] **hogar** hearth, home

miento de la religión; la segunda era una especie de seminario para formar a los futuros sacerdotes y jefes, y parece haber sido una continuación de la anterior.

La casa del hombre común era de adobe pintado y su interior se dividía en una cocina y un dormitorio. No tenía chimeneas, ni ventanas ni fogones.[33] Muchas casas tenían un baño de vapor (*temascal*), que se producía echando agua sobre piedras calientes. Las mujeres cumplían las tareas domésticas mientras los hombres salían a las milpas para trabajar.

Fueron diestros comerciantes, y el mercado (*tianquiz*) era un importante centro en cada ciudad, con jueces para los conflictos entre compradores y vendedores, y secciones especiales para cada tipo de producto.

Tenían muchos días festivos en el año, unos ceremoniales y otros seculares. Muy típico fue el juego ceremonial denominado "volador", en que hombres vestidos como pájaros se colgaban con cordeles atados a la cintura (cabeza abajo y los brazos abiertos) de una rueda giratoria colocada horizontalmente en el extremo de un alto palo, y así daban vueltas.

Otro juego famoso fue el de la pelota (*tlachtli*), que se practicaba en un patio rectangular: los jugadores debían hacer pasar por un anillo de piedra o madera, empotrado[34] verticalmente en uno de los muros laterales, una pelota de goma. En la pugna contra los adversarios, los equipos[35] sólo podían usar las piernas, las caderas o los codos. También tenía carácter ritual.

Arquitectura y otras artes

La arquitectura azteca fue soberbia y majestuosa, y junto con la escultura, son las dos artes en que sobresalió el genio de ese pueblo. El símbolo fue la pirámide truncada (*teocalli*), y todo lo importante en arquitectura tuvo relación con la religión. Las estructuras más importantes estaban en Tenochtitlán, pero había otras en muchos centros poblados.

El templo azteca se construía sobre una terraza, generalmente de tres partes superpuestas. Largas escalinatas, flanqueadas por balaustradas, conducían a la cima. Bloques de piedra tallada, representando por lo común cabezas de serpientes, se colocaban en varias partes como ornamento. En la parte alta de la terraza estaba la piedra del sacrificio donde se mataba a las víctimas, y detrás de ella, se encontraba el templo del dios.

La escultura era un complemento de la arquitectura. Todas las piezas aztecas tienen un particular aspecto de dignidad. La serpiente, símbolo de

---

[33] **fogones** fireplaces
[34] **empotrado** set, imbedded
[35] **equipos** teams

Quetzalcóatl, era el tema más insistentemente grabado. Lo mismo puede afirmarse de las imágenes de los otros dioses. La piedra conocida como el Calendario es una obra maestra de la escultura de todos los tiempos.

La pintura y el dibujo se usaron con preferencia para fijar hechos históricos. Los pocos frescos aztecas que quedan revelan un arte no inferior al dibujo de sus códices y manuscritos. El diseño [36] es hermoso y fascinante. [5]

La música parece haber sido rica en ritmo aunque escasa en melodías y tonos, mientras que la danza se piensa que tuvo gran repercusión en la vida pública: tuvieron varias danzas en las que participaba el pueblo entero. Las reforzaba el canto. Como en otros pueblos antiguos, los actos religiosos [10] cumplían la función del drama. Se supone que ejercitaron con maestría la oratoria y tuvieron buen talento poético.

La religión y los calendarios

La vida de los aztecas no puede ser concebida sin su religión. Esta fue una de las más sangrientas del mundo, ya que requería el sacrificio de seres humanos para hacer felices a sus dioses, y lograr [37] su buena voluntad. [38] [15] Los ritos eran de gran colorido y misterio y se realizaban con la participación del sacerdote, ricamente vestido, bailarines y música. Eran presenciados por el emperador y el pueblo, en un ambiente de flores y perfumes.

La víctima era sacrificada en la piedra ceremonial por el sacerdote, quien extraía el corazón de la víctima con un cuchillo de obsidiana, lo ofrecía a la imagen del ídolo, y lo quemaba más tarde. [39] Los prisioneros de [20] guerra eran las víctimas preferidas; en menor importancia, los esclavos, y en casos excepcionales, las mujeres y niños. Las cabezas de los sacrificados se desplegaban colgadas en dispositivos [40] especiales al frente de los templos.

Tuvieron dos calendarios: el solar y el ritual. El año solar estaba dividido en 18 meses de 20 días cada uno, con un período final de 5 días. Cada [25] 52 años constituía un ciclo. Los calendarios tienen una importancia básica en la vida de los aztecas, y fueron uno de los hallazgos [41] más perfectos de

---

[36] **diseño** design
[37] **lograr** gain
[38] The Aztecs believed that human sacrifice attracted natural forces favorable to human life, so that, in a way, they regarded their religion as a support to economic progress.
[39] The victim was given an anesthetic. This was also true in the cases in which the victim was burned alive on

the sacrificial stone. Another type of sacrifice on the stone was gladiatorial. In this case the victim was not anesthetized, but he was given weapons to fight from the stone against the warriors charged with the duty of executing him.
[40] **dispositivos** devices, apparatus
[41] **hallazgos** discoveries

Piedra del Sol

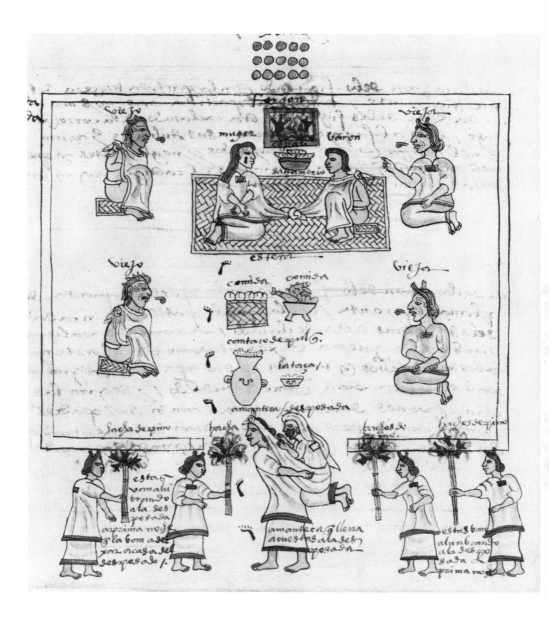

Cultura azteca. *Página opuesta, arriba:* El Calendario Azteca, o Piedra del Sol. *Extrema izquierda:* Página del Codex Mendoza (1540), que describe la leyenda de la fundación de Tenochtitlán. *Izquierda:* El Dios Quetzalcoatl, de la región Huasteca de México (o costa del golfo). *Arriba:* Otra página del Codex Mendoza, que muestra una boda azteca, y con explicaciones en español.

ese pueblo. Hacia el final de cada ciclo de 52 años, en que se dividía el tiempo, los aztecas temían grandes calamidades y desgracias, [42] y por ello realizaban ceremonias especiales. La tradición decía que el mundo había sido destruido ya cuatro veces, por animales salvajes, por huracanes, por lluvia de fuego y por inundación — al fin siempre de un ciclo — y se esperaba una quinta destrucción que sería por terremotos. [43] Para evitar esta desgracia, se realizaba la ceremonia del "Fuego Nuevo".

La víspera [44] de cada nuevo ciclo, que comprendía los últimos cinco días de él, se quemaban todos los utensilios y muebles de las casas y los templos, y todos los fuegos se apagaban [45] una hora antes de concluir el ciclo. Al crepúsculo de ese día, los sacerdotes subían a una colina sagrada cerca de Tenochtitlán y escudriñaban el cielo, esperando distinguir en él ciertas estrellas. Si esto ocurría, era señal de que el mundo continuaría, y entonces los sacerdotes encendían un nuevo fuego con un leño en el pecho de una víctima recién sacrificada y otros individuos encendían allí antorchas y corrían a prender los fuegos de los altares, mientras los dueños de casa encendían a su vez los suyos. Al día siguiente, se comenzaba a renovar todo lo quemado. [46]

Literatura

Los aztecas lograron fabricar un papel de muy buena calidad e hicieron un gran consumo de él. Ya antes que ellos, los mayas, los toltecas y otros pueblos lo habían fabricado con fibras vegetales. El papel era utilizado por los sacerdotes, escritores y artistas, y se vendía luego en los mercados.

En papel escribieron sus genealogías, registros de juicios y varios otros asuntos relativos a su existencia. [47]

Tuvieron una literatura propia, quizás no exactamente en el sentido moderno de esa palabra, pero sí fundamentalmente histórica: anales, libros de días y horas, mitología, acontecimientos astronómicos, observaciones celestiales, almanaques sagrados.

La literatura propiamente dicha fue oral y era conservada por individuos de muy buena memoria: éstos la transmitieron a los españoles a su

---

[42] **desgracias** misfortunes
[43] **terremotos** earthquakes
[44] **víspera** eve
[45] **se apagaban** were extinguished
[46] The Aztec Calendar, carved in stone and preserved in the National Museum of Mexico, is one of the most celebrated archaeological discoveries of the world. According to tradition, it took exactly 52 years to carve it.
[47] Some Aztec "books" are still conserved. By means of pictographs they express ideas; the Aztecs did not have an alphabet as such.

llegada, en forma de relatos, himnos, cantos, elegías, y es por esta razón que se conservan transcritos en lengua castellana. Otras obras literarias se conservaron por tradición oral hasta nuestros tiempos. Los textos conocidos expresan sutiles y delicados pensamientos y sentimientos.

LOS INCAS

Los *quechuas* (o *quichuas*) constituían el imperio más civilizado de la América del Sur, a la llegada de los españoles en el siglo XVI. Sus soberanos se llamaban *incas* y este nombre fue posteriormente aplicado por los historiadores a todo el pueblo quechua.

Estos indígenas hicieron su aparición en el continente en el siglo XI. [48] Ocuparon inicialmente la región del valle del Cuzco, y en sucesivas épocas, conquistaron y ocuparon a los pueblos vecinos, hasta formar un colosal imperio que cubría la mitad sur del Ecuador actual, Perú, Bolivia, la mitad norte de Chile y el noroeste argentino.

Según la leyenda de los propios incas, Manco Capac fue el fundador de la dinastía. El Sol creó a Manco Capac y a su hermana Mama Ocllo en una isla del lago Titicaca, y les ordenó enseñar a los demás pueblos la civilización. Para ello, debían establecerse los hijos del Sol en una región fértil, donde pudiera enterrarse un bastón dorado. [49] Manco Capac y su hermana comenzaron la peregrinación [50] y al llegar al valle del Cuzco, encontraron que ése era el lugar de las características señaladas. Así nació la ciudad del Cuzco, en un primitivo valle deshabitado.

El Tahuantisuyo o Imperio Inca

El Cuzco fue la capital del imperio. La ciudad citada, situada en las altas montañas, estaba rodeada de varias fortalezas (Sacsahuaman, Ollantaytambo, Pisac, Machu Picchu), estratégicamente situadas en las alturas y a pocas millas de distancia, que la protegían con un cinturón [51] de defensas inexpugnables contra los eventuales ataques de los indígenas enemigos.

La plaza central del Cuzco era el punto de salida de una vastísima red [52] de caminos, que se extendió hasta el último rincón del imperio. Este

---

[48] The origin of the Incas is not clear. They could have been descendants of Mayans, Aztecs, or Tiahuanacos.
[49] **bastón dorado** gilded cane
[50] **peregrinación** pilgrimage, journey
[51] **cinturón** circle, girdle
[52] **red** network

Incas
chasquis = mensajeros

ingenioso sistema de caminos interconectados permitía el rápido desplazamiento [53] de los funcionarios en viajes de inspección, los ejércitos y los viandantes, [54] así como también un eficiente servicio de correos. [55] Los transportes se hacían a lo largo de ellos por medio de llamas.

Cada cierta distancia, se construían al lado del camino mesones o ventas, llamados *tampus,* que servían para el reposo. [56] Algunos tenían corrales anexos para las llamas. Los mensajeros (*chasquis*) eran corredores entrenados desde la niñez y alimentados especialmente a base de maíz tostado, que se pasaban los mensajes de posta en posta, a través de todo el imperio con una celeridad increíble. [57]

La ingeniería de los caminos alcanzó [58] notable maestría. No eludían los obstáculos naturales, sino que los enfrentaban. Cruzaban desiertos arenosos, altiplanos, páramos, [59] bosques tropicales, ríos y precipicios, y su técnica se ajustaba a las condiciones de cada lugar. El cruce de los ríos y precipicios se hacía por intermedio de puentes, a veces sostenidos sobre pilares, pero en la mayoría de los casos colgaban de gruesos cables de fibra fijados en las orillas. La técnica de los puentes fue de inigualada excelencia.

La administración de tan fabuloso imperio fue posible gracias al desarrollo de procedimientos estadísticos. Todo estaba perfectamente contado y calculado. Como los quechuas ignoraron la escritura, utilizaban en sus cómputos y registros los famosos *quipus.* Consistían en un sistema de memorización a base de cordeles con nudos, de diferentes tamaños, formas y colores, que sólo podían ser interpretados y leídos por funcionarios iniciados. El color negro significaba tiempo, el azul religión, el amarillo oro, y así los demás colores. Posiblemente, el nudo indicaba la cantidad, y el color el contenido. La contabilidad [60] la efectuaban los funcionarios especializados, pues el *quipu* requería el comentario y la explicación verbal de los técnicos. Si un funcionario no recordaba lo que debía recordar frente al *quipu,* o si mentía en su comentario, era matado.

---

[53] **desplazamiento** shift, movement
[54] **viandantes** travelers
[55] **correos** mail
[56] Some of these were for officials, some for the public. They were supplied with provisions for the comfort of the wayfarer. The Spanish conquerors found them to be a great convenience and obliged the Indians to continue supplying the *tampus* or *tambos,* as they were also known.

[57] The posts were located at a distance from each other such that the messenger could run from one to the other at full speed. This system of quick communication afforded the Incas a systematic dominion over their vast territory.
[58] **alcanzó** reached, achieved
[59] **páramos** cold, windy places; high barren plains
[60] **contabilidad** accounting

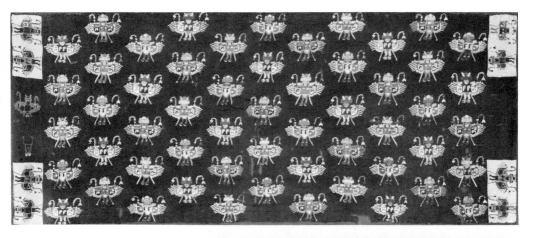

El tejido quechua jamás ha sido superada en el número de hilos usados por pulgada cuadrada. *Arriba:* Manto de lana bordada, cultura de los Paracas (300 a.C.–100 d.C.) en Perú. *Izquierda:* Detalle del mismo manto.

El *ayllu* fue la forma social y básica del mundo quechua. Consistía en un grupo humano, con un antepasado común, cuyo cuerpo se conservaba por lo general momificado y a quien se le rendía culto. Cada *ayllu* tenía además su totem propio. Cada grupo de esta clase tenía sus terrenos de labranza, campos de pastoreo y bosques comunes, de manera que la explotación de la tierra era de tipo colectivista. El trabajo era obligatorio para todas las personas, entre los 25 y los 50 años de edad. [61]

5

---

[61] All economic activities were subject to a central plan, i.e., the economies were controlled, and were socialistic or communistic in concept.

El suelo se dividía en tres partes: una correspondiente al dios Sol, otra al Inca y la tercera a la comunidad. La extensión estaba relacionada con el rendimiento del terreno. La tierra de la comunidad era dividida por funcionarios del gobierno, en nombre del soberano, entre los jefes de familia.

5 A cada pareja correspondía un lote, otro por cada hijo varón [62] y medio por cada hija. Esta distribución se renovaba cada año.

Los trabajos de la tierra eran obligatorios para el campesino u hombre común. El pueblo común cumplía los trabajos de agricultura, ganadería y demás estipulados por el plan estatal. Los productos de su trabajo se dis-

10 tribuían entre el gobierno, el templo y el propio productor. El Inca, los miembros de las clases aristocráticas, los oficiales del gobierno y de la religión tenían sus obligaciones específicas, y por ello no estaban obligados al trabajo de la tierra.

El Inca se preocupaba por el bienestar del pueblo y devolvía parte de

15 sus bienes en forma de donaciones anuales de parte de sus reservas o efectuando distribuciones a súbditos [63] de méritos extraordinarios. [64] Aparte de la propiedad del Estado (edificios públicos, tierras de labranza, campos de pastoreo, plantaciones de coca y minas), y de la propiedad de la comunidad, existía la privada, que consistía en la casa y tierras provenientes de dona-

20 ciones, muebles y utensilios domésticos.

La sociedad incaica estuvo dividida en clases bien diferenciadas unas de otras, y la actividad de todas ellas se ajustaba a una estricta reglamentación. Presidía la organización social el Inca y su familia. El Inca era polígamo: su esposa principal (*colla*) era su hermana, una prima o una

25 sobrina, para conservar la pureza de la sangre de los hijos del Sol y la tradición de Manco Capac y Mama Ocllo. Sus otras esposas podían ser de sangre real (*pallas*) o vírgenes del Sol. Otras mujeres, las concubinas, seguían en importancia. El heredero del imperio debía ser hijo de la *colla*, y si no lo había, el hijo de otra de las mujeres.

30 Por debajo de la realeza y alta aristocracia, estaba la baja aristocracia de los *curacas*. Estos pertenecían a la antigua nobleza de los distintos pueblos conquistados por los incas. Concurrían con frecuencia a la corte de Cuzco, lo mismo que sus hijos. La clase sacerdotal era también privilegiada y estaba organizada en jerarquías. El sumo sacerdote residía en el Cuzco y

35 era hermano, tío u otro pariente del soberano.

---

[62] **varón** male
[63] **súbditos** subjects
[64] Many of the products given to the Indians by the government were stored in cities or at crossroads where they could be distributed to the people in times of need.

Otro grupo social lo constituían los hombres sabios (*amautas*), que cumplían tareas de poetas, historiadores, cantores, maestros de los jóvenes pertenecientes [65] a la clase dirigente, y consejeros. La educación se cumplía en cuatro años y comprendía: el primer año, idioma; el segundo, religión y culto; el tercero, interpretación de los *quipus*, y el cuarto, historia.

Aparte de los anteriores, había otros dos grupos que estaban en una situación especial: los *yanaconas* y los *mitimaes*. Los primeros habían sido primitivamente los únicos esclavos del imperio, pero con el tiempo habían pasado a ser una especie de "criados perpetuos". Los *mitimaes* servían para poblar las regiones nuevas, ocupar las fortalezas y las regiones fronterizas peligrosas, y para establecer los primeros núcleos incas en las provincias y regiones que acababan de conquistarse.

La arquitectura

Los incas fueron habilísimos constructores y arquitectos. Los materiales dependían de la naturaleza de cada región. En la costa edificaban con ladrillos de adobe secados al sol, pero cuando disponían de piedras, hacían con ellas muros, uniéndolas sin cemento. Estos muros (*pircas*) son típicos de la cultura incaica. En la montaña, las construcciones mayores se hacían de piedra, con ángulos rectos. El ajuste de los bloques era perfecto, y las piedras disminuían de tamaño a medida que subía el muro.

Son famosas las murallas gigantescas que han dejado los incas. Tuvieron distintos tipos de arquitectura: militar, palaciega, religiosa, funeraria, administrativa y popular. Entre los mayores ejemplos de construcción monumental figuran Machu Picchu, la ciudadela fortificada de los incas cerca del Cuzco, el Templo del Sol y la fortaleza de Sacsahuaman. El elemento característico de la arquitectura y estilo inca es la abertura en forma trapezoidal, que adoptaron para las puertas, ventanas y nichos.

Religión

El dios supremo y creador del universo se llamaba entre los incas *Viracocha*, y tuvo un templo especial en el Cuzco. Es probable que el culto a este dios fuera exclusivo de la minoría educada. El pueblo común rendía culto

---

[65] **pertenecientes** belonging

Arriba: Machu Picchu, ciudad inca fortificada, quizás construída así como protección de las invasiones indígenas del interior de la selva.
Derecha: Alpaca incaica de plata, de la isla Titicaca, Lago Titicaca; Vaso de oro Chimú, de la valle Ica, costa peruana; Vasija doble inca.

a los antepasados legendarios y mitológicos. Puesto que Inti, el Sol, era el progenitor y antepasado de los incas, en cada *ayllu* se lo adoraba, y lo seguían en jerarquía, los antepasados propios del lugar. El Templo del Sol construido en el Cuzco se conocía con el nombre de Coricancha y fue famoso en su época. Era inmenso y estaba decorado interiormente de oro.

El clero era muy respetado y tenía mucha importancia en varias decisiones del gobierno además de tener su consejo propio. Llevaba una vida ascética. Existían también augures y adivinos.

Una institución muy peculiar dentro del cuadro religioso de los incas fueron las "vírgenes del Sol". Eran jóvenes educadas cuidadosamente en edificios especiales muy guardados. Aprendían música, tejeduría, cocina y otras artes durante tres años. Se encargaban de mantener permanentemente encendido el fuego sagrado en honor de Inti. Cuando terminaban su noviciado, el Inca escogía para sí y para los nobles algunas de estas jóvenes, mientras que las demás se convertían para siempre en vírgenes del Sol y eran encerradas en el templo hasta el fin de sus días. [66]

Literatura, artes y ciencias

Los quechuas no tuvieron escritura, pero por lo que se sabe hasta ahora, tuvieron una literatura oral. Han llegado hasta nosotros algunos fragmentos de literatura quechua en las obras de varios cronistas e historiadores españoles. [67] Otras manifestaciones literarias han sido recogidas en tiempos modernos de boca de indígenas descendientes de los antiguos quechuas.

Los incas tuvieron cantores profesionales (*haravecs*) que recitaban composiciones en festividades públicas o ante la corte. En general, los principales fragmentos conocidos son poéticos. Se sabe, también, que ejercitaron cierto tipo de representaciones teatrales, con mimos, bailarines y bardos.

Una obra dramática relacionada con la civilización quechua es Ollantay. No se trata precisamente de una pieza incaica, pues fue escrita en el Perú en el siglo XVIII, en quechua, siguiendo el modelo y la técnica de las obras dramáticas españolas. Desarrolla la historia de los amores ilícitos del legendario Ollantay, jefe heroico de Ollantaytambo, con Cusi Coyllur, hermosa princesa inca.

---

[66] In addition to the gods already mentioned, the Incas rendered homage to Mamaquilla (the Moon), Pachamama (the Earth), Mamacocha (the Sea), and several others.

[67] The major sources are: Piedro Cieza de León, *La crónica del Perú*; Felipe Guzmán Poma de Ayala, *Nueva crónica y buen gobierno*; Pedro Sarmiento de Gamboa, *Historia de los Incas*.

Otros ejemplos del talento inca en las artes son la cerámica y la metalurgia del oro, la plata y el cobre. Practicaron con eficiencia también la cestería y la tejeduría. [68] Su arte militar fue notablemente superior al de cualquier otro pueblo aborigen de América.

La ciencia médica fue espectacular entre ellos, pues llegaron a practicar amputaciones de miembros y trepanaciones del cráneo. Mucho de su instrumental quirúrgico ha llegado hasta nosotros como testimonio de su habilidad de cirujanos. Emplearon varias drogas de origen vegetal y consiguieron obtener narcóticos y anestésicos.

LAS CULTURAS ABORÍGENES MENORES

Los chibchas o muiscas

Estos indígenas habitaron primitivamente en la meseta de Bogotá, pero luego se extendieron por casi toda Colombia. [69] Al parecer, la frontera de los chibchas se rozó con la de los incas y a punto de estallar un conflicto entre ambos imperios, llegaron los españoles.

Los chibchas estaban divididos en la época en que los encuentra el conquistador Gonzalo Jiménez de Quesada (1536-1538) en varios estados, algunos todavía independientes, pero la mayoría de ellos sometidos a la autoridad de dos jefes, llamados el zipa y el zaque.

El primero dominaba sobre las dos quintas partes del territorio de la actual Colombia, en el sur, y las ciudades principales de su reino eran Bacatá (Bogotá) y Muequetá (Funzha). El segundo imperaba sobre el centro del país y residía en Hunsa (Tunja).

El poder del jefe no se trasmitía al hijo sino al sobrino materno. Los jefes eran objeto de homenajes de respeto y reverencia por parte de sus súbditos, y nadie podía mirarlos cara a cara, sino con la cabeza inclinada. La saliva del zipa se consideraba sagrada.

Los caciques de las tribus vasallas se seleccionaban entre las familias principales de la aristocracia. Los jefes eran polígamos y el zipa tenía de doscientas a trescientas mujeres o concubinas, gobernadas por la favorita. En caso de tener hijos mellizos, [70] el segundo de ellos era condenado a muerte, por considerarse a los mellizos fruto del adulterio. Si enviudaba la esposa, ésta debía guardar continencia por cinco años.

---

[68] **tejeduría** weaving
[69] These Indians are sometimes referred to as *muiscas*.

[70] **hijos mellizos** twins

Las ceremonias nupciales estaban reglamentadas con cuidado. El sistema penal era riguroso: el homicidio, el rapto y el incesto se castigaban con la ejecución del condenado. En algunos casos, el reo antes de ir a la muerte era torturado con azotes,[71] sed, comidas con ají[72] o encierro en habitaciones subterráneas con sabandijas,[73] reptiles e insectos venenosos.

El culto religioso de los chibchas estaba presidido por el zipa o el zaque, jefes de la religión, y atendido por una casta sacerdotal muy selecta: xeques. Cumplían las diversas ceremonias del culto y los sacrificios rituales. También existían médicos brujos y adivinos, cuyas artes adivinatorias se hacían por intermedio de la masticación de una planta narcótica.

Las víctimas propiciatorias eran niños, criados en un templo hasta la edad de diez años, en que efectuaban una peregrinación ritual por los caminos, seguidos por Bochica, para ser luego inmolados[74] a los quince.[75]

Los chibchas gozan de fama entre todos los pueblos aborígenes por su técnica en el trabajo del oro y el cobre, que empleaban solos o en aleaciones.[76] Solían colorear el cobre por un procedimiento desconocido hasta el presente.

Conocían la fundición en crisoles[77] de barro, y muchas piezas se confeccionaban en moldes hechos a base de arcilla y cera.[78] Otras veces, se hacían los objetos de láminas de metal, logradas a golpe de martillo, con adornos de hilos metálicos fundidos sin soldadura.[79]

Tan expertos como en metalurgia fueron en alfarería.[80] El arte se caracteriza, entre los chibchas, por su belleza. Fabricaban grandes vasos con pie, sin asas,[81] y grandes vasijas de cuello alto y elegante; urnas funerarias, ollas, potes, cántaros y otros objetos de uso doméstico. Usaban como decoración motivos generalmente humanos realistas, y con menos frecuencia, dibujos geométricos.

Complementaba este arte, el labrado de objetos en piedra: hachas, morteros, y en modo principal, grandes estatuas y monolitos, de más de dos metros de altura. Los monolitos eran rígidos y hieráticos.[82]

Los tejidos de algodón eran de uso personal entre los chibchas y se

---

[71] **azotes** lashes
[72] **ají** chili
[73] **sabandijas** insects, worms
[74] **inmolados** sacrificed
[75] They were tied to a column and killed with arrows. Then their hearts were extracted in order to be offered to the gods. Sometimes adults were sacrificed.
[76] **aleaciones** alloys

[77] **crisoles** crucibles, melting pots
[78] **arcilla y cera** clay and wax
[79] The *Quimbaya* tribe, living in Chibcha territory, was so expert that there is some question as to whether they were Chibchas or Arahuacos.
[80] **alfarería** pottery making
[81] **asas** handles
[82] **hieráticos** pertaining to the priesthood

Adorno de oro Chibcha. Cada año, un cacique llamado El Dorado, se bañaba con oro y lo llevaban al centro del Lago Guativa donde nadaba ritualmente.

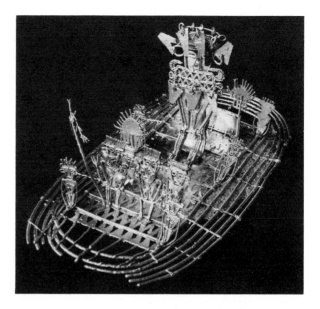

fabricaban en rústicos telares. [83] Para el colorido empleaban plantas tintóreas regionales y llegaron a practicar el decorado de telas mediante el uso de rodillos entintados [84] o de planchuelas que aplicaban sobre los tejidos extendidos en el suelo.

Los araucanos

Los araucanos, o *aucas*, estaban asentados en la región media del actual territorio de Chile cuando se produjo la conquista española por Pedro de Valdivia (1540-1541). Anteriormente habían vivido más hacia el norte, pero debieron ceder territorio ante el avance de los quechuas. Los araucanos, a su vez, se extendieron por los valles andinos y penetraron en la Patagonia argentina. Como los seminolas de la Florida, Estados Unidos, no pudieron ser totalmente conquistados por la fuerza.

El famoso cacique Lautaro acaudilló [85] a las distintas tribus araucanas en su oposición a los conquistadores, hasta que murió en el campo de batalla. Lo sucedió Caupolicán, elegido por su valor, astucia y fuerza. Los

[83] **telares** looms
[84] **rodillos entintados** tinted rollers

[85] **acaudilló** led

araucanos y sus descendientes lograron la calidad y los derechos de ciudadanía en Chile y constituyeron un ponderable aporte a la grandeza de ese país.

En general, fueron pueblos agricultores y criadores de ganado. Llevaron una vida sedentaria. Se alimentaban de patatas y otros vegetales, preparaban una bebida fermentada a base de maíz y consumían sus alimentos crudos o semicocidos. Vivían en casas colectivas (rucas) construidas con vigas y varillas [86] de madera, amarradas [87] por una especie de fibra de enredadera. [88]

No construyeron ciudades, ni templos ni carreteras. Vivían en grupos independientes y cada tribu tenía su jefe o cacique. Sólo en los casos de guerra se reunían para deliberar y elegir un jefe militar común y constituir una federación de tribus.

La hilandería [89] y la tejeduría fueron muy cultivadas por los araucanos, a base de pelos de guanaco o vicuña o lana de oveja. Los tejidos [90] araucanos eran de muy buena calidad y colorido, sobre todo las mantas y las alfombras.

También desarrollaron desde épocas muy antiguas la metalurgia, y en contacto con los españoles, llegaron a ser muy buenos plateros. Fundían la plata y confeccionaban ornamentos de toda clase: cadenas, prendedores, pendientes, collares y pulseras. Completaban su artesanía el trabajo en piedra y hueso, y la industria del cuero.

Una particular característica de este pueblo fue la oratoria. Se educaban los araucanos desde jóvenes en este arte, y los más famosos solían ser viejos narradores y algunas veces poetas. Referían las historias de los antepasados, o historias de magia, misterio y amor, frente a grandes auditorios. Practicaron asimismo la música, con pitos de caña y tambores, al compás de los cuales danzaban y cantaban.

Su religión, según parece, no fue formal y no conocieron el concepto de un dios supremo. Reverenciaban a divinidades totémicas y tenían un culto de los muertos; creían en varios dioses o fuerzas naturales.

Los pampas

Habitaron las llanuras, o Pampa argentina, desde tiempos anteriores a la Conquista hasta el siglo XIX, y en diversos momentos de su historia debieron ceder terreno a los araucanos venidos de Chile.

---

[86] **vigas y varillas** beams and spokes
[87] **amarradas** anchored
[88] They covered the floor with carpets of fibers or hides. In the center there

was a spot for a fire, which they produced by striking stone against stone.
[89] **hilandería** spinning
[90] **tejidos** textiles

Los indios pampas, llamados también *puelches*, fueron nómadas y dominaron el uso del caballo traído por los conquistadores. No practicaron la agricultura organizada, pues vivían de los productos de la caza del avestruz, ciervos, liebres, caballos salvajes y otros animales de la región. Sus casas, o *toldos,* eran rústicas y consistían en soportes de troncos, de diversas combinaciones, con techos y paredes de cuero.

Practicaron la cerámica, sin ornamentación de color, pero sí con ornamentación incisa. Lo más típico de su artesanía de piedra son las *boleadoras,* que usaban en la caza y en la guerra. Muy excepcionalmente trabajaban la madera o el hueso.

Socialmente estaban organizados en grupos o tribus, con caciques propios, y sólo se aliaban para hacer la guerra en común o para defenderse. Su técnica consistía en el *malón,* o ataque sorpresivo en masa desde caballos lanzados a la carrera contra el enemigo. Las armas eran el arco y la flecha, la lanza y la boleadora.

Tuvieron creencias religiosas muy primarias y sin sistema propiamente dicho. Creían en la inmortalidad del alma.

Los patagones

Llamados también *tehuelches*, habitaban el sur del actual territorio argentino, desde el río Negro hasta el estrecho de Magallanes. Fueron denominados así por Magallanes y sus hombres, que inventaron en 1520 la leyenda de su gigantismo.

Su civilización fue muy precaria y simple: eran principalmente recolectores de frutos, raíces y otros vegetales, y obtenían la carne de la caza. Sus viviendas fueron sencillas mamparas [91] de troncos y cueros. Ignoraron el arte del tejido y se cubrían con mantas de pieles con el pelo para adentro. Practicaban la alfarería sin llegar a extremos artísticos.

Los caribes

Los pueblos caribes son probablemente originarios de la región del Amazonas, desde donde se extendieron luego por las Guayanas, Venezuela y las Antillas. Fueron los aborígenes que tuvieron el primer contacto con Colón. Estas tribus practicaban la antropofagia [92] ritual. Su ferocidad es legendaria. Tenían gran afición a la música, los bailes y los cantos. Se pintaban la cara y se horadaban [93] las orejas y la nariz.

---

[91] **mamparas** screens, shelters
[92] **antropofagia** cannibalism
[93] **horadaban** pierced

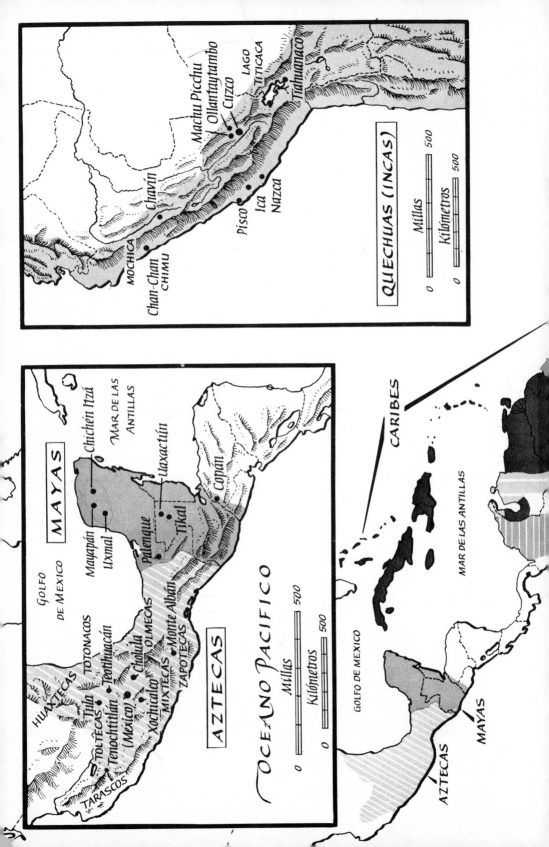

QUECHUAS (INCAS)

Machu Picchu
Ollantaytambo
Cuzco
LAGO
TITICACA
Tiahuanaco
Chavín
MOCHICA
Chan-Chan
CHIMU
Pisco
Ica
Nazca

Millas
500
0

Kilómetros
500
0

MAYAS

GOLFO
DE MÉXICO
MAR DE LAS
ANTILLAS
Chichén Itzá
Mayapán
Uxmal
Palenque
Uaxactún
Tikal
Copán

AZTECAS

HUAXTECAS
TOTONACOS
Tula
TOLTECAS
Teotihuacán
Tenochtitlán
(México)
Cholula
Xochicalco
OLMECAS
MIXTECAS
Monte Albán
ZAPOTECAS
TARASCOS

OCEANO PACIFICO

Millas
500
0

Kilómetros
500
0

GOLFO DE MEXICO
MAR DE LAS ANTILLAS
CARIBES
AZTECAS
MAYAS

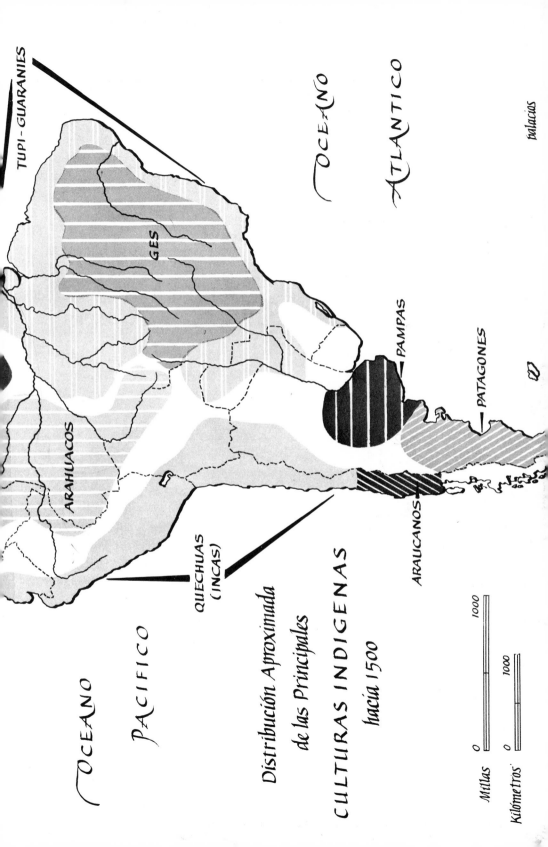

OCEANO PACIFICO

OCEANO ATLANTICO

TUPI-GUARANIES

GES

ARAHUACOS

QUECHUAS (INCAS)

PAMPAS

PATAGONES

ARAUCANOS

Distribución Aproximada
de las Principales
CULTURAS INDIGENAS
hacia 1500

Millas
0   1000

Kilómetros
0   1000

balacios

Tenían ritos mágicos y religiosos, ofrendaban maíz al sol y a la luna, y cremaban los cadáveres en ceremonias. En la guerra, empleaban flechas envenenadas que con sólo rasgar la piel producían la muerte.

Los aborígenes del Brasil

El territorio del actual Brasil estuvo ocupado primitivamente por tres grandes grupos aborígenes: los tupí-guaraníes, los ges y los arahuacos.

Los *tupí-guaraníes* ocupaban la costa del Brasil y algunas zonas del interior, y en general, vivían en los espacios abiertos dentro de plena selva, donde practicaban la agricultura, en particular la de la mandioca, el maíz, las patatas y la caña de azúcar. Agregaban a su alimentación las bananas y la piña, y una fuerte bebida alcohólica obtenida por fermentación del fruto de la caoba. Cazaban animales tropicales con arco y flecha, y además con cerbatanas. [94]

Vivían en casas colectivas (*malocas*), en grupos de cuatro a siete por pueblo, dispuestas en torno a una plaza cuadrangular. En el interior de la casa colectiva, sin divisiones, las familias se acomodaban en un mismo lugar. La hamaca fue el elemento más característico del mobiliario.

Los indios de esta cultura andaban por lo general desnudos o semides-
nudos, por causa de la temperatura tropical. Muy pocos pueblos usaban algunas prendas de algodón: un delantal, una banda entre las piernas o una túnica. A veces usaron sandalias.

Muy peculiar de estos aborígenes fueron los ornamentos de plumas de vivos colores, que a veces se pegaban al cuerpo con resina y miel, o utilizaban como pelucas, [95] collares o armaduras. Practicaron mucho la alfarería, la tejeduría y la cestería, y en menos escala, el trabajo en piedra.

Las tribus estaban ligadas entre sí por parentesco, y en situaciones excepcionales, sobre todo en la guerra, se unían en confederaciones. Estas alianzas fueron empleadas en la lucha contra los invasores españoles o portugueses.

Una rara costumbre fue la couvade, que consistía en que el marido tomaba en la hamaca el puesto de la mujer después del parto, para recibir así las felicitaciones y regalos.

Tuvieron vagas y difusas ideas religiosas, y entre sus ritos se destaca la antropofagia ritual, o sea comer los restos humanos de sus enemigos en

---

[94] **cerbatanas** blowguns

[95] **pelucas** wigs

① pottery making.

Grabado del siglo XVII en que se ve un juego de chueca entre dos equipos de araucanos. Chueca, semejante al hockey sobre hierba, se jugaba en el Nuevo Mundo durante muchos siglos antes de la conquista española. Los antiguos griegos jugaron hockey también.

Unas araucanas a caballo en Saavedra, Chile. Los araucanos lucharon heroicamente contra los españoles y nunca se rindieron. La influencia del pueblo y de la lengua araucanos todavía se siente en el sur de Chile.

medio de danzas y fiestas. Otro uso singular fue la salutación lacrimosa, o sea recibir a los extraños con grandes llantos, en señal de alegría.

La divinidad se llamaba Tupá, un dios misterioso que se manifestaba, en su opinión, en el fuego y el relámpago. Tenían también otros dioses
5 menores. [96]

Los *ges* constituyen otra de las grandes razas del Brasil, y se cree que tuvieron su asiento inicial en las regiones del Amazonas antes de la llegada de los tupí-guaraníes y de los arahuacos. Luego se dispersaron, por razones desconocidas, por diversos puntos del país. El nombre de estos pueblos
10 se basa en la preponderancia del sonido de la letra *G* en su vocabulario. Los ges fueron también principalmente agricultores, cazadores y pescadores. Fueron polígamos, tenían ciertos ritos religiosos y funerarios y les gustaba la danza y la música.

Los *arahuacos* son tal vez la familia lingüística más numerosa de toda
15 la América del Sur. Se los denomina también *aruacas* y con otros nombres, pero el nombre parece provenir de una tribu venezolana a la que los españoles llamaron *araguacos*.

En épocas remotas habitaron el delta del Amazonas y luego se extendieron por la costa y el interior del continente, para ceder más tarde terreno
20 ante los avances de los caribes.

Estos pueblos sufrieron numerosas aculturaciones por causa de su relación con otros pueblos vecinos. Fueron agricultores y la mandioca fue la base de su alimentación.

El mapa racial de Iberoamérica fue mucho más amplio y diversificado
25 en tiempos precolombinos y aun en época de la conquista y la colonización. Algunas culturas indígenas han sido intensamente estudiadas, pero restan aún cantidad de asuntos sin conocer ni dilucidar.

CUESTIONARIO

1. ¿En qué superaron los mayas a los demás pueblos aborígenes de Iberoamérica?   2. ¿Cómo era la típica ciudad maya?   3. ¿En qué consis-

---

[96] Among the legends of these people are tales about a person called *Sumé* or *Tumé* who preached goodness and morality. Some Jesuit missionaries suggested that Sumé or Tumé might be Saint Thomas.

tía la escritura jeroglífica de los mayas?   4. ¿Por qué es sorprendente la arquitectura maya?   5. ¿Cómo eran los murales mayas?   6. ¿De dónde llegaron los aztecas al valle central de México?   7. ¿Cómo estuvo organizado políticamente el imperio azteca?   8. ¿Cómo era Tenochtitlán en tiempos de la conquista española?   9. ¿Por qué se hacía la "guerra florida"?   10. ¿Qué es un *teocalli*?   11. ¿De dónde provienen los incas?   12. ¿Qué fue el Tahuantisuyo?   13. ¿Qué era un *quipu*?   14. ¿Cómo era el sistema económico de los incas?   15. ¿Cuáles son los elementos característicos de la arquitectura incaica?   16. ¿Cuál fue el arte más sobresaliente del pueblo chibcha?   17. ¿Qué clase de cultura tuvieron los indios pampas?   18. ¿Cuál es la familia aborigen considerada más feroz?   19. ¿Qué es la antropofagia ritual?   20. ¿Cuáles son los tres grupos aborígenes del Brasil?

TEMAS ESPECIALES DE COMPOSICIÓN Y CONVERSACIÓN

1. El pueblo maya.
2. La arquitectura maya.
3. Descripción de la ciudad de Tenochtitlán.
4. La religión de los aztecas y los sacrificios humanos.
5. El sistema económico del imperio incaico.

TRES
EL DESCUBRIMIENTO
Y LA CONQUISTA

LA ÉPOCA DEL DESCUBRIMIENTO
Y LA EXPLORACIÓN

La historia de Iberoamérica durante la época del descubrimiento [1] y la conquista (siglos XV y XVI) está profundamente ligada a la de Europa, en especial a la de España y Portugal. A partir de la hazaña de Cristóbal Colón (1492), la América indígena se transforma en América hispánica y portuguesa.

El mismo año del descubrimiento de América por los españoles, los Reyes Católicos, Isabel de Castilla y Fernando de Aragón, reconquistan la

---

[1] In the 9th, 10th, and 11th centuries the Vikings had discovered Greenland and Iceland, and they may even have reached the shores of North America. The discovery of America, however, is not usually attributed to them because they did not spread news of their findings, nor did they establish any successful settlements in the New World.

ciudad de Granada del poder de los moros, que hacía más de 700 años dominaban una parte del territorio en España, y así logran la unidad política del país. Obtienen también la unidad religiosa expulsando del reino a los judíos y a los moros no conversos. Bajo el gobierno del emperador Carlos V
5 (1517-1556) y el de su hijo Felipe II (1556-1598), España se convierte en la primera potencia mundial y en el centro de un inmenso imperio que se extiende por todos los continentes.

Este período histórico es el de las grandes invenciones: la brújula, el astrolabio, [2] las cartas marinas o portolanos, [3] y la construcción de grandes
10 navíos. Se aplica la pólvora a las armas de fuego, se desarrolla la imprenta de tipos móviles, y se perfecciona la fabricación del papel. La investigación científica se orienta hacia nuevos campos del saber: biología, botánica, astronomía, geografía, física, matemáticas, ciencia política y jurídica, teología y escolástica.
15 El Concilio de Trento (1545-1563) se pronuncia sobre materias religiosas, fortaleciendo el dogma católico frente al naciente protestantismo.

Portugal, por su parte, aunque en menor grado que España, ocupa un lugar preponderante en el mundo. El príncipe Enrique el Navegante (1394-1460), hijo del rey Juan I de Portugal, dedica todo su talento y esfuerzos
20 al progreso de la ciencia de la navegación y los descubrimientos. Funda y sostiene la famosa Escuela Náutica de Sagres, donde se educa la mayor parte de los cosmógrafos y pilotos del reino; perfecciona el estudio de los instrumentos y las cartas marinas, y atrae a Sagres a célebres marinos extranjeros.

En este ambiente de invenciones y de entusiasmo vital, España y Portugal
25 tugal comienzan una carrera de competencia en el campo de la exploración y conquistas. Los portugueses dedican sus mayores esfuerzos a la exploración de las costas de África. Los españoles prefieren el mar Mediterráneo y el Atlántico occidental. En estos momentos de ardua rivalidad, un genovés de origen, Cristóbal Colón (1451?-1506), logra para España la gloria del
30 descubrimiento de un Nuevo Mundo.

Cristóbal Colón

El genial navegante, cuya vida es todavía incierta en algunos aspectos, llega a la isla de Guanahaní [4] (San Salvador) el 12 de octubre de 1492 con unos 120 hombres, después de poco más de dos meses de navegación.

---

[2] **astrolabio** astrolabe (an instrument for measuring distances from the position of the stars)

[3] **portolano** A reasonably exact chart which replaced the old style map.
[4] Most probably one of the Bahamas,

Había firmado una capitulación [5] con los reyes para su fantástica aventura, mediante la cual se le otorgaba el título hereditario de almirante y el cargo de virrey [6] y gobernador de las tierras e islas que descubriese, además de un diezmo de los metales y piedras preciosas que se obtuvieran allí. Colón, en cambio, debía aportar una octava parte de los gastos de la expedición, los cuales fueron cubiertos por varios marinos amigos suyos. De esta manera, Cristóbal Colón fue el primer gobernante de la América hispánica.

Tres viajes más realizó Cristóbal Colón (1493, 1498 y 1502). Descubrió las islas de Cuba, Haití (*La Española o Hispaniola*), Puerto Rico, Jamaica, las Vírgenes y otras más, y reconoció la Tierra Firme o continental, desde Venezuela hasta Honduras. El más importante de sus viajes, desde el punto de vista de la unión de las culturas europea y americana, fue el segundo, pues tuvo como finalidad la colonización de las nuevas tierras descubiertas. En esta oportunidad fundó la primera ciudad americana, la Isabela (1494), en la isla La Española. Llegaron también al continente en esa expedición mulas, caballos, vacas, toros, puercos, gallinas y otros animales útiles, así como la caña de azúcar, semillas y plantas de Europa, en un verdadero traspaso de civilización a través del océano.

Los reyes le habían encomendado antes de dicho viaje, que hiciera todo lo posible por convertir a los naturales al cristianismo, y así vinieron Fray Buil y otros once religiosos. [7] Los monarcas españoles deseaban también llevar al nuevo continente hombres de bien y de trabajo, y por esta causa, a partir de esa ocasión se trasladaron labriegos y artesanos junto a los hombres de armas, y fue necesario que ofrecieran condiciones especiales para embarcarse.

La hazaña de Colón, así como su personalidad, su actitud durante el descubrimiento, sus erróneas ideas sobre las tierras descubiertas, su capacidad de gobernante y sus intenciones, han sido objeto de ataques o sospechas desde la época misma de sus expediciones, con argumentos difíciles de apreciar en nuestros tiempos. De todos modos, el descubrimiento de América es posiblemente el suceso más importante de la historia de la humanidad realizado por hombre alguno hasta entonces.

Colón abrió el camino a millares de descubridores, exploradores, conquistadores, colonizadores y misioneros que vinieron tras de él y crearon un imperio casi dos veces más grande que Europa, con una audacia tremenda, una rapidez impresionante y un desborde de vitalidad no visto hasta entonces.

---

but just which one has not been established.

[5] **capitulación** Name given to the contract which the explorers had with the Spanish Crown.

[6] **virrey** viceroy

[7] These were the first Spanish missionaries to work in America.

Una oleada de navegantes se lanzó a explorar las nuevas tierras, no solamente desde España, sino también desde Portugal, Inglaterra, Francia y Holanda. Juan Caboto, desde Inglaterra, llega a Norte América (1497) y Pedro Alvares Cabral, desde Portugal, descubre el Brasil en el año 1500.

5 Los portugueses no se quedan a la zaga [8] de los españoles, y Vasco de Gama pasa por el Cabo de Buena Esperanza y llega a la India, en Asia, el año 1498.

Hernando de Magallanes

El segundo gran descubridor es el portugués Hernando de Magallanes, quien completa la hazaña de Colón, al servicio de España. Recorre la costa atlán-
10 tica de Sudamérica, descubre el paso entre los dos océanos (1520), atraviesa el Pacífico, y descubre las islas de los Ladrones (ahora Marianas) y el archi-piélago de las Filipinas (1521), donde muere en una lucha contra los indí-genas. El segundo de la expedición, Juan Sebastián de Elcano, asume el comando del único barco que resta, continúa viaje hasta el extremo meridio-
15 nal de África, y por el Atlántico regresa a España en 1522, después de una ausencia de casi tres años. El rey Carlos V recibe a Elcano con los poquí-simos sobrevivientes de los naufragios, motines y luchas con los aborígenes, y le autoriza a usar un escudo, con la inscripción latina *Primus circumde-disti me* rodeando un globo terrestre. Desde entonces, el mundo fue uno y
20 la gloria de España única.

América dividida

Después del primer viaje de Colón, España se interesó por obtener del Papa Alejandro VI el reconocimiento de sus derechos jurídicos sobre las tierras descubiertas y por descubrir, pues el Pontífice era la única autoridad que podía otorgar facultades a una nación para predicar el cristianismo.
25 Pero Portugal, que ya había efectuado exploraciones en África e islas cercanas del Atlántico, y presumía la existencia de tierras continentales en América, reclamó iguales derechos para efectuar exploraciones. Alejandro VI, mediante una bula (1493), trazó una línea divisoria de norte a sur, a cien leguas al oeste de las islas Azores: el territorio al este de dicha línea sería
30 portugués, y el situado al oeste, español.
El rey portugués Juan II se mostró disconforme con esta decisión, y

---

[8] **a la zaga** behind

presionó al gobierno de España a firmar el Tratado de Tordesillas (1494), por el cual la línea divisoria se trasladaba a 370 leguas al oeste de las islas del Cabo Verde. Pocos años después, en 1500, Portugal descubría el Brasil, que quedaba así incluido en gran parte dentro de su zona. A partir de entonces, hubo una América hispánica y otra portuguesa.

5

El espíritu de exploración

En los cincuenta años posteriores al descubrimiento, los exploradores españoles recorrieron prácticamente, por mar y por tierra, las tres Américas, con excepción del norte de los Estados Unidos y el Canadá.[9] Las exploraciones, sin embargo, continuaron mucho tiempo más. Las continuaron personas nacidas en las Américas, y, en ciertos lugares, no han concluido aún, pues restan sitios y regiones en Iberoamérica que no están incorporados todavía al dominio efectivo de la civilización.[10]

El extraordinario espíritu de aquellos hombres asombra. España excedió sobremanera en esta empresa a las demás naciones de Europa. En débiles barcos de vela, con capacidad para pocos cientos de personas, se lanzaban contra la furia de los elementos naturales en viajes de meses y meses de duración. Por tierra, caminaban meses y años, a veces en grupos de veinte o treinta hombres, afrontando el desierto, las nieves, las montañas, la sed, el hambre, las enfermedades, el ataque furioso de los indios, y sobre todo, el trópico, que fue uno de sus más serios adversarios. Millares de ellos dejaron la vida en esta gigantesca aventura de combinar dos civilizaciones. Carlos F. Lummis, hispanista norteamericano, ha dicho al respecto: "Aquel temprano anhelo español de explorar era verdaderamente sobrehumano."[11]

Las leyendas y los mitos han ocupado un lugar de capital importancia en las exploraciones y descubrimientos. América fue un mundo fabuloso en la mente de los europeos, que soñaban con riquezas fantásticas, ciudades perdidas, tesoros ocultos, amazonas, pigmeos, gigantes, monstruos y animales

---

[9] Some of the important discoverers were: Vasco Núñez de Balboa (Pacific Ocean, 1513); Juan Díaz de Solís (Río de la Plata, 1509); Juan Ponce de León (Florida, 1513); Hernando de Soto (Mississippi River, 1541); Francisco Hernández de Córdoba (Yucatán, 1517); Alonso Pineda (coast of the Gulf of Mexico, 1519); Juan Rodríguez Cabrillo (California, 1542); Alvar Núñez Cabeza de Vaca (from Florida to the city of Mexico, 1528-1536).

[10] Some of the jungle regions in South America, for example.

[11] Charles F. Lummis, *Los exploradores españoles del siglo XVI*, 2nd edition, translated by Arturo Cuyás (Buenos Aires: Espasa-Calpe, 1945), p. 48.

inverosímiles. La literatura de navegantes, cronistas, conquistadores y exploradores está llena de alusiones de esta naturaleza.

Colón y sus hombres esperaban llegar a las fabulosas costas de Asia, visitadas años atrás por Marco Polo. Cuando en su tercer viaje llegó a las bocas del Orinoco, en Venezuela actual, y vio la Tierra Firme, escribió a los reyes diciéndoles que había llegado al Paraíso Terrenal.

Fray Marcos de Niza oyó hablar de las Siete Ciudades de Cíbola, que se suponía que existían al norte de México, fundadas por siete obispos escapados de Portugal ante la invasión de los musulmanes. Más tarde, Francisco Vázquez de Coronado recorrió el sudoeste de los Estados Unidos en busca de ellas.

Algunos alemanes y el propio Sir Walter Raleigh buscaron en Venezuela una ciudad imaginaria llamada Manoa. Caboto, Mendoza y otros navegantes trataron de localizar la Sierra de la Plata por los ríos de la Plata y el Paraguay. Martín Alfonso de Souza envió gente para buscar en el interior del Brasil el imperio del Rey Blanco. En Chile, Perú y la Argentina se buscó afanosamente [12] la Ciudad de los Césares, una supuesta ciudad perfecta, donde estaban acumuladas extraordinarias riquezas. Juan Ponce de León creía que en la Florida se encontraba la Fuente de la Juventud, cuyas aguas hacían rejuvenecer a quienes las tocaban o bebían.

El descubrimiento y la civilización moderna

El descubrimiento de América significó el fin de la Edad Media y el comienzo de la Edad Moderna. A partir de entonces, el interés de Europa se alejó de Oriente y se proyectó hacia Occidente, preferencia que ha durado hasta nuestros tiempos. España y Portugal convirtieron al cristianismo a millones de seres humanos, obra que aún perdura, después de cuatro siglos y medio. Se terminaron las viejas hipótesis fabulosas sobre el globo terrestre, y las ciencias naturales se ampliaron. La ciencia de la navegación logró progresos como jamás los había tenido hasta entonces. Al mismo tiempo, la inmensidad de la tarea por realizar, acabó con las pequeñas luchas feudales entre nobles de un mismo país, y el sentido nacional de los estados modernos surgió en la historia.

La economía europea sufrió un tremendo impacto con el hallazgo de oro y plata, y se activaron las industrias. Millares de personas desocupadas vinieron a tentar fortuna al Nuevo Mundo y el panorama social de Europa

---

[12] **afanosamente** zealously

cambió: el rico pasó a ocupar el lugar que hasta enonces había tenido en la sociedad el noble.

La literatura vio nacer un nuevo género, la crónica de Indias, y la arquitectura europea adoptó el oro como motivo ornamental, al modo indígena. Los arquitectos diseñaron templos y edificios para las Américas, y gran cantidad de artistas encontraron nuevas fuentes de trabajo. 5

Geógrafos, botánicos, astrónomos, historiadores, teólogos y otros hombres de ciencia se aplicaron a investigar el Nuevo Mundo. Según la expresión de un historiador americano, América fue "la tierra de los hombres nuevos, nacida para los desheredados del mundo antiguo". [13] 10

LA CONQUISTA

La conquista de América fue realizándose a medida que se descubrían territorios, y tuvo caracteres propios y distintivos. No fue, como generalmente se cree, de carácter oficial. Estuvo a cargo de individuos particulares, que convenían con [14] los reyes, mediante una capitulación o contrato, las obligaciones y los derechos de cada una de las partes. [15] 15

El rey solía conceder, según los casos, títulos honoríficos, funciones de gobierno, propiedad de tierras, repartimientos de indios, derechos sobre las minas, parte de las rentas o beneficios de la corona, y otros privilegios. El descubridor o *adelantado* [16] debía a su vez pagar los gastos de la expedición por lo general, para lo cual se asociaba con personas de fortuna, ofreciendo 20 parte de sus eventuales beneficios a soldados, marineros y colonos. En casos imprevistos, los interesados podían elevar peticiones al rey, con el objeto de obtener nuevas franquicias. [17] Por estas razones, la conquista española tuvo carácter popular y colectivo.

A América no vinieron solamente hombres de armas y aventureros 25 —aunque los hubo mucho—, sino también campesinos, mineros, artesanos, comerciantes, profesionales y religiosos. No faltaron, claro está, los individuos de mal vivir. La pobreza, la codicia, el ansia de gloria, el espíritu de aven-

---

[13] Enrique de Gandía in Ricardo Levene, *Historia de América*, IV (Buenos Aires: W. M. Jackson, Inc., 1947), p. 95.

[14] **convenían con** made an agreement with

[15] **partes** parties to an agreement

[16] **adelantado** Name given to the discoverer who would have certain rights with respect to the lands he might discover; the *adelantado* also had the duty of defending these lands militarily.

[17] **franquicias** franchises, privileges

Derecha: Hernán Cortés, óleo anónimo del siglo 16; Hospital de Jesús, México. *Abajo:* Codex Mendoza: Los españoles atacados en Tenochtitlán, durante la ausencia de Cortés; Moctezuma (arriba), prisionero y herido por una piedra, ruega a los rebeldes que desistan. *Página opuesta:* México en 1521. *Abajo:* Regalo de Moctezuma al conquistador Cortés. Ornamento de plumas —broquel con el dios azteca del fuego en forma de coyote.

tura, el celo religioso o la urgencia de escapar a la ley, fueron motivos para muchos españoles.

Cuatro fueron los más grandes conquistadores que mandó España al Nuevo Mundo: Hernán Cortés, Francisco Pizarro, Gonzalo Jiménez de Quesada y Pedro de Valdivia.

Hernán Cortés provenía[18] de una familia noble y había estudiado en la Universidad de Salamanca. Se encontraba en Cuba desde hacía algunos años, cuando decidió partir hacia México, a los treinta y tres años de edad. Con unos 600 hombres y la ayuda de una joven de sangre indígena, doña Marina, que entendía la lengua náhuatl y la española, Cortés entró en Tenochtitlán (1519), tomó prisionero al emperador Moctezuma y al valiente caudillo Cuauhtémoc. Más tarde hizo ejecutar a Cuauhtémoc, héroe de la defensa, y conquistó definitivamente a México.[19] El rey Carlos V dio ciudades y vasallos a Cortés y lo nombró Marqués del Valle de Oaxaca, y más tarde creó el Virreinato de Nueva España (1535).

Francisco Pizarro fue hijo ilegítimo de un coronel español, y pasó su infancia en la pobreza y la ignorancia, cuidando puercos. Anduvo por el Caribe, participando en varias expediciones, incluso con el mismo Balboa. Asociado con Diego de Almagro, soldado aventurero y de dudosa responsabilidad, y con el clérigo Hernando de Luque, que se ofreció a financiar la expedición, conquistó el imperio de los incas. Su ejército se componía de unos 183 hombres con 37 caballos, y se aprovechó para sus planes de la lucha civil que existía en esos momentos entre los incas Atahualpa y Huáscar, al primero de los cuales hizo ajusticiar,[20] violando un acuerdo previo.

Pizarro fundó la ciudad de Lima (1535), nueva capital de las tierras conquistadas, que luego se constituyeron en el Virreinato del Perú (1544).[21]

El conquistador Gonzalo Jiménez de Quesada, de familia noble, había estudiado en España la carrera de leyes. Llegó a ser magistrado en Santa Marta, ciudad de la costa de Colombia, y desde allí dirigió una expedición de 600 soldados y 200 marinos, que en dos columnas, por tierra y por el río Magdalena en barcos, llegaron al interior del país después de agotadoras jornadas.[22] Tomó prisionero a algunos de los caudillos chibchas y fundó la

---

[18] **provenía** came from
[19] For Cortés' own account of the conquest of Mexico, see his *Cartas de Relación* (composed 1519-1526). For an account by another eyewitness, see Bernal Díaz del Castillo, *Verdadera historia de la conquista de la Nueva España,* which was composed earlier

but not published until 1632.
[20] **hizo ajusticiar** he had executed
[21] Accounts written by chroniclers of the period include: Pedro Cieza de León, *La crónica del Perú,* and Agustín de Zárate, *Historia del descubrimiento y conquista del Perú.*
[22] **agotadoras jornadas** exhausting jour-

Monumento a Francisco Pizarro, conquistador del Perú, en Lima. Una estatua idéntica se encuentra en la plaza mayor de su ciudad natal, Trujillo, España.

ciudad de Santa Fe de Bogotá (1538). La corona española le otorgó el cargo de gobernador de las tierras que había conquistado, las que más tarde, en el siglo XVIII, formaron el Virreinato de Nueva Granada (1717).

Pedro de Valdivia, también de origen noble, había intervenido en las guerras de Carlos V contra Italia. Se radicó [23] en el Perú, donde llegó a ser   5 un rico propietario de minas. Con unos 200 españoles y un millar de indios, se dirigió a conquistar Chile, donde antes había fracasado Almagro. Después de motines entre sus propios soldados y feroces luchas contra los araucanos, fundó la ciudad de Santiago (1541) y varias otras, ocupando el país hasta el río Bío-Bío. Despachó también algunas expediciones a la Argentina   10 actual, a través de los Andes. Valdivia tuvo en Caupolicán y en Lautaro, los dos héroes de la resistencia indígena, a sus más terribles enemigos. Murió en una de las luchas.

La lucha inicial contra los indios

En los primeros tiempos del descubrimiento y la conquista, los españoles, lejos de toda vigilancia real, y comprometidos en una guerra peligrosa y   15 difícil, actuaron librados a su propia conciencia. [24] Se cometieron abusos

---

neys or marches
[23] **Se radicó** He settled

[24] **librados a su propia conciencia** without any restraint

Fray Bartolomé de las Casas, Apóstol de las Indias. *Extrema derecha:* "La Leyenda Negra". Cubierta de la edición de las obras de las Casas, publicada en Amsterdam en 1620 y patrocinada por ingleses y franceses.

contra los indios, y se destruyeron valiosos monumentos y documentos culturales. Cortés hizo matar a Cuauhtémoc, y Pizarro a Atahualpa; Caupolicán fue terriblemente ajusticiado por haber matado a Valdivia. Entre los propios conquistadores hubo traiciones, crímenes y hasta luchas civiles.

5   Los indios, por su parte, conocieron también estas prácticas: Atahualpa mandó matar a su hermano Huáscar en época de la invasión española, y varias tribus indígenas ayudaron a Cortés en contra de los aztecas de Tenochtitlán, que los tenían subyugados.

La historia de la conquista es abundante en episodios de esta naturaleza, que pueden leerse en las crónicas y documentos de esos años. No todos los cronistas, sin embargo, pusieron énfasis en los defectos de los indios. Hubo también muchos defensores de los indígenas, como Fray Bartolomé de las Casas, cronista de los orígenes de la conquista, que acusó con exaltación, y hasta con exageraciones, a los españoles, en su *Brevísima relación de la destrucción de las Indias* (1552), y obtuvo del rey Carlos V importantes disposiciones protectoras de los indios.

La "leyenda negra"

Se ha dicho que Fray Bartolomé de las Casas fue el iniciador de la llamada "leyenda negra", o sea la interpretación antiespañola de la conquista, de la que se aprovecharon ciertos historiadores extranjeros. Las Casas habló de matanzas inauditas, violaciones de mujeres, incendios de poblaciones, robos, esclavitud de indios y calamidades infinitas.   5

Está probado que el Padre Las Casas, por pasión en sus buenas intenciones, por error aritmético, o por necesidad de impresionar a las autoridades, exageró los números y aun entró en contradicción consigo mismo. [25] De todas maneras, hubo una despoblación de las Indias en tiempos de la conquista, que se atribuye a las guerras, las epidemias —de viruela [26] par-   10

---

[25] Father de las Casas' own figures as to the number of Indians killed vary from 12 to 20 million, and the total he cites

exceeds the sum of the separate figures he offers in support of his contention.
[26] **viruela** smallpox

Páginas del libro *Nueva crónica y buen gobierno* de Felipe Guamán Poma de Ayala, escrito para divulgar el mal trato que recibían los indios peruanos después de la conquista.

ticularmente—, el trabajo en las minas, la miseria, la disminución de la agricultura, la falta de comercio y comunicaciones, y el alcoholismo.

En torno a este asunto las opiniones de los historiadores están muy divididas, lo mismo entre españoles que entre hispanoamericanos. Lewis
5 Hanke, un historiador reputado de estar imparcial, ha sostenido al respecto que nadie defendería hoy las estadísticas que dio Las Casas, pero pocos negarían que sus principales cargos eran verdaderos en gran parte. [27]

Las leyes de Indias

Los abusos de los conquistadores eran muchos, pero los reyes de España procesaron [28] y castigaron a los responsables de delitos [29] cuando pudieron
10 hacerlo: muchos fueron enviados en cadenas a la Península, otros retirados de sus funciones, o privados de sus privilegios y bienes.

Puesto que el descubrimiento de América fue en cierto modo casual y sorpresivo, las leyes se referían al principio a hechos inmediatos y tendían a corregir los abusos. Los propios Reyes Católicos habían fijado ya limita-
15 ciones al trabajo forzado, y la reina Isabel la Católica mandaba en su testamento que no se "consientan ni den lugar a que los indios vecinos y

---

[27] Lewis Hanke, *The Struggle for Justice in the Conquest of America* examines and clarifies many aspects of this com-

plex and controversial subject.
[28] **procesaron** indicted
[29] **delitos** crimes

EL DESCUBRIMIENTO Y LA CONQUISTA

moradores de las dichas Islas y Tierra Firme, ganadas y por ganar, reciban agravio alguno en sus personas y bienes; mas manden que sean bien y justamente tratados, y si algún agravio han recibido, lo remedien..." [30]

Carlos V, por insistencia del Padre Las Casas, ordenó una comisión para estudiar el asunto de las encomiendas [31] y dio unas *Nuevas Leyes de Indias* (1542) en que prohibía enviar indios a las minas o a las pesquerías de perlas, [32] ni cargarlos; y que donde no pudiera prescindirse de [33] su trabajo, que se les pagase justamente. Ordenaba, además, que se fijase exactamente el tributo que cada indio debía pagar. Pedía, en esencia, que todos los indios fueran tratados como vasallos de la corona de Castilla, pues ésa era su calidad. [34'] Su hijo y sucesor, Felipe II, hizo preparar otra *Nueva Recopilación* [35] (1567), que fue luego seguida y perfeccionada por otras recopilaciones.

Si bien los indios no eran esclavos sino vasallos del rey, la corona española no podía prescindir de su trabajo y colaboración en la gigantesca tarea de la colonización. Por otra parte, los indios, ignorantes de la idea de propiedad privada y acostumbrados a otro tipo de vida, se negaban a trabajar para los conquistadores y huían hacia zonas inaccesibles.

Así las cosas, el rey dispuso que los indios fueran "repartidos" en aldeas y predios [36] y "encomendados" a hombres distinguidos de las Indias, quienes estaban obligados a protegerlos, educarlos, instruirlos en la religión católica, y hacerlos trabajar. En el imperio incaico los *mitayos* eran los indios repartidos para trabajar por semanas o por meses, y los *yanaconas,* en cambio, eran repartidos para siempre entre los españoles, quienes los empleaban en sus casas y campos. En la práctica, los repartimientos y las encomiendas, resultaron muchas veces en formas nuevas de esclavitud.

La encomienda se concedía por merced real a los hombres que habían desempeñado un papel [37] importante en la conquista, y a otros que la Corona quería favorecer. Tanto el encomendero como su heredero, tenían el derecho de percibir [38] para sí los tributos de los indios, pero no tenían ningún derecho

---

[30] Carlos Pereyra, *Breve historia de América* (Santiago de Chile: Zig-Zag, 1938), p. 241.

[31] **encomiendas** Term used to describe the system by which a Spaniard was entrusted with the care of a number of Indians whom he was to instruct in the Christian religion. In return for his services he was entitled to receive a limited amount of work and tribute from the Indians making up his *encomienda.*

[32] **pesquerías de perlas** pearl fisheries
[33] **prescindirse de** do without
[34] To consider a conquered people as subjects, rather than as slaves or, at best, second-class citizens was a very advanced doctrine for the early 16th century.
[35] **Nueva Recopilación** "Revised Code of Laws"
[36] **predios** farms
[37] **desempeñado un papel** played a role
[38] **percibir** to collect

de propiedad sobre ellos. "Es absurdo imaginar que los españoles por sí, podían realizar la colonización —como los ingleses en el norte— con prescindencia de los indios, que constituían la inmensa mayoría. En todo el proceso de la dominación hispánica esta contribución de los indígenas constituye su base", ha dicho el historiador argentino Ricardo Levene. [39]

LA POLÍTICA DE COLONIZACIÓN

Los españoles tuvieron desde los primeros tiempos una política de colonización. Las tierras, aguas, montes y pastos de las Indias, se consideraban propiedad de la corona española, pero el rey podía premiar los servicios de sus hombres otorgándoles tierras. Hacia 1534, una parte de las tierras descubiertas habían sido concedidas. Minuciosas disposiciones fueron perfeccionando el sistema, que en sus orígenes fue injusto y desproporcionado.

Las ordenanzas sobre poblaciones (1573) establecían que ninguna persona podía hacer legalmente descubrimientos por su cuenta, entrar en una población indígena, ni fundar ninguna ciudad, sin autorización real.

Los gobernadores debían hacer previamente todas las averiguaciones [40] sobre lugares por descubrir o pacificar: habitantes, religión, culto, gobierno y economía, sin enviar hombres de guerra, y sin hacer escándalos. Luego se debía tomar posesión, en solemne acto público, poner nombre a la tierra, ciudades, pueblos, montes y ríos principales.

La fundación de ciudades estaba también reglamentada. Debía elegirse un lugar saludable, [41] con cielo claro y aire puro, sin exceso de calor ni de frío, lo cual podía conocerse por la complexión de los habitantes, animales o plantas del lugar. Debían tener buenas entradas por tierra y por mar, y debía resolverse si tendría el carácter de ciudad o pueblo.

El plano de la ciudad debía estar confeccionado previamente a base de una Plaza Mayor, desde la cual se tirarían [42] las calles hasta los caminos o entradas principales. Si la ciudad era costera, [43] dicha plaza debía estar cerca del desembarcadero, y si no, debía hacerse en el centro. En torno de la plaza, no podían darse solares [44] a los individuos particulares, pues debían reservarse para la iglesia, la casa real, el cabildo, [45] casas de comercio y tiendas. Los demás solares debían repartirse entre los pobladores. Fuera del ejido [46] de la ciudad, se fijaban lugares para los trabajos de agricultura y ganadería, en cantidad equivalente a la de solares de la ciudad. Otras

---

[39] Ricardo Levene, *Historia de América,* IV (Buenos Aires: W. M. Jackson, Inc., 1947), p. 262.
[40] **averiguaciones** investigations
[41] **saludable** healthful
[42] **se tirarían** would extend, start
[43] **costera** coastal
[44] **solares** building lots
[45] **cabildo** city government
[46] **ejido** common, enclosed public land

disposiciones regulaban la construcción de las viviendas y el aprovechamiento[47] de las tierras concedidas.

Antes de llegar al final del siglo XVI, menos de cien años después del primer viaje de Colón, gran parte del Nuevo Mundo había sido conquistada e incorporada dentro de los varios imperios europeos, sobre todo el español y el portugués. 5

CUESTIONARIO

1. ¿Qué hechos importantes ocurrieron en España en la época del descubrimiento?   2. ¿Qué establecía la capitulación que firmó Cristóbal Colón con los Reyes Católicos?   3. ¿Cuál fue el más importante de los cuatro viajes de Colón, desde el punto de vista del intercambio cultural?   4. ¿Cuál fue la primera ciudad fundada por los españoles en América?   5. ¿Quién dividió América entre España y Portugal?   6. ¿Qué fue el Tratado de Tordesillas?   7. ¿Qué opina el historiador Carlos F. Lummis de la exploración?   8. ¿Cuáles fueron los principales obstáculos con que tropezaron los exploradores?   9. ¿Qué influencia económica y social tuvo el descubrimiento de América?   10. ¿Qué carácter tuvo la conquista española?   11. ¿Qué es un *adelantado*?   12. ¿A qué se llama "leyenda negra" en la historia de América?   13. ¿Cuál es la opinión del historiador Lewis Hanke sobre las obras de Las Casas?   14. ¿Qué decía el testamento de Isabel la Católica acerca de los indios?   15. ¿Qué ordenó el rey Carlos V en las *Nuevas Leyes de Indias*?   16. ¿Qué es una encomienda?   17. ¿Se cumplieron en la práctica las disposiciones de la corona española?   18. ¿Quiénes podían fundar ciudades?   19. ¿Cómo era el plano de una ciudad colonial hispánica?   20. ¿Cuál fue la política de colonización de los españoles?

TEMAS ESPECIALES DE COMPOSICIÓN Y CONVERSACIÓN

1. Los viajes de Cristóbal Colón.
2. Hernando de Magallanes y la vuelta al mundo.
3. La influencia del descubrimiento en la civilización europea.
4. La "leyenda negra" de la conquista hispánica.
5. La fundación de ciudades.

---

[47] **aprovechamiento** utilization

D, Antonius D Mendoça 1'nouæ Hispanie Pro Rex et dux Generalis
Año. 1535.

V de Murguía é hijos.

Antonio de Mendoza, primer Virrey de la Nueva España (1535–1550), dirigente sabio y generoso.

CUATRO
EL RÉGIMEN COLONIAL
Y LA CIUDAD INDIANA

LA ADMINISTRACIÓN COLONIAL

Las Indias no se consideraban colonias, sino parte de la corona española, la cual era propietaria de todas las tierras y aguas, y se obligaba a mantenerlas unidas, defenderlas, y no enajenarlas. [1] El rey de España era al mismo tiempo rey de las Indias, Islas y Tierra Firme del Mar Océano, y ejercía una autoridad absoluta y sin restricciones.

Dada la inmensidad de los dominios —se podía dar la vuelta al mundo sin salir de territorio hispánico— y la variedad de los problemas de gobierno, se creó poco a poco un sistema de instituciones cuya autoridad emanaba del rey. Las había en España y en las Indias.

---

[1] **enajenarlas**   to give them away

En España se establecieron la Casa de Contratación[2] (1503) y el Consejo de Indias (1524).

La Casa de Contratación, que estuvo al principio en Sevilla y luego en Cádiz, tenía un carácter bastante complejo, pues allí se depositaban las mercaderías que iban a América o provenían de allí, se instruían pilotos, se hacían estudios técnicos de navegación, se promovían los descubrimientos y exploraciones, se atendían los pleitos[3] comerciales y marítimos, y se dirigía el comercio.

El Consejo de Indias se creó más tarde para hacerse cargo de los asuntos de justicia, peticiones de los gobernantes de Indias, ciertas causas criminales y civiles, disposiciones de gobierno, otorgamiento de mercedes,[4] asuntos de guerra y de paz, política de los dominios, y asesoramiento[5] del rey.

En las Indias, el gobierno estuvo en los primeros tiempos en manos de los adelantados[6] y gobernadores, pero luego el imperio fue encomendado a virreyes y capitanes generales, que gobernaban como representantes personales del rey. En el siglo XVI se crearon los dos primeros virreinatos,[7] el de Nueva España (1535) y el del Perú (1544). Dos siglos después se crearon otros dos, el de Nueva Granada (1717-1721; recreado en 1739) y el del Río de la Plata (1776).

El virrey era inspeccionado de tiempo en tiempo por visitadores[8] reales, y al término de su misión debía someterse a un juicio, llamado juicio de residencia, con el objeto de juzgar su gobierno. En todos los virreinatos y capitanías generales, existía la Audiencia, un organismo con funciones de hacienda,[9] gobierno y guerra.

Cuba, Chile, Guatemala y Venezuela fueron capitanías generales y sus gobernantes dependían del Consejo de Indias y del rey. En las ciudades o municipalidades se establecieron los Cabildos, con importantes funciones en asuntos de abastecimiento,[10] obras públicas, higiene, educación primaria y policía. Los Cabildos están considerados como la base del federalismo en la historia de Hispanoamérica. Ciertas ciudades fueron autorizadas a tener escudos de armas.[11]

---

[2] **Casa de Contratación** House of Trade
[3] **pleitos** lawsuits
[4] **otorgamiento de mercedes** granting of privileges
[5] **asesoramiento** advising
[6] **adelantados** field marshals
[7] **virreinatos** viceroyalties
[8] **visitadores** investigators
[9] **hacienda** treasury
[10] **abastecimiento** supplies
[11] **escudos de armas** coats of arms

Matías de Gálvez, Virrey de la
Nueva España a fines del siglo
18, quien dio ímpetu y estímulo
a la Escuela de Bellas Artes en
México, donde indios y
mestizos aprendieron a pintar.

RÉGIMEN ECONÓMICO

La política económica tenía por finalidad explotar al máximo la tierra, y
fue principalmente minera y agrícola. Las minas eran regalías,[12] o sea propiedad de la corona, pero el cateo[13] era libre. Nadie podía poseer más de
seis minas. Para explorar y descubrir, tanto extranjeros[14] como españoles o
naturales tenían iguales derechos, pero debían contar con autorización. Fueron   5
dictadas minuciosas disposiciones sobre la seguridad en el trabajo.

    El comercio se rigió[15] por el sistema del monopolio absoluto, adoptado
también en la época por Inglaterra, Francia, Holanda y Portugal. Dos flotas salían por año de España, escoltadas[16] en convoy por naves de guerra.
Cada flota, al llegar al Caribe, se dividía en dos partes: una iba hacia   10
Tierra Firme, puertos de Cartagena (Colombia actual) y de Portobelo (Pa-

---

[12] **regalías**   prerogatives of the crown
[13] **cateo**   prospecting
[14] **tanto extranjeros**   foreigners as well

[15] **se rigió**   was regulated
[16] **escoltadas**   escorted

namá); la otra llegaba hasta Veracruz (México). De Portobelo, las mercaderías cruzaban el istmo, luego se embarcaban para Lima, y desde allí se transportaban por tierra a Buenos Aires y Montevideo. De Veracruz cruzaban por tierra, a través de México, hasta el puerto de Acapulco, donde volvían a embarcarse hacia las Filipinas. De regreso, las flotas pasaban por La Habana.

Hacia mediados [17] del siglo XVIII este sistema antieconómico —creado para sostener el monopolio y combatir a la piratería— fue abolido. Se permitió entonces a los barcos ir solos a América, y se abrieron al comercio más puertos de España y de los dominios. La oficina económica y comercial, en América, se llamaba "consulado".

Como España no permitía el comercio de sus dominios con otros países, Inglaterra, Francia y Holanda —enemigos tradicionales de España— rompían el monopolio mediante el contrabando, que también interesaba a los comerciantes de América y a los criollos. En ciertos momentos, el comercio ilegal llegó a tener tanta importancia como el legal.

La piratería fue muy intensa durante casi tres siglos. El pirata actuaba protegido por el gobierno de su país, y prestaba un servicio patriótico cuando saqueaba una ciudad costera o robaba un galeón. En la práctica, era una forma de guerra en tiempos de paz. Los piratas se dedicaron también al tráfico de negros. John Hawkins empezó su carrera como negrero y luego fue pirata. Sir Francis Drake fue uno de los más temidos: en 1572 dio la vuelta al mundo en su barco, atacó las costas de América, y tomó la ciudad de Nombre de Dios (Panamá). Thomas Cavendish realizó la proeza [18] de capturar el galeón de la ruta a Manila, frente a las costas de California, en 1587. Henry Morgan tomó y saqueó también a Panamá. Entre los holandeses, fueron muy temidos Piet Heyn y Henrik Brouwer.

Los filibusteros eran aventureros y bandidos, que actuaban bajo su propia responsabilidad y tenían su base de operaciones en islas del Caribe.

LA SOCIEDAD COLONIAL

La sociedad iberoamericana estaba compuesta básicamente por blancos, indígenas y negros. El cuadro de combinaciones de estos tipos básicos es sumamente extenso.

El español o portugués era a menudo noble, o descendiente de con-

---

[17] **Hacia mediados** Toward the middle   [18] **proeza** feat

quistadores y colonizadores. Ocupaba generalmente los cargos del gobierno y la administración, gozaba de las prerrogativas del monopolio comercial, y constituía la clase alta de la sociedad colonial.

Los criollos, también blancos, eran hijos, nacidos en América, de los españoles o portugueses, y aunque gozaban de beneficios como sus padres, se sentían ya hijos de América más que de Europa. Hacia fines del siglo XVIII, constituyeron una clase ilustrada [19] y rica, disconforme con España y Portugal, y fueron los autores de la revolución.

Los mestizos formaban la clase más numerosa, principalmente en Nueva España y Perú.

El mestizaje

Desde el principio España fomentó el matrimonio de europeos e indios, esto es, el mestizaje. [20] Las Leyes de Indias establecían la libertad de casamiento, y ordenaban que nadie puede "impedir ni impida el matrimonio entre indios e indias con españoles o españolas, ni que tengan entera libertad de casarse con quien quisieren". [21] Con el tiempo, el criollo y el mestizo, nacidos ambos en las Indias, fueron inmensa mayoría en América.

En los primeros años del descubrimiento las mujeres no podían venir al continente americano, y se produjeron entonces uniones ilegales de españoles e indias. Así empezó la fusión de razas.

Los indios

Los indios ocuparon el lugar más bajo de la escala social en Iberoamérica hasta la llegada de los esclavos negros. El mal trato dado a los indios por algunos conquistadores y encomenderos levantó la airada [22] protesta del Padre Las Casas, quien sostuvo una ruidosa polémica, la mayor del siglo XVI, con Juan Ginés de Sepúlveda. Mientras éste consideraba a los indios representantes de una raza inferior, y sostenía el derecho de los españoles a conquistarlos y convertirlos por la fuerza, Fray Bartolomé de las Casas sostenía que los indios eran seres humanos y racionales, de naturaleza suave y bondadosa, capaces de asimilar la cultura europea, y que no debían estar sujetos a la sumisión, porque los reyes no son dueños de las vidas y el destino de sus súbditos.

[19] **ilustrada** enlightened
[20] **mestizaje** crossbreeding
[21] Ricardo Levene, *Historia de América*, IV (Buenos Aires: W. M. Jackson, Inc., 1947), p. 269.
[22] **airada** angry

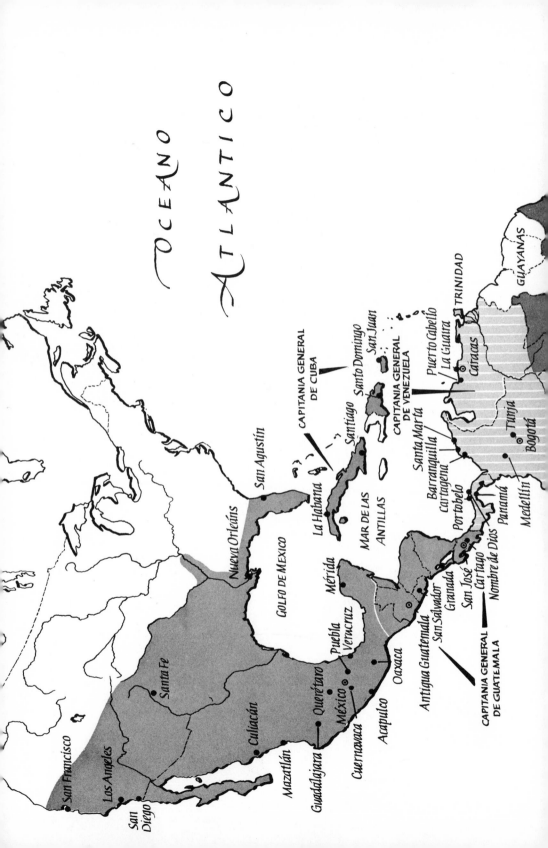

OCEANO ATLÁNTICO

San Francisco

Los Ángeles

San Diego

Santa Fe

Mazatlán

Culiacán

Guadalajara

Querétaro

México

Cuernavaca

Acapulco

Puebla

Veracruz

Mérida

Oaxaca

Nueva Orleáns

San Agustín

GOLFO DE MÉXICO

La Habana

Santiago

MAR DE LAS ANTILLAS

Santo Domingo

San Juan

CAPITANÍA GENERAL DE CUBA

CAPITANÍA GENERAL DE VENEZUELA

Puerto Cabello

La Guaira

Caracas

TRINIDAD

GUAYANAS

Santa Marta

Barranquilla

Cartagena

Portobelo

Panamá

Nombre de Dios

Medellín

Tunja

Bogotá

Antigua Guatemala

San Salvador

Granada

San José

Cartago

CAPITANÍA GENERAL DE GUATEMALA

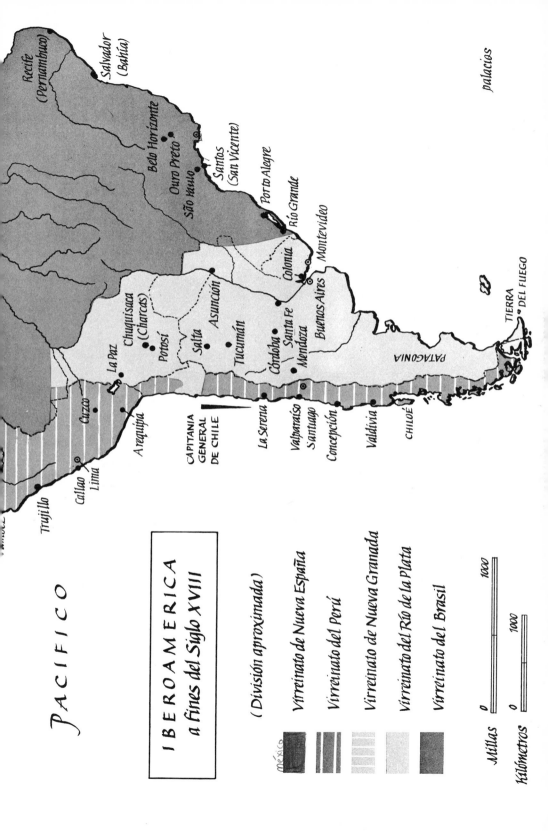

PACIFICO

Trujillo
Callao
Lima
Cuzco
Arequipa
La Paz
Chuquisaca (Charcas)
Potosí
Salta
Tucumán
Asunción
Santa Fe
Córdoba
Mendoza
Buenos Aires
Colonia
Montevideo
Río Grande
Porto Alegre
Santos (San Vicente)
São Paulo
Ouro Preto
Belo Horizonte
Salvador (Bahía)
Recife (Pernambuco)

CAPITANIA GENERAL DE CHILE
La Serena
Valparaíso
Santiago
Concepción
Valdivia
CHILOÉ

PATAGONIA

TIERRA DEL FUEGO

palacios

IBEROAMERICA a fines del Siglo XVIII

(División aproximada)

Virreinato de Nueva España
Virreinato del Perú
Virreinato de Nueva Granada
Virreinato del Río de la Plata
Virreinato del Brasil

México

Millas   0   1000
Kilómetros   0   1000

Plaza mayor de Guadalajara, ilustración de un libro sobre viajes publicado en 1836.

Desde el punto de vista teológico y jurídico, el campeón [23] de la defensa de los indios fue el Padre Francisco de Vitoria, famoso teólogo y religioso humanitario, que discutió el derecho de España a someter a los indios. Se preguntaba por qué leyes vienen los indios a poder de los españoles, y cuáles

5   son las bases y los límites del poder del monarca sobre los pueblos de las nuevas tierras. El Padre Vitoria concluía su doctrina sosteniendo que los indios son como todos los humanos, que no están sometidos a leyes de los hombres, y que sólo deben sometimiento [24] a las leyes divinas. [25]

Algunas tribus indígenas estuvieron en lucha hasta el siglo pasado con

10 los propios iberoamericanos. En la Argentina, la conquista del desierto, último reducto [26] aborigen, no se terminó hasta 1879.

Los negros aportaron también su sangre en la fusión racial de Iberoamérica. Entraron en el continente como esclavos, provenientes de África, [27] a partir del siglo XVI, para sustituir a los indios de inferiores condiciones

---

[23] **campeón** champion
[24] **sometimiento** submission
[25] The theories of Father Francisco Vitorio are in his work *Relecciones sobre los indios.*
[26] **reducto** redoubt (a refuge or strong-

hold)
[27] They came principally from the west coast of Africa, from areas such as Sierra Leone, Liberia, the Gold Coast, Nigeria, Angola, and the Ivory Coast.

físicas en los trabajos duros. Duraron en esta triste condición aun después de la independencia de los países iberoamericanos. En la Argentina se decretó la libertad de vientres [28] en 1813. En Cuba se declaró libres a los esclavos en 1886, y en Brasil en 1888.

Varias compañías nacionales y extranjeras obtuvieron de España y Portugal el derecho de importar negros en América, a cambio de sumas pagadas a la corona.

En 1502, Nicolás de Ovando obtuvo un permiso para transportar negros del sur de España a La Española y en 1517 Fray Bartolomé de las Casas pidió al emperador que se enviaran negros a América para sustituir a los indios en el trabajo de las minas. En ese año se otorgó un asiento [29] a una compañía extranjera. En 1562, John Hawkins introdujo un cargamento de

---

[28] **libertad de vientres** The practice of declaring that children are born free even though their parents may be
slaves.
[29] **asiento** trading contract

Esclavos en un ingenio de azúcar en Brasil.

esclavos en las Antillas bajo bandera inglesa, y en 1595, Pedro Gómez de Reynel obtuvo permiso del rey español para pasar 38.000 negros a América. La *South Sea Company,* inglesa, obtuvo en 1717 permiso de los reyes Borbones para introducir en las tierras hispánicas 144.000 negros esclavos, a razón de 4.800 por año y durante un período de 30 años, mediante el pago de $200.000. Actuaban también la Compañía Francesa de las Indias Occidentales y otras. [30]

Hacia principios del siglo XIX, España suprimió la trata de negros, [31] primero al norte del Ecuador (1817) y luego al sur de dicha línea (1820). Estas disposiciones, sin embargo, no se cumplieron del todo.

Los viajeros

América atrajo siempre el interés de los europeos. En diversos momentos del período colonial, viajaron por estas tierras hombres de negocios, observadores extranjeros y hombres de ciencia, que luego escribieron estudios o memorias sobre Iberoamérica, su naturaleza, sus gentes, sus costumbres y su cultura. Son los denominados *viajeros.*

Algunas de esas obras, por su excelente calidad literaria y la abundancia de información, se han convertido en verdaderas obras de valor. [32] Muy conocidas son la de C. Marie de La Condamine, *Viaje a la América Meridional,* y la del barón Alejandro von Humboldt, *Ensayo político sobre la Nueva España.* El primero había venido con una comisión de sabios franceses en 1726 para medir sobre la línea del Ecuador un grado de meridiano terrestre, [33] y el segundo era un científico alemán que recorrió buena parte de América en viaje de investigación, a principios del siglo XIX.

LA VIDA EN LA CIUDAD COLONIAL

La vida en la América colonial era simple y lenta. Pocos acontecimientos turbaban la tranquilidad habitual: un ataque de piratas, un levantamiento

---

[30] The practice of making contracts with companies or individuals, mostly foreigners, who wished to engage in the slave trade began in the 16th century.
[31] **trata de negros** black trade, slave traffic
[32] The works written by these travelers are varied and many. They have had a considerable impact on the cultural history of Iberoamerica.
[33] **para medir... terrestre** to measure the surface distance of a degree of latitude or longitude from the Equator

de indios, la coronación de un nuevo rey en España, la llegada de un misio-
nero, un conquistador o un viajero extraño, una epidemia, una festividad
religiosa, o un acto público [34] en el colegio o la universad.

La típica casona colonial, amplia y de paredes gruesas, con dos patios
cuadrados y una quinta [35] al fondo, albergaba [36] a gran cantidad de personas,   5
entre amos, su familia, criados, esclavos y huéspedes. La sala, donde solían
estar el oratorio, [37] los muebles finos y los cuadros al óleo, [38] se abría ritualmente por las tardes o las noches, para recibir a las visitas o realizar las
tertulias. [39] El rezo del rosario era riguroso y lo cumplían todos los días, a
la hora de oración, [40] patrones y servidumbre, en un clima de unción. [41] Las   10
casas principales eran las de las autoridades, y ocupaban la parte central de
la ciudad. Luego se extendían las del pueblo común.

En el campo vivían los indios, los mestizos, y también algunos españoles dedicados a la ganadería, la agricultura o la minería.

La vida era eminentemente familiar [42] y la mujer ocupó un lugar im-   15
portante en la civilización iberoamericana. Las fiestas religiosas más importantes eran las de Corpus Christi y las de Semana Santa, a las que se
agregaban [43] las de Nochebuena, [44] Navidad [45] y Año Nuevo. Algunas veces
había fiestas populares, con fuegos de artificio. [46] Más tarde hubo teatros y
representaciones teatrales en los colegios religiosos.   20

La conquista espiritual

Españoles y portugueses trasladaron [47] a América sus instituciones, su lengua,
su raza, su religión y su sentido de la vida. Si su régimen económico de
monopolio comercial, y la explotación de las riquezas del nuevo continente
han sido considerados un fracaso por historiadores y economistas, no ha sucedido lo mismo con su conquista espiritual. En general, Iberoamérica es   25
cristiana, y habla español o portugués.

En otros aspectos, como estilo de vida, costumbres, psicología y arquitectura, Iberoamérica tiene la marca ibérica. Puede decirse que hasta

---

[34] **acto público** public ceremony
[35] **quinta** garden for raising food for the household
[36] **albergaba** sheltered
[37] **oratorio** private place of worship
[38] **cuadros al óleo** oil paintings
[39] **tertulias** informal gatherings, discussion groups
[40] **hora de oración** time set aside each

day for family prayers
[41] **unción** piety
[42] **familiar** family-oriented
[43] **se agregaban** were added
[44] **Nochebuena** Christmas Eve
[45] **Navidad** Christmas
[46] **fuegos de artificio** fireworks
[47] **trasladaron** brought

Vida en el Obispado de Trujillo del Perú durante el siglo 18, según un libro de la época.

EL RÉGIMEN COLONIAL Y LA CIUDAD INDIANA

1880 esta influencia permaneció casi intacta, salvo algunos casos excepcionales, y que sólo a partir de entonces Iberoamérica comienza a incorporar o crear nuevos estilos de vida.

Educación

Al principio los españoles intentaron [48] imponer a todos los indígenas su lengua, pero luego renunciaron a este propósito y fomentaron el aprendizaje [49] de las lenguas aborígenes. No cedieron, [50] en cambio, en su decisión de convertir a los naturales al catolicismo. 5

Escuela primaria hubo desde 1505 en la ciudad de Santo Domingo. Las escuelas eran generalmente conventuales, pero hubo además algunas municipales y particulares. En ellas se enseñaban la lectura, escritura, aritmética y religión. En muchas poblaciones no existía escuela primaria de ninguna clase, y entonces los hijos de españoles recibían instrucción particular en sus propias casas, de sus padres o de maestros particulares llamados "leccionistas". Los maestros de escuela generalmente carecían de título profesional. 10 15

No existió propiamente enseñanza secundaria, en el sentido actual de la palabra. Este tipo de estudios se cumplía después de la escuela primaria en colegios especiales, y consistía en latín, gramática, retórica, filosofía natural y filosofía moral. Los autores más estudiados eran Aristóteles, [51] San Agustín y Santo Tomás. Las ciencias naturales se estudiaban por Plinio el Antiguo. [52] El sistema disciplinario era rígido y se imponían castigos corporales. Las obligaciones religiosas de los alumnos eran estrictas. 20

Las universidades se crearon para vencer la ignorancia. Algunas habían sido colegios que llegaron a un nivel satisfactorio de estudios, y otras se iniciaron directamente como universidades. La primera fue la Universidad de Santo Tomás de Aquino, [53] en la ciudad de Santo Domingo, que en 1538 adquirió ese carácter después de haber sido un colegio de dominicos. En 1551 se decidió fundar universidades en las dos capitales más importantes del imperio: la de México y la de San Marcos de Lima. Esta última no sufrió interrupción en su vida y es considerada por algunos historiadores como la más antigua del continente. [54] 25 30

---

[48] **intentaron** attempted
[49] **aprendizaje** learning
[50] **No cedieron** They did not give up
[51] **Aristóteles** Aristotle
[52] **Plinio el Antiguo** Pliny the Elder (a

Roman who wrote about natural history and science; he died in 79 A.D.)
[53] **Tomás de Aquino** Thomas Aquinas
[54] According to the Mexican historian Carlos Pereyra, the following were

La Universidad de San Marcos, Lima, fundada en 1551.

Aunque las universidades tenían por modelo a las españolas de Salamanca y de Alcalá de Henares, sus planes de estudio no eran exactamente iguales. Se enseñaban, en general, artes (humanidades), teología, derecho [55] (canónico y civil) y medicina. Además, algunas tenían cátedras de lenguas
5 aborígenes. Más tarde, también se enseñaron matemáticas y física en algunos centros.

Se otorgaban los grados [56] de bachiller, maestro (o licenciado) y doctor. El título de bachiller exigía por lo menos tres cursos de seis meses cada

---

also among the earliest-founded universities: Santa Fe de Bogotá, 1575; Córdoba del Tucumán, 1613; Charcas (Chuquisaca o Sucre, Bolivia), 1623; Guatemala, 1675, as the continuation of a secondary school founded in 1551;

Cuzco, 1692; Caracas, 1721; Santiago de Chile, 1738; La Habana, 1782; Quito, 1791.
[55] **derecho** law
[56] **grados** degrees

uno. El método de enseñanza consistía en la conferencia [57] del profesor, que el alumno debía recoger en sus cuadernos. Había exámenes finales. El grado de doctor se otorgaba después de un pomposo y solemne examen, seguido de juramento [58] por parte del estudiante graduado.

Los jesuitas fueron el alma de la universidad iberoamericana.　　　　5

La imprenta y los libros

La imprenta fue introducida por primera vez en México (1536), y hacia mediados del siglo XVI había siete impresores en esa ciudad que se dedicaban a imprimir catecismos, libros religiosos, gramáticas de lenguas aborígenes, diccionarios y también algunas obras técnicas y científicas. En épocas sucesivas se introdujo la imprenta en otros países iberoamericanos.　　　　10

En algunos países su introducción fue tardía porque resultaba más barato imprimir los libros en España. Ésta es la razón por la cual muchas obras de autores hispanoamericanos aparecieron en Europa.

La imprenta sirvió sobre todo para la obra de catequesis, [59] y además, para necesidades del gobierno. Otras obras de la época impresas en América [15] fueron panegíricos, tratados jurídicos y teológicos, certámenes [60] literarios, catecismos, hojas volantes, [61] bandos [62] del gobierno, y gacetas.

En América el periodismo hizo su aparición poco después de haber sido creado en Europa. Se inició bajo la forma de hojas volantes, sin fecha fija, con resúmenes de las principales noticias del mundo, y avisos sobre [20] comercio, flotas, etc. La *Gaceta de México* comenzó su aparición regular en 1722 y luego hubo otras gacetas en Guatemala, Lima, Buenos Aires, y otras ciudades.

En España existían desde tiempos antiguos leyes rigurosas sobre la impresión, introducción y venta de libros, que en síntesis se reducían a disponer [25] previamente de una licencia real. Esta vigilancia se había establecido con el doble propósito de evitar la difusión de doctrinas heréticas y de desalentar [63] la literatura deshonesta. [64] Muchos libros heréticos fueron quemados en hogueras de la Inquisición.

En las Indias se prohibió introducir, vender o imprimir libro alguno [30] que tratara sobre asuntos del Nuevo Mundo, sin la autorización previa del

---

[57] **conferencia** lecture
[58] **juramento** oath
[59] **cataquesis** catechism (a brief and simple explanation of doctrine)
[60] **certámenes** contests

[61] **hojas volantes** broadsides
[62] **bandos** proclamations
[63] **desalentar** discourage
[64] **deshonesta** lewd

Consejo de Indias y las autoridades eclesiásticas. Los autores americanos debían enviar sus manuscritos a España, y muchas veces no llegaba la esperada aprobación. Costearse [65] el viaje hasta allí resultaba muy caro.

Carlos V prohibió (1543) que las novelas y obras de imaginación circularan en América, para que ningún español o indio leyera libros de materias profanas y fabulosas, o historias fingidas, por ser un peligro espiritual. La Casa de Contratación debía revisar [66] los cajones en España, antes de su despacho a las Indias, para evitar violaciones a esta resolución. Dentro de esta prohibición, caía naturalmente, el *Quijote,* que, sin embargo, entró en América poco después de su publicación en España, lo mismo que otras obras novelescas.

Muchos manuscritos de la época colonial se perdieron en naufragios o quedaron sepultados entre el polvo de los archivos españoles o americanos. No obstante, la tarea intelectual era activísima. Gran número de obras literarias de esa época han sido descubiertas en nuestros tiempos. [67]

Las ciudades importantes tuvieron muy buenas bibliotecas, algunas con varios millares de libros. Las universidades, colegios, y algunos eruditos, reunieron riquísimas colecciones que han sobrevivido hasta tiempos modernos y han permitido reconstruir con precisión los intereses culturales de los hombres de la colonia.

En el siglo XVIII comenzaron a circular por América los libros de los autores liberales: Bacon, Descartes, Leibniz, Locke, Rousseau, Montesquieu y hasta Voltaire. Se leían obras en español y portugués, y además en latín, italiano y francés.

La ciencia

El interés por la ciencia fue menor, pero la contribución española a la geografía y la cartografía de la época merece especial consideración: gran parte de las cartas marinas fueron confeccionadas por hombres al servicio de España, como Juan de la Cosa, el primero de los grandes cartógrafos, y acompañante de Colón en su primer viaje.

Los estudios de etnografía y lenguas fueron también cultivados, en

---

[65] **costearse** to pay for
[66] **revisar** check
[67] Ricardo Rojas, for example, found in Argentina the manuscript *Libro de varios tratados y noticias* by Luis Tejada (1604-1680); Joaquín García Icazbal-ceta of Mexico found fragments of *Mundo y conquista* by Francisco de Terrazas (?-c. 1604); Juan María Gutiérrez of Argentina found two acts of *Siripo,* an eighteenth-century drama.

especial por los jesuitas. Esta orden sobresalió debido a que, por su carácter internacional, hizo venir a América a sacerdotes sabios de otros países, particularmente en el siglo XVIII.

Se estableció un Jardín Botánico en México, un Museo de Historia Natural en Guatemala, un Observatorio Astronómico en Bogotá, y una Escuela de Náutica en Buenos Aires. En Bogotá y en México hubo importantes hombres de ciencia.

Religión

En ningún aspecto fue más decisivo el impacto cultural que en el religioso. La tarea de llevar a la mentalidad indígena el pensamiento religioso cristiano fue sumamente difícil, como la describe el ensayista venezolano Mariano Picón-Salas: "...abolir la vieja religión de sangre; aprender el idioma de los conquistados; crear en un pueblo guerrero y tan ferozmente jerárquico como el azteca un sentimiento cristiano de la vida; vencer la hostil desconfianza contra el español; utilizar bajo un nuevo sistema las artes y oficios de la raza vencida; buscar en las lenguas aborígenes palabras y símbolos que sirvan para simplificar los complicados misterios de la fe". [68] Se idearon métodos visuales para explicar, se crearon palabras, se inventaron símbolos, y se aplicaron procedimientos para memorizar.

San Francisco Solano convertía a los indios de Santiago de Estero (Argentina) con un violín, y Fray Toribio de Benavente recorría las tierras de México a Nicaragua, durante más de cuarenta años, creando conventos, enseñando doctrina, escribiendo libros, defendiendo a los indios contra los conquistadores. Llegó a cambiarse el nombre español por el indígena de *Motolinía,* [69] para identificarse con los indios. Muchos religiosos murieron en el martirio, y la Iglesia Católica ha beatificado y canonizado a varios de ellos. [70]

Los misioneros recorrieron prácticamente toda América creando misiones y pueblos. Sobresalieron en esta tarea los jesuitas, y luego los franciscanos. Actuaron también muchas otras órdenes.

En las misiones se agrupaba a los indios, se les enseñaba la religión,

---

[68] Mariano Picón-Salas, *De la conquista a la independencia* (México-Buenos Aires: Fondo de Cultura Económica, 3rd edition, 1958), p. 69.

[69] **Motolinía** This word also occurs in the form *Motolinia.* Fray Toribio walked barefoot, and the Indians used the word, which to them meant *poor,* to refer to him.

[70] Among them: St. Francis Solano (1549-1610), St. Toribio de Mogrovejo (1534-1606), and St. Rose of Lima, who is considered to be the patroness of Spanish America.

¶DIALOGO DE DOCTRINA
Christiana, en la lengua d' Mechuacã. Hecho
y copilado de muchos libros de ſana doctrina, por el muy Reuerendo padre Fray Maturino Gylberti dela orden del ſeraphico Padre ſant Frãcisco. Trata delo que ha de ſaber
creer, hazer, deſſear, y aborrecer, el Chriſtia-
no. Va preguntando el diſcipulo al Maeſtro.

¶YYETI SIRANDA YQVI A-
ringahaca Dialogo aringani, ychuhcahi-
bo chupengabaqui Chriſtianoengant,
yngui vca tata chẽ caſireq̃ Fray
Maturino Gilberti ſant Frã-
ciſco tata. Teparimento am
baqueti. Ma hurengua
reri curamaribati
tepari huren-
dahperini. Ca hurendahperi mayo-
cucupanstabatihurendaeq̃embani.
Año de. 1559.

Izquierda: Portada de un libro impreso en México en 1559. *Arriba:* Bosquejo de 1750 por el franciscano Pablo de la Purísima Concepción Beaumont, y que ilustra cómo los franciscanos salvaban a las almas indígenas del demonio mediante prédica y bautismo.

y se les organizaba para la vida civilizada y el trabajo en común. Hubo grupos de misiones en México (Sinaloa, Sonora, Chihuahua y Coahuila), en Venezuela (Caracas, Orinoco y Cumaná), en Colombia (Meta y Casanare), en Ecuador, Perú, Guayanas, Chile, Bolivia y Paraguay. [71] Las más famosas fueron las del Paraguay, creadas en 1639 por los jesuitas en tierras de los guaraníes, las cuales llegaron a convertirse en verdaderas comunidades, casi independientes, dentro del imperio español. En 1767, el rey español Carlos III expulsó a los jesuitas de España y sus colonias, y los del Brasil y Portugal fueron expulsados por José I y su ministro Pombal en 1760.

La expulsión de los jesuitas es un asunto bastante controversial. Puede ser que los monarcas temieran que los jesuitas adquirirían demasiado poder en las colonias.

El patronato real

La Iglesia Católica había concedido a los reyes de España la facultad de ocupar los territorios descubiertos y convertir a los naturales al catolicismo, y poco después, el derecho de Patronato Real. Por este derecho, los monarcas españoles se convertían en administradores de ciertos asuntos eclesiásticos: creaban obispados, nombraban o quitaban prelados, [72] levantaban templos y monasterios, cobraban los diezmos [73] y rentas [74] eclesiásticas para sostener las obras religiosas, y debían dar primero su aprobación para que las bulas [75] y otros documentos pontificios circularan en sus dominios.

Aunque de esta manera la corona española ejercía poderes de la Iglesia en sus territorios, hubo relativamente pocos conflictos con el Papado.

La inquisición

La inquisición existía en España, Portugal y otros países europeos antes del descubrimiento de América, con el objeto de mantener la pureza de la fe. Luego se crearon tres Tribunales de Fe en el Nuevo Mundo: Lima (1570), ciudad de México (1591), y Cartagena (1610).

Estos Tribunales actuaban contra herejes, blasfemos, bígamos, brujos, hechiceros, [76] y otros individuos que pudieran poner en peligro la unidad religiosa. Los indios no caían dentro de su jurisdicción, porque se les con-

---

[71] There were also Spanish missions in what are now parts of the United States: Arizona, New Mexico, Texas, Florida, California. The Franciscan Fray Junípero Serra founded a chain of missions along California's Camino Real from San Diego northward.

[72] **prelados** prelates, important ecclesiastical officers
[73] **diezmos** tithes
[74] **rentas** income
[75] **bulas** bulls (official papal statements)
[76] **brujos, hechiceros** wizards, sorcerers

sideraba nuevos en la religión y carentes [77] de suficiente responsabilidad en materia religiosa.

Si el culpable pedía perdón, se le absolvía. Dos veces podía ser absuelto un culpable. Las penas corporales no las aplicaban los religiosos, sino la autoridad judicial civil. En general, se puede decir que la Inquisición fue   5 menos activa en América que en Europa. [78]

CUESTIONARIO

1. ¿Cuántos virreinatos hubo en la América hispánica?   2. ¿Qué capitanías generales hubo?   3. ¿Cómo era el régimen comercial de las Indias? 4. ¿Qué es la piratería?   5. ¿Cuáles son los grupos raciales básicos de Iberoamérica?   6. ¿Cómo se realizó la fusión de razas?   7. ¿En qué consistió la polémica entre el Padre Las Casas y Ginés de Sepúlveda?   8. ¿Quién fue el Padre Francisco de Vitoria y en qué consistía su teoría? 9. ¿En qué calidad entraron los negros en Iberoamérica?   10. ¿Cómo era la vida en la ciudad colonial?   11. ¿Cómo fue la enseñanza primaria en tiempos de la colonia?   12. ¿Qué carreras universitarias existían?   13. ¿Qué grados otorgaba la universidad colonial?   14. ¿Qué clases de obras se imprimían preferentemente en el Nuevo Mundo?   15. ¿Qué restricciones existían en la circulación de libros?   16. ¿Cuándo comenzaron a circular las obras de los autores liberales europeos?   17. ¿Tuvo gran desarrollo la ciencia en Iberoamérica?   18. ¿En qué consiste el sistema del Patronato Real?   19. ¿En qué ciudades del Nuevo Mundo hispánico existieron tribunales de la Inquisición?   20. ¿Quiénes podían ser juzgados por la Inquisición?

TEMAS ESPECIALES DE COMPOSICIÓN Y CONVERSACIÓN

1. La administración y el gobierno colonial español.
2. El régimen económico de las Indias.
3. La sociedad colonial.
4. La educación en Iberoamérica en la época colonial.
5. La evangelización del Nuevo Mundo.

---

[77] **carentes de** lacking in
[78] According to A. Curtis Wilgus and Raul d'Eça, on p. 102 of their *Latin American History* (New York: Barnes and Noble, 1963), the Inquisition probably effected the execution of not more than one hundred persons in its 277 years of operation in the New World.

La Catedral de México, en el Zócalo o plaza central; construida durante 1573–1811 en el mismo sitio del templo azteca destruido por Cortés.

CINCO
LAS LETRAS Y LAS ARTES
EN LA COLONIA

LOS CRONISTAS Y LOS HISTORIADORES DE INDIAS

La literatura colonial nace con los relatos que los descubridores, exploradores, conquistadores, misioneros y colonizadores escriben sobre las nuevas tierras, las civilizaciones indígenas, y las expediciones militares y marítimas.

A estos primeros autores se los conoce con el nombre de *cronistas*. Fueron actores o testigos[1] contemporáneos de los acontecimientos que relatan. 5

Cristóbal Colón está considerado como el primer cronista de Indias, ya que dejó escrito un *Diario de viaje* sobre su aventura en el nuevo continente.[2]

---

[1] **testigos** witnesses
[2] Columbus's diary was published later

in Bartolomé de Las Casas, *Historia de las Indias*. He also wrote letters,

Los conquistadores solían[3] informar a los reyes sobre sus actividades en América, en cartas que se denominaban *cartas de relación*. Escritas personalmente por el conquistador o por su secretario, no siempre eran completamente veraces,[4] en vista del carácter burocrático que tenían,[5] ni tampoco tenían valor literario en algunas ocasiones. No obstante,[6] forman parte de la literatura colonial.

Hernán Cortés, el conquistador de México, escribió cinco *Cartas de relación* al rey Carlos V, entre 1519 y 1526, que más tarde fueron publicadas. Son documentos interesantes por las revelaciones que hacen, y permiten apreciar el complejo mundo espiritual de un hombre de educación universitaria y gran genio[7] político y militar, frente a un pueblo desconcertado y heroico, al que debe hacer la guerra para dominar.

La más notable y colorida de las crónicas de México es la escrita por Bernal Díaz del Castillo (1492-1584), un soldado del propio ejército de Cortés que recibió una encomienda de indios en Guatemala por sus servicios militares. En estilo rudo, pero con abundancia de pormenores,[8] escribe la *Verdadera historia de la conquista de la Nueva España,* para demostrar el carácter heroico de la lucha, y el papel preponderante que tuvieron los soldados en esas jornadas.[9]

Los documentos escritos por los misioneros y otros españoles que recorrieron los nuevos territorios son sumamente interesantes.[10]

Los *historiadores* ya no son hombres de guerra o misioneros que han vivido directamente la experiencia de la conquista o la catequización. Son generalmente cronistas oficiales de la corona española, o historiadores de profesión, españoles o americanos, que escriben sobre los acontecimientos que han leído en otras obras y documentos, o han escuchado de boca de hombres que han estado en el Nuevo Mundo.

En general, sus obras son monumentales y están escritas en un estilo

---

one of them during the return crossing of his first trip, to Rafael Sánchez, the Royal Treasurer. The letter was translated into Latin and published in Barcelona in 1493. It is the first published work about the New World.

[3] **solían** used to

[4] **veraces** truthful

[5] Many of the *conquistadores* were operating originally beyond the pale of the law. Hernán Cortés had sailed from Cuba counter to the wishes of Governor Velázquez. Francisco Orellana, the discoverer of the Amazon River, had defected from an expedition led by Gonzalo Pizarro. Reports by many of the *conquistadores* tended to be apologistic rather than completely factual.

[6] **no obstante** not withstanding

[7] **genio** talent

[8] **pormenores** details

[9] **jornadas** marches

[10] Two of these works are: Fray Toribio de Benavente, *Historia de los indios de Nueva España* and Alvar Núñez Cabeza de Vaca, *Naufragios*.

pulido. Carecen del atractivo de la prosa ruda y apasionada de los primeros cronistas. [11]

El Inca Garcilaso de la Vega

Entre todos los cronistas e historiadores sobresale el Inca Garcilaso de la Vega, [12] hijo de un conquistador español de familia noble y de una princesa inca, prima de Atahualpa, el jefe que Pizarro mandó ejecutar. Aprendió el español y el latín en su ciudad natal, el Cuzco, de maestros españoles, y el quechua en su hogar, donde escuchó de boca de sus parientes y amigos, las viejas historias de sus antepasados indígenas.

Al morir su padre, fue a España, pero fue recibido con frialdad por sus parientes españoles. Entró en el ejército y después de participar en algunas campañas militares, se retiró para dedicar el resto de sus días al estudio de las humanidades y la filosofía.

Su principal obra se titula *Comentarios reales,* y en ellos describe la antigua civilización incaica, elogia a su raza, se enorgullece de [13] su condición mestiza, y refiere las luchas en el Perú. Escrita casi de memoria, no es una obra histórica en sentido estricto, sino más bien la primera obra de ficción del Nuevo Mundo, realizada con verdadero gusto artístico y digresiones imaginativas.

LA ÉPICA: ALONSO DE ERCILLA

Muchos soldados españoles fueron también hombres de letras, educados en la época del Renacimiento, en que belleza y acción, religiosidad y vitalismo eran valores que se cultivaban simultáneamente.

---

[11] One of these historians was Francisco López de Gómara, author of *Historia de la conquista de México.* (As far as is known, López de Gómara was never in America, but he was chaplain to the Cortés family and had access to their documents.) Another was Antonio de Solís, who wrote *Historia de la conquista de México.* (Solís, who did not know the New World personally, was the royal historian for the Indies.) Among the historians who did spend time in America were: Gonzalo Fernández de Oviedo *(Historia general y natural de las Indias),* José de Acosta *(Historia natural y moral de las Indias),* and the Mexican Juan Suárez de Peralta *(Tratado del descubrimiento y conquista).* Some of the historians were *mestizos,* and so could view the events from a double point of view. Among them were: Fernando de Alva Ixtlixochitl *(Historia chichimeca)* and Hernando de Alvarado Tezozomoc *(Crónica mexicana).*

[12] **El Inca Garcilaso de la Vega (1539-1616)** His major works are *Comentarios reales* (Part I, 1609; Part II, "Historia general del Perú", 1617), and *La Florida del Inca* (1605).

[13] **se enorgullece** he takes pride in

Alonso de Ercilla

Uno de ellos, Alonso de Ercilla,[14] fue un gentilhombre que, deslumbrado por los relatos de la gran aventura americana, se vino al Perú y luego se incorporó a una expedición despachada para combatir a los araucanos, empresa en la que ya había fracasado Almagro, y que Valdivia no había lograd completar. Ercilla guerreó con tremendo valor, y en los momentos de ocio,[15] se puso a escribir un largo poema heroico sobre estas luchas, utilizando los pedazos de papel, cartas o cueros que encontraba. En un momento, estuvo a punto de ser ajusticiado[16] por su jefe, que lo creyó envuelto

---

[14] **Alonso de Ercilla y Zúñiga (1533-1594)** *La araucana* (Part I, 1569; Part II, 1578; Part III, 1589) is his principal work.
[15] **ocio** leisure
[16] **ajusticiado** executed

en una supuesta rebeldía, pero le fue conmutada la pena, y retornó a España, donde completó su famosa epopeya *La araucana*.

El poema describe la naturaleza de Chile, las costumbres de los araucanos, los combates de la conquista, pero sobre todo, retrata [17] magníficamente a los jefes indígenas: Caupolicán, Colocolo, Lautaro y Rengo, y describe las batallas con una maestría casi homérica.

Ercilla logró, con gran dignidad de su parte, su propósito de señalar el valor y las proezas de aquellos españoles sin desmerecer la valentía y el señorío bélico de los hombres del Arauco. [18]

EL BARROCO

A mediados del siglo XVII, la conquista está ya terminada, y los descendientes de los viejos conquistadores gozan de una situación social espléndida. La sociedad adquiere un tono aristocrático en las grandes ciudades, y crecen en número las tertulias literarias, los certámenes poéticos, las representaciones dramáticas, los estudios académicos y otras manifestaciones de la vida artística.

Dos ciudades se distinguen por su cultura: México y Lima. Muchos artistas españoles vienen con sus costumbres, modos de vida y gustos artísticos. El hablar con elegancia se convierte en una exigencia [19] social, se levantan templos y palacios magníficos, y se pintan cuadros en cantidad extraordinaria.

El comercio de libros con España es intenso a pesar de las limitaciones, y circulan las obras de escritores europeos, aun las de ficción, como el *Quijote*. De todos los autores españoles, los más admirados son el poeta Luis de Góngora y los dramaturgos Lope de Vega y Calderón de la Barca.

La literatura hispanoamericana se inclina hacia el barroco, [20] que se caracteriza por la sutileza de las ideas, el vocabulario rebuscado, [21] las alusiones mitológicas, las metáforas complicadas, y el virtuosismo [22] del estilo. A este tipo de literatura se le llama también *gongorismo,* por referencia a Góngora, o *culteranismo,* porque es arte de gente culta.

---

[17] **retrata** portrays
[18] Some other epic poems of the period are: *El arauco domado* by Pedro de Oña, and *Argentina y conquista del Río de la Plata* by Martín del Barco Centenera.
[19] **exigencia** necessity
[20] **barroco** baroque, heavily ornamented
[21] **rebuscado** affected, unnatural
[22] **virtuosismo** virtuosity

Sor Juana Inés de la Cruz

Sor Juana Inés de la Cruz

Hubo muchos escritores barrocos[23] en la época, pero la figura más importante de ese período, y al mismo tiempo de toda la literatura colonial hispanoamericana, fue una mujer, Sor Juana Inés de la Cruz.[24]

5   Dotada[25] por naturaleza de una gran belleza física y una inteligencia excepcional, aprendió a leer y escribir a los tres años de edad, y más tarde aprendió también el latín en veinte lecciones. Su curiosidad la llevó a estudiar varias ciencias, y el virrey de México, enterado[26] de la precocidad de la niña, la incorporó a la corte, donde vivió mimada[27] y festejada. En una ocasión, deslumbró[28] a un grupo de catedráticos de la universidad, que la

---

[23] Among them are: Juan Espinosa Medrano (El Lunarejo) of Lima, *Apología en favor de Góngora;* and Carlos de Sigüenza y Góngora of Mexico, *Triunfo parténico.*

[24] **Sor Juana Inés de la Cruz (1651-1695)** Her major works include *Respuesta a Sor Filotea de la Cruz, El divino Narciso, Los empeños de una casa,* and a substantial number of religious and secular poems.

[25] **dotada** endowed

[26] **enterado** informed

[27] **mimada** petted

[28] **deslumbró** dazzled

SOR JUANA INÉS DE LA CRUZ

REDONDILLAS (fragmentos)

Hombres necios, que acusáis
a la mujer sin razón
sin ver que sois la ocasión
de lo mismo que culpáis.

Si con ansia sin igual
solicitáis su desdén,
¿por qué queréis que obren bien
si las incitáis al mal?

* * *

¿Qué humor puede ser más raro
que el que, falto de consejo,
él mismo empaña el espejo
y siente que no esté claro?

* * *

¿Cuál mayor culpa ha tenido
en una pasión errada?
La que cae de rogada
o el que ruega de caído?

O ¿cuál es más de culpar,
aunque cualquiera mal haga,
la que peca por la paga
o el que paga por pecar?

(1689)

---

redondillas stanzas of four eight-syllable lines rhyming a b b a or a b a b
necios stupid
falto de consejo lacking in judgment
empaña clouds
peca sins

sometieron a un interrogatorio académico. Solía cortarse el cabello y se fijaba obligaciones de estudio para cuando le creciera. De esta manera, regulaba sus progresos. Tuvo enormes dificultades para ingresar en la universidad, debido a que no se admitían entonces mujeres, y quiso disfrazarse [29]
de hombre para entrar en ella. Pero hastiada de [30] la vida mundana y superficial de la corte, se hizo monja. En el convento, se encerraba en su celda, rodeada de libros y de aparatos científicos. Pero un día se desprendió también de ellos, dio el dinero de la venta para los pobres, y se consagró totalmente a su vocación religiosa. Murió durante una epidemia.

Escribió autos sacramentales, [31] comedias, poesía lírica y obras en prosa. Su poesía es verdaderamente sobresaliente [32] y la coloca [33] entre los mejores poetas del mundo hispánico a través de los siglos. En su *Respuesta a Sor Filotea de la Cruz,* nos ha dejado un magnífico trozo de autobiografía. Sor Juana ha sido la mujer más extraordinaria que produjo Hispanoamérica en la cultura colonial, y ha sido calificada de "décima musa".

EL TEATRO

El teatro en el siglo XVI tenía principalmente finalidades religiosas. En los atrios [34] de las iglesias se representaban pasajes de la Biblia, vidas de santos y obras alegóricas, con el objeto de evangelizar al pueblo. En los colegios religiosos eran habituales también las representaciones.

En los dos siglos siguientes, continuó esta costumbre, pero se agregaron [35] obras de los autores españoles más famosos, y algunas de autores nativos, en teatros estables que se construyeron. Las obras eran unas veces de carácter culto, y otras popular.

El más importante dramaturgo de la época es Juan Ruiz de Alarcón, [36] mexicano de nacimiento que se trasladó a España, donde logró escribir y triunfar junto a los grandes maestros del Siglo de Oro.

LA ARQUITECTURA

Después de la antigua Roma, España figura en la historia de la arquitectura como uno de los pueblos más constructores.

---

[29] **disfrazarse** to disguise herself
[30] **hastiada de** bored with
[31] **autos sacramentales** s h o r t religious plays
[32] **sobresaliente** outstanding
[33] **la coloca** places her
[34] **atrios** entrance courts
[35] **se agregaron** were added
[36] **Juan Ruiz de Alarcón (c. 1580-1639)** Dramatist who wrote *Las paredes*

En la América hispánica, la arquitectura siguió los mismos estilos que en la Península: gótico (decadente), mudéjar, [37] plateresco, [38] neoclásico (grecorromano) y barroco, aunque no todos fueron cultivados en el mismo grado. Muchas veces, en un mismo palacio o templo están combinados elementos de varios estilos.

El barroco se distingue por la extensiva ornamentación, y es el arte más característico de Iberoamérica. Las mejores obras arquitectónicas, o por lo menos las mejor logradas, están construidas en este estilo. Es el arte que mejor arraigó en el ambiente americano, en que ya existía una antigua tradición ornamental desde los tiempos precolombinos, y había abundancia de piedra blanda, y riquezas capaces de atender los enormes gastos de este tipo de construcción. Alcanzó su máximo desarrollo en los siglos XVII y XVIII.

Estos estilos llegaron al continente, pero una vez allí, sufrieron modificaciones, adaptaciones o combinaciones, sobre todo en los países con tradición arquitectónica. La ciudad de México, Lima y Quito fueron los principales centros de este arte, pero existía, claro, en otras muchas ciudades.

La influencia indígena se puede apreciar sobre todo en los motivos ornamentales (pumas, monos, colibríes, [39] garzas, [40] papagayos, [41] mazorcas de maíz, [42] cocos, [43] margaritas, [44] etc.) y en la predilección por la simetría en los edificios.

El arte hispanoamericano se inicia en la ciudad de Santo Domingo con la arquitectura religiosa, civil y militar. La iglesia de San Nicolás de Bari es la primera construida en el continente (1503-1508).

En la Capitanía General de Cuba sólo la arquitectura militar alcanzó importancia, pues la isla era centro de reunión de los galeones españoles y, por lo tanto, objeto preferido de los ataques de los piratas y bucaneros. Las obras de defensa están aún en pie y levantan sus moles [45] grandiosas en la costa, como el Castillo de los Tres Reyes (llamado luego El Morro) y la fortaleza de La Cabaña. En Puerto Rico sobresale la fortaleza de San Felipe del Morro.

En los actuales territorios de Venezuela, Colombia, Chile, Paraguay, Uruguay y Argentina, la arquitectura no logró gran importancia, debido a

---

oyen, *La verdad sospechosa,* and other plays. Other playwrights of lesser importance were the Mexican Fernán González Eslava and the Peruvian Pedro de Peralta Barnuevo.
[37] **mudéjar** Spanish-Moorish type
[38] **plateresco** plateresque (a type of elaborate architectural ornamentation)

[39] **colibríes** hummingbirds
[40] **garzas** cranes
[41] **papagayos** parrots
[42] **mazorcas de maíz** ears of corn
[43] **cocos** coconuts
[44] **margaritas** daisies
[45] **moles** bulk

La arquitectura en América. *Arriba:* Catedral de Colón, La Habana, Cuba, terminada en 1741. *Abajo:* Iglesia barroca de San Agustín en Lima; Altar de la Catedral de Puerto Píritu, Venezuela (1754). *Página opuesta:* Balconada de madera al estilo colonial, Palacio de Torre Tagle, Lima; Casas de tipo colonial en Coro, Venezuele.

la pobreza de los lugares, la falta de suficiente mano de obra indígena, y al menor interés de España por esas regiones en tiempos de la conquista y colonización. En general, se construyeron obras de segunda o tercera importancia, y casi circunstancialmente.

En Panamá se encuentran las ruinas de la primera ciudad construida en territorio continental, Panamá la Vieja, que sucumbió ante el ataque del pirata Henry Morgan (1671).

En Guatemala sobreviven los restos de la vieja capital, llamada ahora Antigua Guatemala o simplemente Antigua, que fue en sus tiempos la más bella ciudad hispanoamericana entre Lima y México. En Colombia, las fortificaciones del puerto de Cartagena fueron las más poderosas de toda América. En Paraguay, Argentina y Brasil quedan los restos de las antiguas misiones jesuíticas, abandonadas con la expulsión de los padres de la Compañía. Tienen gran interés arquitectónico, y fueron en su época más de treinta pueblos, con tipos especiales de construcción, cuyo gobierno civil y religioso ejercían los sacerdotes.

En México la arquitectura se caracterizó por el empleo insistente de la cúpula, muy a menudo recubierta de azulejos brillantes, lo cual daba a la ciudad cierto aspecto oriental. Estas cúpulas eran generalmente de base octogonal, con aberturas entre las columnas de sostén.

Las catedrales de México y de Puebla son los dos monumentos más grandiosos de toda la arquitectura colonial mexicana. Sus planos fueron hechos en España, por el maestro real de arquitectura, y remitidos por Felipe II, si bien luego [46] sufrieron algunas modificaciones.

De todos los estilos empleados en América, el barroco y su exageración, o ultrabarroco, fueron los que mejores obras produjeron. [47]

LAS OTRAS ARTES

La escultura

La escultura en México colonial fue religiosa y casi siempre anónima. Hasta el siglo XVIII, época de la aparición de los buenos escultores, tuvo una evo-

---

[46] **si bien luego** although later
[47] According to a European critic cited by Pedro Enríquez Ureña in his *Historia de la cultura en América Hispánica* (México-Buenos Aires: Fondo de Cultura Económica, 5th edition, 1961), p. 49, four of the best eight examples of baroque architecture are in Iberoamerica: "el Sagrario de la Catedral de México, el Colegio de los Jesuitas en Tepotzotlán, el Convento de Santa Rosa en Querétaro y la Igle-

La adoración de los Reyes Magos del pintor mexicano Baltasar de Echave
(1580–1660).

lución limitada. En Puebla hubo una importante escuela de escultura, dedicada a la producción de imágenes religiosas. Manuel Tolsá es el primer
escultor notable que produce México, y a él se debe la famosa estatua ecuestre de Carlos IV, llamada vulgarmente "el caballito de Troya", una de las
mejores obras escultóricas de la América colonial. Se encuentra actualmente   5
en la ciudad de México.

En la Antigua Guatemala fue también importante la escultura, y allí
se fabricaban imágenes religiosas para México. Los escultores guatemaltecos
fueron famosos por la perfección de los colores.

Pero la gran escuela de escultura de toda la América colonial fue la   10

---

sia de San Sebastián de Prisca en Taxco."

Escuela de Quito. Una fabulosa cantidad de cajones con esculturas se exportaron por el puerto de Guayaquil a otros países, al punto que existen obras quiteñas en casi todos los puntos de Hispanoamérica. La escultura quiteña deriva de la española. Adoptó los tipos de imágenes creados por los maestros de la Península. Su material preferido fue la madera policromada, con colores no brillantes. Los escultores doraban y plateaban [48] las imágenes, y practicaron la técnica del estofado. [49] El Padre Carlos, de mediados del siglo XVII, fue el primer gran escultor de Quito. Fue un sacerdote cuyo arte se caracterizó por la perfección de las formas y la expresión de las figuras.

La pintura

En pintura hubo más escuelas que en escultura. En México se conocieron dos, la de la capital y la de Puebla. La pintura mexicana se caracteriza en general por los colores agradables, la delicadeza del dibujo, cierta morbidez [50] en las figuras, y la forma de pintar las telas y vestimentas.

Una vez más, lo mismo que en escultura, Quito significa la más alta expresión de la pintura colonial hispanoamericana. La gran figura de la pintura quiteña es Miguel de Santiago (?-1673), conocido como el Apeles de América, que junto con su sobrino y discípulo, Nicolás Javier de Goríbar, señalan [51] el apogeo de la pintura quiteña.

Artes menores

En Hispanoamérica se practicaron también las denominadas artes menores: la miniatura en libros de himnos, la pintura con incrustaciones de nácar. [52] La orfebrería, [53] la herrería [54] artística, el grabado, [55] la platería, la ebanistería, [56] y la cerámica fueron cultivadas con bastante frecuencia. En muchos casos, siguieron realizándose obras de artesanía de tradición indígena.

CUESTIONARIO

1. ¿Quién es el primer cronista de Indias?   2. ¿Qué es una *carta de relación*?   3. ¿Quién fue Bernal Díaz del Castillo?   4. ¿Quiénes fueron

---

[48] **doraban y plateaban** gilded and silvered
[49] **estofado** painting on the gold foil covering the wooden sculpture
[50] **morbidez** softness of tint
[51] **señalan** mark

[52] **nácar** mother-of-pearl
[53] **orfebrería** gold or silver work
[54] **herrería** iron working
[55] **grabado** engraving
[56] **ebanistería** cabinetmaking

los padres del Inca Garcilaso de la Vega?   5. ¿Dónde vivió el Inca Garcilaso y qué hizo en España?   6. ¿De qué trata su obra *Comentarios reales*?   7. ¿Cuál es el asunto de *La araucana* de Alonso de Ercilla?   8.
¿Qué se entiende por literatura barroca?   9. ¿Cómo fue la vida de Sor
Juana Inés de la Cruz?   10. ¿Cómo fue el teatro en la época colonial?
11. ¿En qué consistía el teatro religioso?   12. ¿Cuál fue el más importante dramaturgo de la época?   13. ¿Cuáles son las características del
arte barroco en arquitectura?   14. ¿En qué ciudad de la América hispánica se inició la arquitectura religiosa, civil y militar?   15. ¿Dónde logró
la arquitecura sus mejores obras?   16. ¿Qué características tenía la escultura de la Escuela de Quito?   17. ¿Qué artes menores se cultivaron en
la América española?

TEMAS ESPECIALES DE COMPOSICIÓN Y CONVERSACIÓN

1. Los cronistas e historiadores de Indias.
2. La literatura barroca y Sor Juana Inés de la Cruz.
3. La arquitectura barroca en Hispanoamérica.
4. La escultura en la época colonial.
5. La pintura en la época colonial.

Ouro Preto, Minas Gerais, Brasil, población fundada por los buscadores de oro en 1700.

SEIS

EL BRASIL COLONIAL

EL DESCUBRIMIENTO Y LA COLONIZACIÓN

El Brasil fue descubierto en el año 1500 por el navegante Pedro Alvares Cabral, que había salido de Portugal para repetir el viaje de Vasco de Gama a las Indias, en busca de oro y especias.[1] Desembarcó en Porto Seguro, al sur del estado actual de Bahía, y dio a la tierra el nombre de Vera Cruz. Ésta quedaba bajo el dominio de Portugal, en virtud del Tratado de Tordesillas.

Al año siguiente, Américo Vespucci visita la región y comprueba[2] que no es una isla, como lo había creído y dicho en una carta al rey el cronista de la expedición. Vespucci recorre casi todo el litoral. Al poco tiempo se descubre en las nuevas tierras la existencia del palo tintóreo *brasil*, y se co-

5

10

---

[1] **especias** spices   [2] **comprueba** proves

121

mienza a llamar a esta región "tierra del palo brasil" o simplemente Brasil.

Conocida la noticia en Europa, comerciantes y corsarios se acercan repetidamente a las costas e inician el comercio con los indios, a los cuales compran la preciosa madera. Portugal, que hasta entonces no había concedido importancia a esta región, y que se había preocupado sólo por las ricas posesiones del Oriente, se interesa ahora por su colonización.

Al llegar, los portugueses se encuentran con un hermoso y fértil país, poblado de muchos grupos indígenas. Los tupís o tupí-guaraníes habitaban todo el litoral, pero con motivo de la colonización, emigran hacia el río Amazonas y zonas vecinas. Los ges — que en época de la colonia se llamaban *tapuias* — son los que toman más contacto con los portugueses. Los arahuacos habitaban las Guayanas, y parece que algunas tribus caribes del norte se extendieron por las Antillas. La lengua más hablada era el tupí.

Las capitanías generales

El Brasil comenzó a ser famoso por las leyendas, que hablaban de sus papagayos de vivos colores, el oro, las piedras preciosas y otras riquezas. Poco a poco comienzan a llegar los primeros colonos, pero siempre en forma desordenada.

El rey de Portugal, inquieto por los riesgos de su colonia, resuelve enviar entonces a Martín Alfonso de Souza, en 1530, al frente de una flota, para eliminar a los franceses, fundar[3] poblaciones y refirmar[4] así el dominio portugués.

En 1534, el rey de Portugal intentó[5] acelerar la colonización, y dividió para ello el país en quince capitanías generales, hereditarias, y las entregó a personas de su confianza, llamadas *donatarios*.[6] Estos eran verdaderos poseedores de la tierra, tenían poderes de señores feudales y prerrogativas equivalentes a las del propio rey en cada uno de sus dominios. Designaban jueces, nombraban autoridades administrativas, cobraban impuestos,[7] y gozaban del privilegio de esclavizar a los indios, y de monopolizar las industrias. Las capitanías progresaron poco, con excepción de la de Pernambuco, en el norte, y la de San Vicente, en el sur.

---

[3] **fundar**   found, establish
[4] **refirmar**   to support
[5] **intentó**   attempted

[6] **donatarios**   donees
[7] **impuestos**   taxes

122   EL BRASIL COLONIAL

Bahía, capital del Brasil colonial

Esta excesiva descentralización resultó inconveniente para la administración
y la lucha contra los piratas. En 1548, el rey compró al donatario la capitanía general de Bahía, situada más o menos a igual distancia de los puntos
extremos del país, y erigió en ese lugar la sede [8] del gobierno central para
todo el Brasil, que entregó en 1549 al gobernador general Tomé de Souza.   5
Éste llegó al Brasil con varios centenares de soldados, prisioneros liberados,
y seis frailes jesuitas, que fueron los primeros educadores.

Tomé de Souza llegó a la Bahía de Todos los Santos y fundó allí la
ciudad de Salvador (Bahía), que fue la capital de la colonia hasta 1736,
cuando la reemplazó [9] Río de Janeiro.   10

Los dos centros principales de colonización fueron Pernambuco y San
Vicente. Se establecieron factorías [10] para el intercambio de productos, se
fundaron los primeros colegios para educar a los indios, distinguiéndose en
esta obra, el padre José Anchieta, protector de los indígenas, quien echó las
bases de la unidad social y espiritual.   15

La caña de azúcar ya se había importado, y en poco tiempo el Brasil
tenía unos 120 ingenios [11] y exportaba a Europa enormes cantidades de
azúcar.

El mestizaje

Como los primeros hombres que vinieron al Brasil lo hicieron sin sus esposas, debido a los peligros, se produjo en seguida la unión de portugueses   20
e indias.

Los indios, por su parte, se negaban a trabajar para los colonos, y
huían [12] al interior del país. Entonces trajeron esclavos negros de África, los
cuales podían efectuar los trabajos agrícolas por su resistencia al clima tropical. En general, se habla de que entraron en el Brasil, hasta el siglo xix,   25
unos seis millones de esclavos negros, y al respecto, el historiador Renato
de Mendoça afirma que "antes de ser una democracia política, Brasil fue
una democracia social". [13] Hubo más uniones de blancos y negros que de
blancos e indios. Los mestizos nacidos de europeo e indio se llamaron *ma-
melucos*.   30

---

[8] **sede**   seat
[9] **reemplazó**   was replaced by
[10] **factorías**   trading posts
[11] **ingenios**   sugar mills

[12] **huían**   fled
[13] Renato de Mendoça, *Breve Historia del Brasil* (Madrid: Ediciones Cultura Hispánica, 1956), p. 11.

Vida en el Brasil colonial.
Arriba: Río de Janeiro.
Derecha: Secaderos de café.
Arriba: Ingenio de azúcar.

Franceses, holandeses y españoles tuvieron interés en las tierras del Brasil.

La Francia Antártica

Un aventurero francés, Nicolás Durand de Villegagnon, obtuvo poder del rey de Francia y del almirante Coligny para fundar en el Brasil la *France Antarctique,* cuya sede inicial sería un islote [14] de la bahía de Guanabara. 5
En la nueva posesión, habría amplia tolerancia religiosa para calvinistas y luteranos, y no existiría persecución religiosa.

Villegagnon llegó con unos cien hombres en 1555 a la bahía de Río de Janeiro, ocupó una isla, Sergipe, y erigió un fuerte. Instaláronse allí, y se dedicaron a la explotación del palo brasil y otros productos de la tierra. 10
Pero el gobernador general del Brasil, Mem de Sá, salió con una flota de Bahía, y después de varios días de ataque, expulsó a los franceses, quienes se refugiaron en el interior del país, se reagruparon con los indios *tamoios,* y recuperaron el fuerte. Fueron nuevamente vencidos y expulsados del fuerte en 1567. [15] 15

Una nueva tentativa realizaron los hombres de Francia hacia fines del siglo XVII, en que ocuparon la región de Maranhão y fundaron la ciudad de San Luis, en homenaje [16] al rey de Francia. En 1615 fueron arrojados definitivamente del Brasil.

El Brasil holandés

Los holandeses, deseosos siempre de atacar a los reyes de España y Portu- 20
gal, desembarcaron en Bahía (1624) y tomaron la ciudad: declararon la liberad de religión y la de los esclavos que reconocieran al nuevo gobierno, pero estos holandeses fueron expulsados al año siguiente.

Algunos años más tarde, desembarcaron al norte y tomaron Pernambuco (1631). Ocuparon luego el norte del país, por más de veinte años. De- 25
signaron como gobernador general de los nuevos dominios al príncipe de la casa de Orange, Juan Mauricio de Nassau, quien puso al lugar el nombre de *Nueva Holanda.* En 1654 fueron expulsados definitivamente.

---

[14] **islote** small, barren island
[15] In the meantime, Estacio de Sá, a nephew of the governor general, had

arrived from Europe. He founded Río de Janeiro in 1565.
[16] **en homenaje** in honor

Brasil, colonia española

En 1580 el rey de España, Felipe II, heredó la corona de Portugal, y durante sesenta años, los dos países formaron un solo territorio. El Brasil, en consecuencia, pasó a ser español. Desaparecieron por el momento las rivalidades entre los dos imperios, y los brasileños pudieron extenderse por el interior del territorio, más allá de la línea de Tordesillas.

Comenzaron a producirse entonces *entradas,* esto es, expediciones al interior en busca de indios para el trabajo de los campos.

Cuando en 1640, Portugal volvió a ser independiente de España, el Brasil volvió a ser portugués. Los territorios que los portugueses y brasileños habían ocupado durante la expansión al oeste fueron reconocidos por España como territorio portugués en el siglo siguiente. [17]

LA EXPANSIÓN AL INTERIOR Y LOS "BANDEIRANTES"

La verdadera expansión hacia el interior ocurrió en el siglo XVIII. En 1695 se había encontrado oro en el territorio llamado después Minas Gerais (*minas generales*), y luego se encontraron diamantes y esmeraldas, y otras piedras preciosas. [18]

Se organizaron entonces grupos de *bandeirantes,* [19] que constituían verdaderas organizaciones o ejércitos de exploradores, con sus jefes y banderas, que se internaban por los territorios despoblados en busca de oro y otras riquezas. Llevaban cuanto necesitaban, animales de transporte y carga, alimentos, ganado; se orientaban con brújulas [20] y por medio de las estrellas; acampaban durante meses en lugares adecuados, sembraban maíz, luchaban con los indios, cazaban, formaban aldeas.

Los *bandeirantes* fueron los auténticos promotores de la conquista del propio país, y prestaron un servicio valioso a la nación, a pesar de su ansia de riquezas. Los principales grupos salieron de San Pablo, llegaron hasta Minas Gerais, y de allí, por el río San Francisco, se internaron hasta el noroeste, y a través de la selva, con rumbo sudoeste, hacia Mato Grosso y Paraguay.

---

[17] Treaty of Madrid (1750) and Treaty of San Ildefonso (1777).

[18] In addition to gold, which has been extracted in large quantity, and precious stones, the region also possesses one-seventh of the known iron deposits in the world.

[19] **bandeirantes** Portuguese word meaning "flag bearers." The **bandeirantes** had been formed long before 1695, and it was their activity which led to the discovery of gold and diamonds.

[20] **brújulas** compasses

TIRADENTES Y LA "INCONFIDENCIA MINEIRA"

En la primera mitad del siglo XVIII, los asuntos coloniales de Portugal fueron confiados al marqués de Pombal, que realizó una política de ilustración, promoción del bienestar social y desarrollo económico.

Sin embargo, los gobernadores locales, lejos de la vigilancia real, cometían a veces abusos. Poco a poco, pues, fue despertándose un sentimiento de liberación nacional. 5

El primer intento revolucionario fue encabezado por el alférez Joaquim José da Silva Xavier, conocido por el sobrenombre de Tiradentes (*sacamuelas*), [21] debido a su ocasional oficio de dentista. Existía ya una fricción entre el habitante originario de Europa, y el natural del Brasil. 10

Los choques fueron más intensos en Minas Gerais, debido a que el rey cobraba el quinto, o sea la quinta parte del oro producido en la colonia. El movimiento revolucionario se llamó *Inconfidencia Mineira* (1789), y colaboraron en él artistas, poetas, humanistas, sacerdotes y algunos miembros del ejército. Fue un movimiento de minorías cultas, por la liberación nacional. [22] 15

Pero la revolución fue delatada por un traidor y fracasó. El proceso contra los rebeldes duró dos largos años, y Tiradentes fue ahorcado. [23]

LA CULTURA COLONIAL Y LAS LETRAS

En sus comienzos, la cultura brasileña no se diferenció prácticamente de la portuguesa, cuyos modelos seguía e imitaba. Los jesuitas ocupan un lugar preponderante en la cultura colonial: fueron distinguidos educadores y fundaron colegios o residencias, donde enseñaban las primeras letras y humanidades según los autores clásicos. Ayudaron a crear una literatura nacional, paisajista [24] y gongorina, y al mismo tiempo, hicieron conocer en el resto del mundo las maravillas naturales del Brasil. 20

Entre los jesuitas, merece especial consideración la figura del padre José de Anchieta (1530-1597), que fue defensor de los indios contra sus explotadores. Compuso himnos, una gramática, diálogos, canciones, autos y oraciones, en español, portugués, latín y tupí. Fue además, un reputado filólogo y conocedor de los idiomas nativos. El padre Anchieta vivió según el ejem- 25

---

[21] **sacamuelas** "toothpuller"
[22] José Alvares Maciel, a student, tried to interest Thomas Jefferson in this revolution in hopes of enlisting his aid.
[23] **ahorcado** hanged
[24] **paisajista** pertaining to the landscape

plo de San Francisco de Asís, entre sufrimientos, privaciones y amor al prójimo, y aunque su obra careció de vuelo literario y fue publicada tardíamente, [25] puede ser considerado como el creador de la literatura nacional brasileña.

De todas las figuras literarias del siglo, el poeta más famoso es Gregorio de Matos Guerra (1633-1692), que se ganó el sobrenombre de *Boca del Infierno* por sus obras cáusticas y satíricas. Llegó a componer poesías sumamente eróticas, que hacía conocer en reuniones de amigos. Buscó su inspiración en la vida bohemia y en los ambientes corrompidos [26] de la sociedad. Censuró a mercaderes fraudulentos, falsos intelectuales, damas adúlteras, clérigos oportunistas y cuanto personaje ridículo encontró. Esta actitud le causó dificultades. Pero compuso también poesías sacras y líricas, y hacia el final de su vida, viejo y enfermo, se reconcilió con la iglesia, y buscó en la religión motivos de inspiración.

En el siglo XVIII, los autores aparecen agrupados en "arcadias" o academias: practican la poesía culta, de tipo barroco, e imitan preferentemente a Góngora, español, y Marini, italiano.

En el teatro se recuerda a Antonio José da Silva (1705-1739), que escribió poemas y comedias burlescas contra la sociedad de su tiempo. Terminó sus días víctima de una conjuración de sus enemigos, que le urdieron un complot [27] para que fuera juzgado por la Inquisición. Se le apodaba [28] "el judío".

LAS ARTES

El arte colonial brasileño se distingue, esencialmente, por la arquitectura religiosa. En su mayor parte, las iglesias y conventos reproducen el estilo barroco portugués, pero son más simples, y con decoración menos recargada. [29] En la ornamentación interior se aplicó con frecuencia el oro, y en la exterior, el azulejo.

Uno de los más bellos ejemplos de este tipo de arquitectura es la iglesia de San Francisco de Asís, de Ouro Preto, considerada por los críticos de arte como una obra perfecta y sin rival.

El estado de Minas Gerais es uno de los más ricos en relación con el

---

[25] **tardíamente** belatedly
[26] **ambientes corrompidos** corrupt surroundings
[27] **le urdieron un complot** caught him in

a trap
[28] **se le apodaba** he was nicknamed
[29] **recargada** ornate

Iglesia en São João del Rei,
construida en el siglo 18.

pasado histórico, religioso y artístico del país. Uno de los mayores atractivos está en las iglesias de su vieja capital, Ouro Preto. En Río de Janeiro,
Bahía, Recife, Olinda y la ya citada Ouro Preto, se encuentran los mejores
y más ricos templos coloniales.

El "Aleijadinho"

El más genial de los artistas de la época colonial fue Antonio Francisco da   5
Costa Lisboa (1730-1814).

Fue hijo de un arquitecto portugués y una esclava negra, iletrado,[30]
pero de una capacidad sin igual para la arquitectura y la escultura. Desde
niño se consagró a estas artes. Hacia la mitad de su vida, una grave enfermedad le arruinó los pies y las manos, obligándole a arrastrarse por el suelo.   10
Un esclavo le colocaba los instrumentos de su oficio en las manos, y Lisboa

---

[30] **iletrado**   illiterate

El profeta Isaias, escultura de Antonio Francisco de Costa Lisboa, el "Aleijadinho".

trabajaba así. Por causa de tal deformidad, se le apodó *Aleijadinho* (el lisiado, tullido). [31]

Nunca salió de su estado natal, Minas Gerais, y su nombre está ligado a casi todas las iglesias del lugar. Trabajó para muchísimas iglesias de pequeñas ciudades, como Ouro Preto y Sabará. Algunas fueron obra completa suya. En otras hizo esculturas en madera o piedra. Lo mejor de su obra está en la iglesia del Buen Jesús de Mattosinhos, en Congonhas do Campo.

Talló y construyó púlpitos, fuentes, imágenes, puertas, paneles, muebles, y sobre todo, impresionantes estatuas colosales, como la de los profetas y las figuras de la Pasión, con que se adornaban las iglesias.

Antonio Francisco Lisboa está considerado como el más grande escultor de América del siglo XVIII, y la leyenda dice que murió de una enfermedad parecida a la lepra. [32]

---

[31] **lisiado, tullido**   crippled   [32] **lepra**   leprosy

CUESTIONARIO

1. ¿Cómo se produjo el descubrimiento del Brasil y por qué se puso ese nombre a las nuevas tierras?   2. ¿Qué aborígenes habitaban el país en época del descubrimiento?   3. ¿Quiénes eran los *donatarios*?   4. ¿Cuál fue la antigua capital del Brasil?   5. ¿Qué países extranjeros tuvieron interés en la colonia portuguesa?   6. ¿Qué fue la Nueva Holanda?   7. ¿Quién expulsó a los franceses del Brasil?   8. ¿En qué años estuvo el Brasil bajo el dominio español?   9. ¿Qué sucedió con la línea de Tordesillas en tiempos del dominio español?   10. ¿Cuál es el origen del nombre Minas Gerais?   11. ¿Quiénes fueron los *bandeirantes*?   12. ¿Qué hizo Tiradentes, el primer mártir de la independencia del Brasil?   13. ¿Quién fue el Padre Anchieta?   14. ¿A quién se llamó "Boca del Infierno" en la colonia?   15. ¿Qué eran las "arcadias" del siglo XVIII?   16. ¿A qué iglesia considera la crítica como obra arquitectónica perfecta del Brasil?   17. ¿Cuál es uno de los estados más ricos en obras artísticas?   18. ¿Cómo se llamaba el *Aleijadinho*?   19. ¿Qué realizó este artista?

TEMAS ESPECIALES DE COMPOSICIÓN Y CONVERSACIÓN

1. El descubrimiento y la colonización del Brasil.
2. El mestizaje en el Brasil.
3. Los "bandeirantes" y la expansión hacia el interior.
4. La literatura colonial en el Brasil.
5. El "Aleijadinho" y la arquitectura colonial brasileña.

SIETE
LA INDEPENDENCIA Y
EL NEOCLASICISMO

AMÉRICA A FINES DEL SIGLO XVIII

Hacia el año 1806, después de más de trescientos años de dominación, España había agotado[1] su capacidad de regir[2] el vasto imperio. La autoridad de los reyes, virreyes y gobernadores había perdido prestigio y los pueblos de América habían llegado a convencerse de que nada más podía esperarse de la madre patria, pues el ciclo español estaba terminado. [5]

Los criollos, y particularmente las minorías cultas, que habían viajado y estudiado, no aceptaban ya el sistema hispánico, al que consideraban anticuado e injusto para sus propios pueblos: restricción y monopolio comer-

---

[1] **agotado** exhausted

[2] **de regir** to rule

133

cial, impuestos excesivos, gobernantes incapaces, desprecio por los derechos de las municipalidades, pobreza general, especulación y mala administración, diferencia de clases, explotación de los indios y negros, represión sangrienta de las rebeliones, atraso cultural, censura de las ideas, falta de libertad de imprenta, vigilancia del estado sobre la enseñanza, los libros y las traducciones, rigidez de algunas autoridades eclesiásticas — en una palabra, todas las desgracias propias de una situación colonial.

No existía propiamente un sentimiento antiespañol, pues en su mayor parte, todos tenían algo hispánico en su sangre, su religión, su lengua, su tradición, o su visión de la vida, pero sí había un profundo resentimiento contra el sistema imperial.

Los reyes de la Casa de Borbón, que habían sucedido a los de la Casa de Austria en la corona española a partir de 1701, habían introducido sustanciales modificaciones en el sistema colonial, principalmente Carlos III, el más progresista de todos ellos, que reinó de 1759 a 1788.

Estos reyes abolieron el sistema de flotas, autorizaron a varios puertos de España y América para el comercio, crearon los virreinatos de Nueva Granada y del Río de la Plata, concedieron patentes[3] a compañías comerciales para el tráfico con América, quitaron a los comerciantes de Sevilla el monopolio del comercio con América, estimularon las industrias que no competían con las españolas, promovieron la ganadería y agricultura, y rebajaron los impuestos.

Las más importantes de sus reformas fueron la ampliación de milicias permanentes en las colonias para la defensa del territorio, la abolición de las odiadas encomiendas, la expulsión de los jesuitas y la creación del sistema de intendencias.[4]

Los intendentes tuvieron variadas funciones según los lugares, pero en general, debían vigilar a los administradores locales y entender en[5] asuntos de justicia, sobre todo en lo referente a la explotación de los indios, cumplimiento[6] en el pago de impuestos, contrabando, reformas sociales y desarrollo de la economía. Prácticamente, fueron una limitación al poder de los gobernantes y funcionarios, y un freno[7] a la corrupción administrativa.

Sin embargo, las reformas no significaron un alivio para las colonias, sino un mejor sistema de administración y gobierno, tendente a afianzar[8]

---

[3] **patentes** privileges, rights
[4] **intendencias** districts under the jurisdiction of an economic supervisor
[5] **entender en** to deal with

[6] **cumplimiento** compliance
[7] **freno** brake, check
[8] **afianzar** to strengthen

el poder real, frente al de los virreyes y municipios, y a obtener un rendimiento [9] económico más efectivo.

Hubo varias rebeliones y alzamientos, [10] pero la más violenta fue la dirigida por José Gabriel Condorcanqui (un descendiente de incas llamado Tupac Amarú), cacique de varias aldeas del valle de Vilcamayo. Indignado por los abusos de unos corregidores con respecto a los indígenas, acaudilló a 6.000 indios de guerra, ejecutó en la plaza pública a uno de los corregidores, y marchó con sus hombres contra el Cuzco (1780-1781). Derrotado [11] en el camino, volvió a reunir 50.000 indios, pero una represión sangrienta terminó con muchos miles de ellos, y Tupac Amarú fue despedazado [12] vivo por las autoridades españolas.

El rey Carlos III decretó en 1767 la expulsión de los jesuitas de todos sus dominios. El conde de Aranda, ministro del rey, preparó minuciosas órdenes secretas a los virreyes y gobernadores, y los religiosos fueron obligados a salir, sin previo aviso, en días y horas estrictamente señalados, de todos los colegios, universidades, conventos, etc., sin permitírseles llevar más que un breviario y objetos de uso personal. Fueron embarcados en tropel [13] a Italia, y sus instalaciones ocupadas. Los bienes [14] de los jesuitas pasaron al gobierno y a las fundaciones de enseñanza.

La expulsión de los jesuitas indignó a la opinión pública, que no comprendía las causas del atropello, [15] y fue necesario emplear la fuerza para reprimir motines [16] de apoyo en México, Perú, Chile y Buenos Aires.

De esta manera, la corona española rompió los vínculos [17] que por siglos había mantenido con la iglesia y los sacerdotes americanos, y al mismo tiempo, las autoridades comenzaron a perder el respeto y la obediencia que hasta entonces habían tenido.

LAS NUEVAS IDEAS

Muchos de los criollos habían conocido las nuevas ideas filosóficas y económicas del siglo XVIII europeo. El concepto de Juan Jacobo Rousseau de que el pueblo es el único soberano, y que solamente el pueblo puede delegar

sovereign .

---

[9] **rendimiento**   yield
[10] **alzamientos**   uprisings
[11] **derrotado**   defeated
[12] **despedazado**   torn to pieces
[13] **en tropel**   in a great rush

[14] **bienes**   property, wealth
[15] **atropello**   outrage
[16] **motines**   riots
[17] **vínculos**   bonds, ties

el gobierno y las autoridades, entusiasmó a los intelectuales criollos, y el libro de Rousseau donde se exponía esta doctrina, el *Contrato Social,* circuló clandestinamente por América. También las ideas económicas tuvieron gran importancia en el proceso de la emancipación. Influyeron las ideas de los
5 economistas liberales ingleses, Adam Smith, John Stuart Mill y David Ricardo, para quienes el interés, o ganancia[18] personal es el fundamento de toda actividad económica, y la libre competencia el mejor medio de obtener el bienestar general. También gravitaron las ideas de los mercantilistas, que sostienen que la riqueza de las naciones se logra con un comercio favorable,
10 y la existencia de grandes industrias manufactureras.

En realidad, la política económica de España no era un error absurdo y caprichoso, pues la teoría del monopolio era el concepto general aceptado en la época en que todavía no habían aparecido las ideas liberales, y lo practicaban también Inglaterra y los demás países con colonias.
15 Por otra parte, el sistema monárquico y colonial había sufrido dos profundos reveses: la independencia de los Estados Unidos de Norteamérica (1776) y la Revolución Francesa (1789). A la vieja teoría de la monarquía absoluta de origen divino, se oponía la de la república de origen popular de Rousseau, Montesquieu, Thomas Jefferson y Thomas Paine. La idea del mo-
20 nopolio económico del gobierno se oponía a la de la competencia y la libre iniciativa privada.

LA INDEPENDENCIA

La mayor parte del imperio español se desmoronó[19] en trece años y medio. Francisco de Miranda (1756-1816), venezolano, es el precursor de la independencia hispanoamericana.
25 Fue un caso[20] extraordinario de aventurero y militar, místico de la libertad y soldado calculador, que como oficial del ejército español había participado en la guerra de la independencia norteamericana contra los ingleses, y en la Revolución Francesa. En 1797 fundó en Londres una asociación, la Logia Americana, cuyos miembros se comprometían a trabajar
30 por la independencia americana y hacían profesión de fe democrática. [21] Fue

---

[18] **ganancia** earnings, profits
[19] **se desmoronó** crumbled away
[20] **caso** example
[21] Bolívar, San Martín, O'Higgins, Monteagudo, Moreno, Nariño, and Servan-

do Teresa de Mier, as well as many other patriots, belonged to the American Lodge. There were other such secret lodges in America.

también Miranda la persona que relacionó con comunicaciones escritas y secretas los proyectos revolucionarios de varios patriotas de América.

En 1806 intentó liberar a su país. Partió con unos 200 hombres del puerto de Nueva York. Desembarcó en Coro (Venezuela), pero fracasó[22] por no encontrar allí la colaboración necesaria. Regresó a Inglaterra y preparó con Simón Bolívar la revolución de su país, pero a poco de regresar a Venezuela en 1810, fue apresado[23] y entregado a los realistas, quienes lo enviaron preso a España. Murió en una cárcel de Cádiz.

Más tarde llegó el momento decisivo para los iberoamericanos, cuando Napoleón Bonaparte invadió a España y Portugal (1807). Los reyes de Portugal se trasladan entonces con su corte al Brasil, y continúan allí la monarquía, pero el rey de España, Fernando VII, abdica y Napoleón nombra rey a su hermano José.

Ante estos acontecimientos, los criollos se niegan a obedecer al usurpador y deliberan en "cabildos abiertos", con la participación del pueblo. Los delegados napoleónicos a Venezuela, Nueva Granada y Río de la Plata son rechazados[24] en su demanda de reconocimiento de soberanía.

En realidad, los patricios criollos, aparte de la solidaridad natural con la madre patria, esperaban el momento oportuno para romper su dependencia de los reyes de España. Los criollos moderados pensaban en monarquías independientes, para las que llamarían a los Borbones destituidos, pero los criollos liberales favorecían la formación de juntas[25] de gobierno americanas, semejantes a las de España, las que actuando en nombre de Fernando VII tendrían el gobierno efectivo. En el fondo, ambos grupos tenían la secreta intención de aplacar por el momento a los virreyes de América, para declarar luego la independencia absoluta, como en realidad sucedió. Se formaron así juntas en varios países.

Para esto, los criollos sostenían la teoría jurídica de que América estaba unida a la corona de España, y no a la nación española, y que por lo tanto,[26] estando ausente o prisionero el monarca, el poder debía volver al pueblo. Empezaron así las guerras de la independencia.

Simón Bolívar

Simón Bolívar (1783-1830) nació en Caracas, de una familia rica. Se educó en España y fue oficial del ejército de ese país. Viajó por Europa y los Estados Unidos, y en 1810 regresó a su país para luchar por la libertad.

---

[22] **fracasó** failed
[23] **apresado** captured
[24] **rechazados** rejected

[25] **juntas** councils
[26] **por lo tanto** therefore

Retrato de José de San Martín, por Bouchot.

Era un hombre audaz y heroico, de una inteligencia brillante, que soña-
ba con una América hispánica libre y confederada. Declaró la "guerra a
muerte" a los realistas, y en espectaculares campañas y batallas libertó a
Venezuela y Colombia. Fue nombrado "Libertador" de su país y presidente
5   de la Gran Colombia.

Su lugarteniente,[27] el general Antonio José de Sucre, con tropas co-
lombianas, venezolanas y refuerzos argentinos enviados por San Martín,
derrotó[28] a los españoles en Ecuador. Luego, con Bolívar concluyó la guerra
en el Perú, iniciada por San Martín, y libertaron al Alto Perú (Bolivia).

---

[27] **lugarteniente** lieutenant-general, sec-
ond-in-command

[28] **derrotó** defeated

José de San Martín

José de San Martín (1778-1850) es el libertador de Chile y el Perú. Nació en Yapeyú, Argentina, y desde niño se radicó con sus padres en España, donde siguió la carrera de las armas. Intervino como oficial del ejército español en la guerra napoleónica y en campañas de África.

En 1812 regresó a la Argentina con otros patriotas para luchar por la   5
independencia. En Mendoza organizó el "Ejército de Los Andes", cruzó
la cordillera y libertó a Chile con el apoyo del general chileno Bernardo
O'Higgins. Más tarde subió por mar hasta Perú y venció a los españoles en
varios combates. Entró victorioso en Lima (1821), y fue proclamado "Protector" del Perú.   10

Al año siguiente se reunió con Bolívar en Guayaquil, Ecuador, en una
conferencia secreta, y dejó el mando de sus tropas a cargo de Bolívar, quien
completó con Sucre la campaña libertadora. San Martín, que no quiso participar en las nacientes [29] discordias internas de los países americanos, se
retiró a Francia, donde vivió el resto de sus días.   15

Miguel Hidalgo

La independencia de México fue proclamada por el padre Miguel Hidalgo
y Castilla (1753-1811), cura de Dolores, quien estaba descontento con la
política española y deseaba reformas sociales. Organizó una masa popular,
atacó y tomó ciudades, y marchó sobre México, pero no se atrevió [30] a
entrar, hasta que finalmente fue vencido por las fuerzas reales. Mientras se   20
retiraba con sus amigos para buscar ayuda en los Estados Unidos, fue apresado y conducido a Chihuahua, donde se le aplicó la pena capital. En Guadalajara había organizado un gobierno, y abolido la esclavitud, además de
repartir tierras a los indios.

Varios hombres modestos tomaron su bandera y siguieron la lucha. El   25
más notable de ellos fue otro cura, el padre José María Morelos y Pavón,
quien, dotado de mejores condiciones para el mando, hizo algunas buenas
campañas. Bajo su influencia se abrió un congreso en Chilpancingo, que declaró la independencia del país (1813). Dos años más tarde Morelos fue
vencido y ejecutado por los realistas.   30

---

[29] **nacientes** beginnings   [30] **se atrevió** dared

Arriba: El Padre Hidalgo proclamando la independencia de México. Detalle del mural de Juan O'Gorman en el Castillo de Chapultepec, México. *Izquierda:* La campana de la libertad mexicana, de la iglesia de Dolores, hoy en el Palacio Nacional, México.

LA INDEPENDENCIA Y EL NEOCLASICISMO

ANARQUÍA Y CAUDILLISMO

En 1824 las luchas de la independencia habían terminado en la mayor parte de Hispanoamérica. Cuba y Puerto Rico siguieron en poder de los españoles hasta 1898.

Las Provincias Unidas del Río de la Plata proclaman su independencia en 1816, pero el Paraguay se niega a formar parte de ellas, y se independiza (1813). El Uruguay, después de varias vicisitudes, y de una ocupación temporaria por los brasileños, consigue la independencia definitiva en 1828. Bolivia se independiza en 1825.

O'Higgins había declarado independiente a Chile (1817), y San Martín al Perú (1821). Santo Domingo se había independizado en 1821.

Venezuela, Colombia y Ecuador, que habían formado la Gran Colombia (1821) bajo la presidencia de Bolívar, se separan entre 1829 y 1830. Panamá se separa de Colombia en 1903.

Después de la independencia de México (1813), los países que habían formado la antigua Capitanía General de Guatemala se independizan en 1821; constituyen las Provincias Unidas de Centro América (1823), pero pronto se desmembran en El Salvador, Nicaragua, Costa Rica, Guatemala y Honduras (1838-1841).

En los momentos mismos de las luchas por la independencia, los criollos diferían en sus ideas sobre la organización de los países. Concluidas las guerras y consolidada la soberanía, sobreviene un complicado período de luchas civiles, que duran unos treinta años aproximadamente. Surgen los caudillos, los dictadores militares y civiles, las guerras internas, las revoluciones y algunos conflictos internacionales.

En México un antiguo oficial del ejército realista, Agustín de Iturbide, se hace proclamar emperador (1822-1823), pero es obligado a abdicar por el general Antonio López de Santa Anna, que tendrá una activa participación en la política mexicana durante muchos años. El estado de Texas se separa de México (1845), y se produce más tarde la guerra entre ese país y los Estados Unidos (1846-1848), en la que México pierde casi la mitad de su territorio. En la Argentina, el dictador Juan Manuel de Rosas gobierna despóticamente durante más de veinte años, y en el Paraguay, el dictador José Gaspar Rodríguez de Francia lo hace durante veintiséis. En Guatemala Rafael Carrera gobierna casi treinta.

El fenómeno del caudillismo [31] y las dictaduras en la América hispánica

---

[31] **caudillismo** Refers to the allegiance of a group of followers to their own **caudillo** (leader). The phenomenon continued throughout the 19th century,

es un capítulo triste de su historia. Se entremezclan ambiciones personales, diferencias ideológicas, ideas religiosas, fanatismo temperamental, interferencias extranjeras, primitivismo político, y sobre todo, falta de preparación para la vida cívica en común, tal vez como consecuencia de una brusca transición del sistema colonial al sistema independiente.

LA LITERATURA DE LA REVOLUCIÓN

Los hombres de la revolución habían estudiado en la universidad colonial y, por lo tanto, su cultura era particularmente humanística. La literatura, latín, retórica, lógica, filosofía, historia, derecho y teología habían sido la base de su educación y, en casos excepcionales, algunas disciplinas científicas, como las matemáticas, la física y la economía.

Estos patriotas apoyaron[32] las luchas militares con una abundante literatura, y una vez conquistada la independencia, continuaron en la tarea de consolidarla mediante la difusión de sus ideas a través del periodismo. Se crearon periódicos por todo el continente, de duración efímera[33] casi todos, que prolongaron las viejas "gacetas" de la época colonial, pero esta vez con las nuevas ideas.

Entre los prosistas de la revolución, sobresale Mariano Moreno (1779-1811), fundador de la *Gaceta de Buenos Aires,* primer periódico de opinión y doctrina en el Río de la Plata, que publicó artículos sobre el sufragio universal, la libertad de imprenta, igualdad de los hombres, cultura popular, desarrollo de la industria y el comercio, y otros temas del repertorio revolucionario.[34]

Simón Bolívar, el Libertador, fue también un buen prosista, dueño de un estilo elegante y claro. En sus cartas y discursos ha dejado un valioso testimonio sobre la realidad de Iberoamérica, con sus virtudes y carencias,[35] y una conocida profecía sobre el futuro de estos países.

Aunque el periodismo fue la actividad literaria más inmediata y directa,

---

into the 20th, and is still manifest today, as reflected in the influence of such men as Juan Perón of Argentina and Cuba's Fidel Castro.
[32] **apoyaron** supported
[33] **efímera** ephemeral, short-lived
[34] Among the many journalists of the period were: Bernardo Monteagudo, *Mártir o libre* (Buenos Aires, 1812);

Camilo Henríquez, *La aurora de Chile* (1812); Francisco José de Caldas and Joaquín Camacho, *El diario político de Santa Fe de Bogotá* (1810); Rafael María Coss, *El ilustrador nacional* (México, 1812); José J. Fernández de Lizardi, *El pensador mexicano* (1812).
[35] **carencias** lackings, shortcomings

la prosa revolucionaria es riquísima en memorias, autobiografías, cartas, discursos, artículos, ensayos, panfletos y traducciones.

Hubo también una poesía revolucionaria, aunque de valor estético limitado. Celebraba los triunfos de las armas americanas, ensalzaba [36] a los héroes de la guerra, promovía el entusiasmo nacional y atacaba a España, sus hombres y sus actos. [37]

Esta poesía se ha recogido en "cancioneros" [38] y algunas de las composiciones son anónimas, mientras que otras aparecen firmadas. Algunas piezas están compuestas, además, en lenguaje popular.

Bartolomé Hidalgo, uruguayo de nacimiento, inicia la literatura gauchesca [39] del Río de la Plata con los llamados *cielitos* [40] o canciones breves con estribillo, [41] sobre motivos heroicos, y con los *diálogos* patrióticos en verso.

En general, el estilo de la poesía revolucionaria es inflamado y retórico.

LA POESÍA NEOCLÁSICA

Al lado de la poesía patriótica de circunstancia, existió una poesía culta que venía desde fines del siglo anterior e imitaba el neoclasicismo español y europeo.

Se inspiraba en los modelos de Cadalso, Cienfuegos y, en especial, de Meléndez Valdés en lo amatorio, y de Quintana en lo civil y patriótico. Los poetas criollos hacían también traducciones de los latinos, Horacio preferentemente, y de algunos italianos, franceses e ingleses.

El neoclasicismo, en literatura, correspondía al movimiento filosófico de la Ilustración, que dio importancia capital a la razón y se interesó por el progreso de los pueblos, el gobierno de las minorías ilustradas, el sentimentalismo y la educación popular y los demás temas del Siglo XVIII.

Las figuras sobresalientes de la época son José Joaquín de Olmedo (1780-1847), ecuatoriano, que compuso una famosa oda en elogio de Bolívar — al parecer a pedido del [42] propio libertador —, titulada *La victoria de*

---

[36] **ensalzaba** praised
[37] The national anthems of the various countries were composed during this period.
[38] **cancioneros** collections of verse
[39] **gauchesca** cowboy
[40] The gauchos of the pampas were fond of poetry. Their *cielitos* often had love themes. Bartolomé Hidalgo, the link between the anonymous oral poetry of the gauchos and the literature dealing with the gaucho written at a later date by known authors, used the *cielito* to express patriotic sentiments.
[41] **estribillo** refrain
[42] **a pedido del** at the request of

Junín, y que está considerada una de las mejores composiciones poéticas producidas en Hispanoamérica; y José María Heredia (1803-1839), cubano, de una gran educación humanística, autor de dos celebradas odas, *En el teocalli de Cholula,* en que contempla con nostálgica emoción los restos de la cultura azteca, y *Niágara,* excelente descripción de esas cataratas. [43]

Andrés Bello

El hombre de mayor cultura y talento de ese período fue el venezolano Andrés Bello (1781-1865), que está considerado uno de los más grandes maestros que ha dado hasta el presente Iberoamérica.

Desde joven se consagró al estudio de las humanidades y en esa tarea persistió toda su vida. Viajó a Londres [44] como agente de la revolución, y permaneció allí unos veinte años, durante los cuales trabajó como maestro particular, realizó estudios e investigaciones literarias, y escribió algunas de sus obras. Regresó a Chile invitado por el gobierno, y en ese país realizó una inmensa labor intelectual: fue profesor universitario y organizador de la Universidad de Chile, consejero gubernamental y autor principal del Código Civil. [45]

En literatura fue un ardiente defensor del clasicismo, y por estas ideas, sostuvo una polémica [46] con el argentino Domingo Faustino Sarmiento, exiliado entonces en ese país, quien defendía la libertad romántica en el arte.

La obra de Bello es casi enciclopédica: filosofía, derecho, gramática, métrica, historia y crítica literaria, poesía, filología, educación e historia. Defendió con energía la pureza y unidad en Hispanoamérica de la lengua española, y su obra *Gramática de la lengua castellana,* que anotó el colombiano Rufino José Cuervo, es la más autorizada de las gramáticas escritas hasta nuestros tiempos, con excepción de la compuesta por la Real Academia Española.

En poesía, escribió silvas, [47] la mejor de las cuales es la *Silva a la agricultura en la zona tórrida,* en la que describe con estilo magistral [48] los productos de América. Hizo una traducción libre de una pieza de Víctor Hugo,

---

[43] Other poets of the period are: Andrés Quintana Roo (1787-1851) of Mexico, and Esteban de Luca (1786-1856) and Juan Cruz Varela (1794-1839) of Argentina.
[44] **Londres** London
[45] **Código Civil** Civil Law
[46] **polémica** literary controversy
[47] **silvas** Poems composed in lines of eleven and seven syllables.
[48] **magistral** masterly

José Joaquín Fernández de
Lizardi.

La oración por todos, que goza de merecida fama. Tradujo además al
español obras de autores latinos, ingleses, italianos, franceses y alemanes.

LA NOVELA

En la colonia y durante los primeros tiempos de la independencia no hubo
propiamente novelas. Los antecedentes de la novela iberoamericana son algunos relatos de viajes y aventuras del siglo XVIII.   5

El creador de la novela iberoamericana es el mexicano José Joaquín
Fernández de Lizardi (1776-1827), que usaba el seudónimo[49] de "El Pensador
Mexicano". Fue un hombre de clase media, con una educación universitaria
incompleta e ideas liberales iluministas. Fundó un periódico desde donde

---

[49] **seudónimo**   pseudonym, pen name

difundía [50] sus ideas revolucionarias y reformistas, aunque con cierta cautela, [51] por las circunstancias políticas de México.

Como sus ideas eran censuradas, [52] se dedicó a escribir novelas, en las cuales exponía su pensamiento, en forma de sermones o diálogos entre los personajes, acerca de la iglesia, la educación, los prejuicios de la sociedad y los vicios de su época.

Compuso varias novelas, pero su obra maestra es *El Periquillo Sarniento* (1816), escrita al modo de la novela picaresca [53] española, en la que el protagonista narra en forma autobiográfica su miserable vida en el colegio, hospital, cárcel y casas de juego, [54] con malas compañías y mujeres de la vida. [55] Sus ideas son una mezcla de catolicismo y liberalismo. Lizardi tenía pocos imitadores y no fue hasta bastante avanzado el siglo XIX que la novela se desarrolló [56] de veras.

CUESTIONARIO

1. ¿Por qué no aceptaban los criollos el régimen colonial a fines del siglo XVIII?   2. ¿Hubo propiamente un sentimiento antiespañol en la época?   3. ¿Quién fue Tupac Amarú y que hizo en el Perú?   4. ¿Qué consecuencias tuvo la expulsión de los jesuitas del imperio español?   5. ¿Cuáles fueron las nuevas ideas que entusiasmaron a los patriotas criollos? 6. ¿Qué ideas económicas se opusieron al sistema del monopolio español? 7. ¿Quién fue Francisco de Miranda?   8. ¿Qué sucedió en España y en Portugal en 1807?   9. ¿Qué actitud adoptaron los patriotas criollos frente al usurpador José Bonaparte?   10. ¿Qué fueron los "cabildos abiertos"? 11. ¿Qué teoría sostenían los criollos para formar juntas de gobierno en sus países?   12. ¿Qué obra cumplió Simón Bolívar?   13. ¿Qué hizo José de San Martín?   14. ¿Quién declaró la independencia de México?   15. ¿Qué clases de obras se conocen bajo el nombre de "literatura de la revolución"?   16. ¿Cuáles son los dos más famosos autores del neoclasicismo? 17. ¿Quién fue Andrés Bello?   18. ¿Qué valor tiene su *Gramática de la*

---

[50] **difundía** spread
[51] **cautela** caution
[52] **censuradas** censored
[53] **picaresca** picaresque (a type of literature in which the central character

is a rogue)
[54] **casas de juego** gambling houses
[55] **mujeres de la vida** prostitutes
[56] **se desarrolló** was developed

lengua castellana?   19. ¿Quién fue José Joaquín Fernández de Lizardi?
20. ¿Qué asunto se desarrolla en *El Periquillo Sarniento?*

TEMAS ESPECIALES DE COMPOSICIÓN Y CONSERVACIÓN

1. Las reformas en Iberoamérica durante el siglo XVIII.
2. La ideología de la revolución iberoamericana.
3. Los libertadores de Iberoamérica.
4. El neoclasicismo literario.
5. Andrés Bello.

Benito Juárez, Libertador de México.

O(HO
LA ORGANIZACIÓN NACIONAL Y EL ROMANTICISMO

LOS DICTADORES

Hacia mediados del siglo XIX, aproximadamente, las naciones hispanoamericanas entran en un período de organización interna, que durará unos cincuenta años.[1] La anarquía, el caudillismo y las luchas civiles han causado muchos daños y sufrimientos, y el desarrollo se ha atrasado.

---

[1] A great cultural and educational movement took place during these years. Schools such as the Escuela Nacional Preparatoria in Mexico, the Escuela Normal in Puerto Rico, and the Colegios Nacionales in Argentina were founded. Academies of the Language were established: Mexico (1875), Colombia (1871), Venezuela (1883). Large newspapers such as *La Nación* (1870) and *La Prensa* (1869) of Buenos Aires made their appearance, as did periodicals of social or literary importance: Francisco Zarco's *La ilustración mexicana* (1851); *La semana* (Santiago de Chile, 1859); *El mosaico* (Bogotá, 1858). Among the learned men of

149

Los dictadores, sin embargo, no desaparecen del todo. Han caído ya Juan Manuel de Rosas (1852) en la Argentina, y José Gaspar Rodríguez de Francia (1840) en el Paraguay. El general Antonio López de Santa Anna, que fue varias veces presidente, revolucionario, héroe militar y dictador perpetuo (1822-1855), se retira de México. En Guatemala, Rafael Carrera perdura hasta unos años más tarde (1865).

Pero surgen otros tan despóticos como los anteriores. Mariano Melgarejo, un mestizo inculto, realiza un gobierno desastroso para Bolivia (1864-1883). En el Ecuador toma el poder Gabriel García Moreno y gobierna en forma autoritaria (1861-1875), imponiendo en todo el país una disciplina conventual. El Paraguay cae en manos de la familia López por un cuarto de siglo: Carlos Antonio López (1844-1862) y luego su hijo, el general Francisco Solano López (1862-1870), que envuelve a su país en una guerra absurda.

En dos países, Argentina y México, se producen los dos acontecimientos nacionales más importantes.

LA ORGANIZACIÓN NACIONAL EN LA ARGENTINA

Cuatro excelentes presidentes se suceden unos 10 años después de la caída de Rosas. Tres de ellos hombres de gran cultura y escritores, y el otro, un sagaz militar y político: Bartolomé Mitre, presidente desde 1862 hasta 1868; Domingo Faustino Sarmiento (1868-1874); Nicolás Avellaneda (1874-1880); y el general Julio A. Roca (1880-1886).

Con ellos, el país se organiza rápidamente y adopta la fisonomía de una nación moderna. Se promulga la constitución de 1853, que perdura hasta hoy con leves reformas. Se termina la Campaña del Desierto, conquistando la Patagonia que hasta entonces había estado dominada por los indios; se convierte a la ciudad de Buenos Aires en territorio federal y capital del país; se establecen los ferrocarriles; se tienden [2] los caminos y comienza el proceso de la explotación agrícola y ganadera en gran escala; se inicia el tránsito [3] hacia la economía preindustrial; se crean escuelas primarias y secundarias

letters were the Colombians Rufino José Cuervo (1844-1911) and Miguel Antonio Caro (1843-1909). In the field of history some of the principal authors were the Mexican Joaquín García Icazbalceta (1825-1894), the Chilean José Toribio Medina (1852-1930) and the Argentinian Bartolomé Mitre (1821-1906).

[2] **se tienden** are built
[3] **tránsito** transition

Bandadas de inmigrantes aumentaron la población de la Argentina de un millón setecientos mil a siete millones ochocientos mil en 1914. Estas tres escenas muestran a los recién emigrados en Buenos Aires hacia fines del siglo pasado.

por toda la nación; se establece la enseñanza oficial primaria, gratuita, laica [4] y obligatoria; se abren las puertas del país a la inmigración en masa, y torrentes de extranjeros llegan de Europa; se secularizan los cementerios y se establece el matrimonio civil al lado del religioso; se redactan los códigos [5] y comienza la etapa [6] del optimismo en el pueblo. A este período (1853-1886) se le denomina "Organización Nacional".

LA REFORMA EN MÉXICO

En los países de Iberoamérica, liberales y conservadores se han enfrentado continuamente a causa de sus ideas, y en algunos casos han llegado a la guerra civil. México y Guatemala son los dos países donde el enfrentamiento con la Iglesia Católica ha sido más violento.

En el primero de los países, Benito Juárez, un liberal de sangre india, fue el inspirador y ejecutor de la llamada Reforma de 1859. Años antes, la lucha contra la Iglesia había comenzado limitando la jurisdicción de las cortes militares y eclesiásticas (1855), y suprimiendo la Compañía de Jesús (1856). En virtud de la llamada Ley Lerdo de Tejada (1856) se obligó a la Iglesia a vender todas las tierras y bienes no dedicados al culto; se establecieron los cementerios civiles, y se fijaron los donativos [7] para los bautismos y matrimonios.

En 1857 México adoptó su nueva constitución, que rigió [8] hasta 1917. Fue un importante paso hacia adelante en el progreso del país. Dicho documento garantizaba la libertad de palabra y de prensa; prohibía el monopolio y la confiscación de los bienes; abolía los títulos hereditarios; establecía la forma republicana de gobierno, y separaba la Iglesia del Estado. Asumió la presidencia el doctor Juárez.

Estalló entonces una guerra civil entre liberales y conservadores, conocida por el nombre de la "Guerra de Tres Años" o "Guerra de la Reforma" (1858-1860), que fue ganada por Benito Juárez y sus hombres. En 1859, en medio de la conflagración, Juárez dictó las Leyes de Reforma, o decretos anticlericales, por las cuales se nacionalizaban los bienes de la Iglesia no vendidos todavía de acuerdo con la Ley Lerdo; se disolvían las órdenes monásticas religiosas; se establecía el matrimonio como contrato civil y el

---

[4] **laica** lay (not under religious auspices)
[5] **se redactan los códigos** codes of law are drawn up
[6] **etapa** stage, phase
[7] **donativos** donations, fees
[8] **rigió** was in force

El emperador Maximiliano de México.

registro de los nacimientos, matrimonios y muertes; se proclamaba la libertad de cultos, [9] y se reglamentaban las festividades religiosas.

El emperador Maximiliano

El presidente Juárez resolvió suspender en 1861 el pago de las deudas públicas debido a la mala situación financiera del país. Inglaterra, Francia y España decidieron entonces efectuar una acción conjunta e intervenir en 5
México para defender sus intereses. A poco de la ocupación del puerto de
Veracruz, las tropas inglesas y españolas se retiraron, al darse cuenta de las
intenciones imperialistas de Francia, cuyo emperador, Napoleón III, de
acuerdo con elementos conservadores de México, pensaba establecer un imperio en este país, bajo algún Habsburgo. 10

Después. de algunas acciones bélicas y de la entrada de las tropas enemigas en la ciudad de México, fue impuesto en 1864 como emperador el
archiduque Maximiliano de Austria, descendiente de Carlos V. El régimen
concluyó pocos años después con la derrota de Maximiliano frente a las

---

[9] **libertad de cultos**   freedom of worship

fuerzas de Juárez. Maximiliano fue ejecutado en 1867, mientras su infeliz esposa Carlota enloquecía [10] en Europa, adonde había ido en busca de apoyo para su marido.

Porfirio Díaz

Juárez y Lerdo de Tejada ocupan sucesivamente la presidencia del país, pero
5 en 1876 el general Porfirio Díaz, héroe de la lucha contra los franceses, derrota a las fuerzas gubernamentales y es reconocido como nuevo presidente por el Congreso.

Comenzó así la era de Porfirio Díaz, que duró hasta 1911, salvo [11] cuatro años de interrupción. Se caracterizó el régimen de Díaz por el ade-
10 lanto material de México, el impulso a los ferrocarriles, el ingreso [12] de capitales extranjeros, el establecimiento de plantas textiles, metalúrgicas y mineras, la lucha sin cuartel [13] contra los bandidos por medio de una policía fuerte — los *rurales* — y un gobierno autocrático. La Reforma fue olvidada y las clases privilegiadas fueron protegidas contra los intereses de las clases
15 populares: el sistema de tenencia de las tierras [14] no se modificó y los latifundios [15] se consolidaron.

En 1910 estalló la Revolución Mexicana que derrotó pronto a Porfirio Díaz. Luego se restablecieron la libertad y el sistema republicano.

LAS GUERRAS DE LA ÉPOCA

Después de asumir el gobierno de su país, el general Francisco Solano López
20 organizó en el Paraguay un poderoso ejército y declaró (1864) que no estaba dispuesto a tolerar la intromisión [16] brasileña en los asuntos del Uruguay. El Paraguay pidió entonces permiso al gobierno argentino para cruzar por el norte de su territorio y atacar al Brasil (1865), pero la solicitud le fue denegada. [17] Se declaró entonces la guerra entre Brasil, Uruguay y Argentina
25 (que habían firmado un tratado de alianza) por un lado, y el Paraguay por otro. Esta guerra es conocida como la de la Triple Alianza. Después de luchas cruentas [18] y penosas (1865-1870), en las que los paraguayos lucharon

---

[10] **enloquecía** was going crazy
[11] **salvo** except
[12] **ingreso** entry
[13] **sin cuartel** relentless
[14] **tenencia de las tierras** landholdings

[15] **latifundios** large, landed estates
[16] **intromisión** intervention
[17] **denegada** denied
[18] **cruentas** bloody

heroicamente, el general López fue atacado y muerto [19] en Cerro Corá, el último bastión paraguayo, con lo cual terminó la lucha. El Paraguay perdió entonces parte de su territorio.

La otra guerra del período, la del Pacífico, se luchó entre Bolivia y Perú contra Chile. El territorio boliviano llegaba el siglo pasado hasta el océano Pacífico, por su parte sudoeste o provincia de Antofagasta. Allí se habían descubierto riquísimas minas de nitrato, y el gobierno de Bolivia, a pesar de un tratado anterior con Chile, estableció un impuesto sobre la exportación de ese producto. Los concesionarios, [20] en su mayoría chilenos, pidieron protección a las autoridades chilenas, las que enviaron tropas a ocupar la región. El Perú, que tenía un tratado de alianza con Bolivia, interpuso sus buenos oficios, pero Chile los rechazó y exigió [21] la anulación del tratado. El Perú rechazó a su vez la exigencia [22] y Chile declaró la guerra a ambos países. Ganó la guerra (1879-1883) Chile, después que sus tropas entraron en la ciudad de Lima.

Como consecuencia del conflicto, Bolivia perdió los territorios que le daban una salida al mar.

EL ROMANTICISMO

Durante la época se formula la teoría de que las naciones hispanoamericanas deben independizarse también de España en lo espiritual para completar la obra iniciada con la independencia política. La idea tenía realmente la finalidad de crear una literatura original, pero guardaba también en el fondo un poco de liberalismo ideológico y otro de susceptibilidad política. Y por eso, se empezó en Iberoamérica una nueva onda de actividad literaria que fue influenciada por el romanticismo europeo, liberal por la mayor parte.

El romanticismo fue el movimiento literario de más larga duración en las letras iberoamericanas. Entró en el sur de Iberoamérica, por Buenos Aires, con el poeta Esteban Echeverría (1805-1851) y se prolongó durante dos generaciones. En sus momentos iniciales, el romanticismo imitó a los grandes maestros franceses, Víctor Hugo, Chateaubriand, Lamartine y Musset; a los ingleses Walter Scott, Byron y Shelley; a los alemanes Goethe, Schiller y Heine, y a los italianos Leopardi y Manzoni. Pero más tarde, siguió también a los españoles Zorrilla, Bécquer, Espronceda, Larra y el duque de Rivas.

---

[19] **muerto** killed
[20] **concesionarios** concessionaires
[21] **exigió** demanded
[22] **exigencia** demand

El romanticismo iberoamericano adoptó los mismos temas del europeo: la naturaleza, la vida solitaria, el amor pasional, el individualismo exaltado, la libertad política, la religiosidad cristiana y la historia.

Sin embargo, aportó algunas novedades. Dio más énfasis al indio y al mestizo como personajes literarios,[23] introdujo la geografía americana en las obras, y utilizó la historia local como argumento. Además, el romanticismo rompió con la tradición idiomática española, incorporando abiertamente en sus obras el vocabulario regional de cada país.

La idea de una cultura americana

Aun escritores muy clasicistas, como era Andrés Bello, habían sostenido anteriormente la necesidad de crear una cultura americana: "¿Estamos condenados todavía a repetir servilmente las lecciones de la ciencia europea, sin atrevernos a discutirlas, a ilustrarlas con aplicaciones locales, a darles una estampa de nacionalidad?" — se preguntaba el maestro venezolano en su discurso del aniversario de la Universidad de Chile en 1848.[24]

En otra oportunidad, reclamaba el ensanchamiento[25] del idioma español: "Juzgo importante la conservación de la lengua de nuestros padres en su posible pureza... pero no es un purismo supersticioso lo que me atrevo a recomendarles. El adelantamiento prodigioso de todas las ciencias y las artes, la difusión de la cultura intelectual, y las revoluciones políticas piden cada día nuevos signos para expresar las nuevas ideas".[26]

Esta misma idea de crear una cultura americana la predicaron otros ilustres hombres de la época, como Juan María Gutiérrez, Domingo F. Sarmiento, Esteban Echeverría e Ignacio Manuel Altamirano.

El americanismo literario

La concepción del americanismo literario es también propia del romanticismo, aunque con anterioridad otros autores, como Heredia y Olmedo, lo habían practicado.

---

[23] There is a certain ambivalence in the treatment of the Indian. At times Spanish American literature treats the Indian as the "noble savage" of a Rousseau or a Chateaubriand. At times, as in the case of Echeverría's *La cautiva* or Hernández's *La vuelta de Martín Fierro*, it treats him as a threat to civilization.

[24] Enrique Anderson Imbert and Eugenio Florit, *Literatura hispanoamericana: Antología e introducción histórica* New York: Holt, Rinehart, and Winston, Inc., 1960), p. 212.

[25] **ensanchamiento** enrichment

[26] Prologue to Bello's *Gramática de la lengua castellana destinada al uso de los americanos,* 17th ed. (Paris: R. Roger and F. Chernoviz, 1914), p. vii.

Esteban Echeverría es la más alta expresión de la rebelión literaria contra España. Sostenía que no reconocía superioridad literaria a España sobre la joven América; que los americanos no estaban dispuestos a buscar en España ni en nada español el principio inspirador de la literatura, y que el único legado [27] que los americanos podían aceptar de buen grado es el idioma, porque es realmente valioso, pero siempre con la condición de mejorarlo y transformarlo progresivamente.

La tesis del americanismo literario tuvo diversa fortuna según los países y las épocas, pero subsiste hasta los tiempos actuales, despojada [28] ya del contenido antiespañol que tuvo en el siglo pasado. Es en esa época cuando comienza a hablarse de "mexicanidad", "argentinidad", "peruanidad", o sea de culturas propias de cada país. El llamado "criollismo" literario de nuestros días es una prolongación de aquella idea romántica.

Esteban Echeverría

El iniciador del romanticismo en la Argentina había llevado una vida desordenada en su juventud, y no concluyó sus estudios. Viajó a París y allí estudió durante cinco años a los filósofos, historiadores y escritores del momento, y a los clásicos españoles, para aprender a fondo la lengua. Volvió a Buenos Aires con la firme convicción de aportar algo nuevo a las letras de su patria.

Publicó entonces un poemita en folleto, [29] *Elvira o La novia del Plata* (1832), primera obra completamente romántica de América, y con posterioridad otros volúmenes poéticos. Fundó con Juan María Gutiérrez y Juan Bautista Alberdi la denominada Asociación de Mayo, sociedad patriótico-literaria cuyo *Credo* redactó. Suprimida [30] por el tirano Rosas la Sociedad, y perseguidos sus miembros, Echeverría y otros escritores emigraron al Uruguay. Allí editó el antiguo *Credo* con el título de *Dogma socialista*. [31]

Compuso además el primer cuento de la literatura argentina, *El matadero*, [32] sobre las atrocidades de los sectarios [33] de Rosas, y un poema, *La cautiva*, de neta [34] inspiración romántica.

El liberalismo

El movimiento romántico introdujo en América una nueva ideología, el liberalismo, que vino a sustituir a la filosofía de la Ilustración cultivada por los hombres de la independencia.

---

[27] **legado**   legacy
[28] **despojada**   divested
[29] **folleto**   pamphlet
[30] **suprimida**   suppressed

[31] **socialista**   pertaining to society
[32] **matadero**   slaughterhouse
[33] **sectarios**   followers
[34] **neta**   pure

Esteban Echeverría.

Participaron de las ideas liberales muchos estadistas, [35] escritores y pensadores de la época, y en cierto sentido, el pensamiento liberal se opuso a las ideas conservadoras o tradicionalistas. Las diferencias entre liberales románticos y conservadores hispanistas se proyectaron del plano intelectual al político y al religioso; y bajo distintas denominaciones o manifestaciones, perduran hasta la actualidad.

El liberalismo romántico sostenía en Iberoamérica el espíritu de emancipación frente a la tradición hispánica y colonial.

En materia política, era democrático y republicano, al estilo de los revolucionarios franceses y de los escritores del socialismo utópico del siglo pasado, principalmente Henri de Saint-Simon.

En filosofía no aceptaba ningún sistema en particular, y se apoyaba en el eclecticismo espiritualista de Víctor Cousin y el pragmatismo idealista, consistentes en la libertad del sentimiento religioso, el amor y el respeto entre los hombres y los pueblos, el repudio de la demagogia y la tiranía, y

---

[35] **estadistas**   statesmen

la defensa del derecho. En religión, predicaba un cristianismo sin dogmas y rechazaba [36] el influjo de la Iglesia Católica en la vida social y política.

LOS GRANDES PENSADORES Y MAESTROS

En la segunda mitad del siglo XIX dan a conocer sus obras grandes pensadores y ensayistas. No son filósofos en un sentido estricto, creadores de sistemas, sino hombres de inteligencia que analizan temas sociológicos, educativos, morales y políticos. Son maestros continentales, pues sus pensamientos son aplicables a toda la América hispánica.

Entre los más ilustres se destacan: Domingo Faustino Sarmiento (1811-1888), Juan Montalvo (1832-1889), Eugenio María de Hostos (1839-1903), Justo Sierra (1848-1912), Enrique José Varona (1849-1933) y Manuel González Prada (1844-1918).

Domingo Faustino Sarmiento

Nació en la provincia de San Juan (Argentina) y perteneció a una familia muy modesta. Desde niño mostró gran precocidad y talento, pero no pudo realizar estudios sistemáticos y universitarios. Fue el prototipo del autodidacta. [37] Por sus ideas liberales y por su oposición a Rosas vivió exiliado en Chile, donde fue periodista, maestro y organizador de la Escuela Normal de Preceptores de Santiago. De esta época data su famosa polémica con Bello.

Estuvo en Europa y en los Estados Unidos, para estudiar sus sistemas de educación, y después de la caída de Rosas ocupó importantes cargos en su país. Fue diputado, senador, ministro y gobernador en su provincia natal, embajador argentino en los Estados Unidos, presidente de la nación y, por último, director de educación de su país. Pero antes había sido también empleado de comercio, maestro rural, minero y soldado. La Universidad de Michigan le llegó a conferir el grado de Doctor *honoris causa*. Hacia el final de su vida, cansado y enfermo, se retiró al Paraguay, donde murió.

Las obras completas de Sarmiento comprenden 52 volúmenes, de distinta calidad y contenido. Ninguna de ellas es estrictamente literaria, pues Sarmiento no fue un artista puro: escribía para expresar su opinión, enseñar, defenderse o atacar. Poseía un estilo sin igual, impetuoso, desordenado, vivo

---

[36] **rechazaba**   rejected   [37] **autodidacta**   self-educated man

y demoledor, [38] que le valió el calificativo de "gaucho en literatura". A pesar de ser a veces incorrecto, es el más grande prosista de la Argentina.

El más famoso de sus libros es *Facundo o Civilización y barbarie,* que se publicó en Chile en forma periodística. Contiene un violento ataque a la dictadura de Rosas y sus caudillos, y un agudo [39] análisis de la sociedad argentina de aquellos tiempos. Es un libro extraño, "sin pies ni cabeza", según la definición del propio Sarmiento, pero escrito con incomparable maestría y fuerza. En *Recuerdos de provincia* escribe su autobiografía y se defiende de sus enemigos.

Las ideas de Sarmiento fueron las de un liberal. Consideraba a la vida gauchesca como un impedimento para el progreso de la nación; exigía una

---

[38] **demoledor**   demolishing

[39] **agudo**   sharp, penetrating

Domingo Faustino
Sarmiento.

educación popular como medio de sacar a su país del atraso colonial y de la barbarie de los caudillos; mostraba el ejemplo de Europa y de los Estados Unidos como modelos para seguir en la organización del país, y aconsejaba desarrollar la industria, el comercio, el arte y las ciencias. Sostenía, además, que la barbarie era propia del gaucho y la vida campesina, mientras que la civilización del país tenía su centro en la ciudad de Buenos Aires. 5

En el libro *Conflictos y armonías de las razas en América*, expone sus teorías sobre la mezcla de razas y culturas, y se muestra favorable al tipo de colonización ,anglosajona.

Su concepto político se resume sintéticamente en la frase: "Gobernar 10 es educar".

Juan Montalvo

Nació en Ecuador y murió en París. Tuvo una educación esmerada [40] y su vida fue una continua lucha contra las dictaduras y el clero católico. Pagó las consecuencias de sus ideas con el exilio prolongado. Viajó por Europa, donde residió muchos años, y por América. Publicó gran cantidad de obras y folle- 15 tos, y editó algunas revistas y periódicos.

Juan Montalvo atacó duramente al clericalismo, y censuró la intolerancia religiosa y el fanatismo, a pesar de que respetaba la religión y creía en los dogmas y en los misterios de la Iglesia Católica.

Creía en el despotismo ilustrado, o gobierno de las minorías cultas, sin 20 intervención popular. Su ideología es una extraña combinación de catolicismo, liberalismo, anticlericalismo, conservadorismo, republicanismo y moralismo. Fue un extraordinario estilista —acaso el mejor de su época—, pero careció de mesura. [41]

Escribió *Siete tratados*, su obra maestra, que es una serie de ensayos 25 libres sobre diversas materias: historia, mitología, sociología, estética, escritos en un estilo desbordante, [42] pero a veces brillante.

Una obra notable de su habilidad como escritor es *Capítulos que se le olvidaron a Cervantes*, en la cual continúa el famoso libro *Don Quijote* e imita su estilo. Está escrita en un lenguaje excelente, pero no llega a alcanzar 30 la gracia, profundidad y espontaneidad del maestro español.

---

[40] **esmerada**   careful, thorough   [42] **desbordante**   overwhelming
[41] **mesura**   restraint

Eugenio María de Hostos

Nacido en Puerto Rico, hizo sus estudios universitarios en España, pero salió del país disgustado por la actitud del gobierno español con respecto a Puerto Rico. Llevó una vida de peregrino[43] intelectual por casi todos los países de América, publicando artículos, dictando conferencias, escribiendo libros y enseñando.

Su obsesión política fue la independencia de las Antillas, y por ella hizo una fructífera[44] propaganda, buscando el apoyo de otros gobiernos. Su obra cultural es vastísima: fundó escuelas, redactó[45] programas de estudios, escribió textos, fue director de colegios, fundó asociaciones de profesores, editó libros de derecho y participó en academias. Sus libros abarcan[46] la educación, arte, política, leyes y crítica.

Sostuvo que el porvenir de América está en la fusión de las razas y que el mestizo es la esperanza del progreso. Consideraba que España había fracasado en su obra colonial por el olvido del indígena, la malversación[47] de las riquezas, la división de clases, el despotismo, la incapacidad para lograr formas democráticas de gobierno, y la desproporción excesiva entre ricos y pobres.

El libro que mejor lo representa es *Moral Social*. En otro de sus volúmenes, *Sociología*, hace un análisis de lo que él llama "sociopatía", o sea enfermedades sociales de Iberoamérica. Estas enfermedades sociales son de origen político, económico, ético e intelectual, y se manifiestan en los males políticos, los males militares y los revolucionarios. Participó profundamente de la idea positivista de fin de siglo y creyó firmemente en la ley de progreso humano. Fue el precursor del pensamiento de Mariátegui y de González Prada. Se ha llamado a Hostos la "conciencia moral del continente".

Justo Sierra

En México, el gran maestro de la época es Justo Sierra. Ocupó cargos importantes en la magistratura y educación, y organizó la Universidad Nacional de ese país. Fue orador, jurisconsulto, historiador, educador, cuentista y poeta. Alentó[48] toda obra cultural desde su posición de secretario de educación del gabinete[49] de Porfirio Díaz, y se caracterizó por su amor al pró-

---

[43] **peregrino** pilgrim, traveler
[44] **fructífera** fruitful
[45] **redactó** drew up
[46] **abarcan** include

[47] **malversación** misuse
[48] **alentó** encouraged
[49] **gabinete** cabinet

jimo [50] y su insaciable curiosidad intelectual. Sus mejores obras son las históricas, escritas con cierto lirismo, y los discursos.

Enrique José Varona

Este pensador cubano perteneció al movimiento positivista y utilitarista de fin de siglo. Fue un relativista que no participaba de las ideas metafísicas y religiosas. Sintió una gran repulsa [51] por los hombres públicos deshonestos y corruptos, y denunció algunos vicios públicos, como la verbosidad, el afán de dinero, la mentira y el juego. A pesar de su escepticismo, fue un ejemplo de probidad intelectual y de conducta personal. Su colección de ensayos y artículos, *Desde mi belvedere,* es una obra maestra en su género, lo mismo que *Violetas y ortigas.*

Enseñó durante muchos años en la Universidad de La Habana. Está reconocido como el gran maestro de su país.

---

[50] **prójimo** fellow man   [51] **repulsa** dislike

Manual González Prado.

Manuel González Prada

Este escritor peruano cultivó la prosa y el verso. Aunque perteneció a una familia aristocrática, repudió a las oligarquías de su país y salió en defensa del indio.

Fue un terrible polemista, de la estatura de Sarmiento y Montalvo por su energía y decisión, pero su prédica fue revolucionaria y violenta, y más social que política. Arremetió contra [52] todas las mentiras y convenciones del siglo, en defensa del indio, del pobre, y de la pureza de las costumbres, públicas y privadas.

Después de la derrota del Perú en la Guerra del Pacífico, la violencia de los ataques de González Prada se agitó al grito de "Los viejos a la tumba, los jóvenes a la obra". Fue anticatólico y revolucionario, y la furia de sus ataques le valió el exilio y grandes enemistades.

Fue un gran poeta, sumamente original y gran conocedor de las literaturas y lenguas extranjeras. Se le considera un precursor del modernismo y un renovador literario; y en política, el antecesor del movimiento de Mariátegui, y el padre espiritual del movimiento aprista [53] en el Perú.

CUESTIONARIO

1. ¿Qué hechos importantes ocurrieron en la Argentina durante la Organización Nacional?   2. ¿Quién fue el autor de la Reforma en México? 3. ¿Qué provisiones contenían las Leyes de la Reforma?   4. ¿Quién fue el emperador Maximiliano en México?   5. ¿Por qué se caracterizó el gobierno de Porfirio Díaz?   6. ¿Qué fue la Guerra de la Triple Alianza? 7. ¿Qué fue la Guerra del Pacífico?   8. ¿Cuáles fueron los temas preferidos por el romanticismo hispanoamericano?   9. ¿Qué novedades introdujeron los autores románticos hispanoamericanos?   10. ¿En qué consiste la idea de una cultura americana?   11. ¿Qué es el americanismo literario?   12. ¿Qué significan las palabras "mexicanidad", "argentinidad" y "peruanidad"?   13. ¿Qué ideas sostenía Esteban Echeverría sobre

---

[52] **Arremetió contra** He attacked
[53] **aprista** Refers to the *aprismo* movement in Peru, which is discussed at length in Chapter X. The name is derived from the initials APRA, which stand for *Alianza Popular Revolucionaria Americana.*

España y América?   14. ¿Qué sostiene el liberalismo en materia de política?   15. ¿En qué consiste el liberalismo religioso?   16. ¿Qué efectos tuvo la idea liberal en la historia de Hispanoamérica?   17. ¿Quiénes son los grandes pensadores de la segunda mitad del siglo XIX en Hispanoamérica?   18. ¿Cuáles fueron las ideas principales de Sarmiento?   19. ¿Cuáles son las "sociopatías" de que habla Eugenio María de Hostos?   20. ¿Qué ideas predicó Manuel González Prada?

TEMAS ESPECIALES DE COMPOSICIÓN Y CONVERSACIÓN

1. La Reforma y la Guerra de los Tres Años en México.
2. La Organización Nacional en la Argentina.
3. El romanticismo hispanoamericano.
4. El liberalismo.
5. Domingo Faustino Sarmiento y sus ideas.

La IX Conferencia Panamericana se celebró en 1948 en Bogotá, Colombia. Allí los representantes de 21 naciones americanas adoptaron la carta de la Organización de Estados Americanos.

NUEVE
EL TRÁNSITO AL
SIGLO XX

CUBA Y LA GUERRA DE LOS ESTADOS UNIDOS Y ESPAÑA

Mientras la mayor parte de Iberoamérica luchaba con problemas de la organización interna, Cuba no había logrado separarse de España en tiempos de las guerras de la independencia. Hacia mediados del siglo XIX, sin embargo, comenzaron a manifestarse indicios de revolución, pero varios intentos fueron sofocados.[1] España efectuó reformas liberales, sin satisfacer a los cubanos, que en 1895 hicieron una revolución con resultados negativos. José Martí, escritor y patriota, tuvo una importante participación en ella y murió en una de las batallas.

5

---

[1] **sofocados**   quelled

Pronto los Estados Unidos se vieron envueltos en la cuestión. Un barco de guerra, el "Maine", que había sido enviado al puerto de La Habana para proteger los intereses y la vida de los ciudadanos norteamericanos, explotó en el puerto. El Congreso de los Estados Unidos declaró dos meses después que el pueblo cubano tenía pleno derecho a ser libre e independiente. España tomó tal manifestación como una declaración de guerra: se rompieron las relaciones diplomáticas y estalló[2] la guerra (1898).

La flota española fue vencida y las fuerzas norteamericanas tomaron la ciudad de Santiago. Al poco tiempo, se firmó un tratado de paz entre los Estados Unidos y España (1898), por el cual España renunciaba a su soberanía sobre Cuba, Puerto Rico y las Filipinas. Se estableció en Cuba un gobierno militar norteamericano, que convocó una convención constituyente y estableció la República.

En la nueva constitución se incorporaron las disposiciones de la Enmienda[3] Platt, la cual autorizaba a los Estados Unidos a intervenir en la isla para garantizar su independencia, y cedía al país del norte la bahía de Guantánamo y la bahía Honda. Más tarde, los Estados Unidos abandonaron

---

[2] **estalló** broke out   [3] **enmienda** amendment

José Martí. Retrato al óleo por Herman Norman hecho durante la estancia de Martí en Nueva York.

Caricatura aparecida en el *New York World*, el 8 de mayo de 1898. En 1895 José Martí encargó a Máximo Gómez de las tropas revolucionarias cubanas. El ejército norteamericano esperaba unir las fuerzas de Gómez para llevar a cabo una campaña conjunta contra los españoles.

Izquierda: Valeriano Weyler. Capitán general de Cuba en 1896-97, combatió con dureza a los sublevados.

Construcción de la esclusa superior del Lago Gatún, Canal de Panamá, marzo de 1910.

la bahía Honda y en 1936 se firmó un nuevo tratado por el cual se anulaba la Enmienda Platt y el derecho a intervenir en Cuba.

La bahía de Guantánamo continúa todavía en poder de los Estados Unidos, donde mantienen una fuerte base naval y militar.

LOS ESTADOS UNIDOS E IBEROAMÉRICA

5   A fines del siglo XIX, las relaciones entre los Estados Unidos e Iberoamérica llegan a un punto de máxima tirantez. [4] La intervención del país del norte en los asuntos de México y otras repúblicas, la anexión de Puerto Rico y las Filipinas, el derecho a intervenir en Cuba, el apoyo a la separación de

---

⁴ **tirantez**   strain

Panamá de Colombia (1903) y los derechos adquiridos en la zona del Canal de Panamá, así como las declaraciones del presidente Theodore Roosevelt sobre el ejercicio de un poder policial sobre los demás países americanos, crean un ambiente inamistoso [5] entre Iberoamérica y el llamado "coloso del Norte". Esta política, llamada con varios nombres —*Manifest Destiny, Big Stick Policy*, o *Dollar Diplomacy*—, provoca la reacción de varios escritores y políticos de Iberoamérica, entre ellos Rubén Darío, José Santos Chocano, Rufino Blanco Fombona, José Enrique Rodó y Manuel Ugarte.

Hacia 1910, los Estados Unidos renuncian a esta política y comienza una nueva era en las relaciones interamericanas, cuyas repercusiones posteriores serán la política llamada *Good Neighbor Policy* (1933) del presidente Franklin D. Roosevelt, y el Plan de Alianza para el Progreso (1961) del presidente John Kennedy. Ninguna de estas políticas ha dado hasta el presente los resultados esperados por los iberoamericanos, quienes las consideran sólo buenas intenciones.

El sistema panamericano

En 1889-1890 se reunió en la ciudad de Washington la Primera Conferencia Internacional de Estados Americanos, a iniciativa de los Estados Unidos. Se adoptaron diversas resoluciones, entre ellas la creación de la Unión Internacional de Repúblicas Americanas, llamada luego Unión Panamericana, con sede en la ciudad de Washington. Este fue el origen de todo el vasto sistema panamericano denominado actualmente Organización de los Estados Americanos (O.E.A.), que tiene diversas organizaciones, comisiones, conferencias y reuniones para debatir y tratar los asuntos concernientes a las 21 repúblicas de América.

EL SEGUNDO ROMANTICISMO

Alrededor de 1880, la literatura iberoamericana es activísima y se producen muchas obras importantes. Conviven en esos momentos diversos movimientos: unos representan las últimas manifestaciones del siglo XIX, como el segundo romanticismo, la literatura gauchesca y el realismo; otros inician las nuevas corrientes que durarán hasta los primeros años del siglo XX, como

---

[5] **inamistoso** unfriendly

Representantes al Primer Congreso Panamericano en South Bend, Indiana, el 19 de octubre de 1919.

el modernismo y el criollismo. Este último movimiento logra sus mejores expresiones en el siglo siguiente.

Mientras el romanticismo desaparece en Europa a mediados del siglo XIX, en Iberoamérica dura una generación más, al lado de otras escuelas. A esta segunda época romántica se la llama *segundo romanticismo* o *posromanticismo*. Fue menos exuberante, vibrante y truculento que en su etapa inicial, pero se mantuvo siempre dentro de las convenciones estéticas de la escuela.

Después de 1850 aparecen las dos más importantes novelas románticas, *Amalia*, de José Mármol, y *María*, de Jorge Isaacs.

José Mármol (1817-1871) fue un escritor argentino que anduvo proscrito durante la tiranía de Rosas. Es el autor de famosos apóstrofes contra el tirano, considerados por la crítica como de los más violentos que se han escrito en lengua alguna. Compuso dramas y la novela *Amalia*, compuesta totalmente en Montevideo durante el destierro. En ella narra las aventuras amorosas y patrióticas de una bella viuda aristocrática, Amalia, con el joven Eduardo Belgrano, un revolucionario, en el ambiente político de la tiranía y las matanzas de "La Mazorca", la brutal institución policial creada por el tirano Rosas.

Jorge Isaacs (1837-1895) fue un escritor colombiano que llevó una difícil vida de revolucionario, empleado de gobierno, diputado, cónsul en el exterior, periodista y comerciante fracasado. Lentamente, y acosado por

EL TRÁNSITO AL SIGLO XX

estrecheces, [6] compuso su novela *María,* la más alta expresión de la novela amatoria romántica. Trata de los amores idílicos en el valle del Cauca (Colombia) entre Efraín y María, en medio de un ambiente provinciano y de suaves costumbres patriarcales. El joven es enviado a Europa por su padre a estudiar, pero cuando regresa en busca de su novia, se entera de que ella 5 ha muerto. *María* fue la novela más leída del siglo pasado. [7]

La figura más grande del romanticismo en su segunda etapa es Ricardo Palma (1833-1919), quien publicó diez volúmenes de *Tradiciones peruanas* a lo largo de veintiocho años, creando así un género literario sin antecedentes en la literatura iberoamericana. (La *tradición* es un relato corto y 10 ágil, de fondo histórico o legendario, escrito con humor e ironía, sobre el Perú de varias épocas, especialmente la colonial.) Palma vivió casi toda su vida en Lima, dedicado a la literatura, el periodismo y la política. Fue director de la Biblioteca Nacional de esa ciudad, cuya reconstrucción dirigió después de la Guerra del Pacífico. 15

LA LITERATURA GAUCHESCA

La literatura gauchesca es un género literario sin antecedentes en Iberoamérica, y exclusivo de los países del Plata, la Argentina y el Uruguay. Nació como una derivación de la poesía espontánea de los payadores gauchos, que eran cantores de la Pampa. Se acompañaban en sus cantos con la guitarra, y tenían a veces torneos [8] de improvisación poética o contrapuntos, 20 denominados "payadas". Fueron una especie de trovadores gauchos, cuyas piezas principales eran los *cielitos, vidalitas* y otras composiciones.

Por derivación de esa poesía gaucha, muchos poetas cultos iniciaron la poesía gauchesca, que imitaba el lenguage de los gauchos, sus sentimientos, ideas y sentido de la vida. Los protagonistas de los poemas gauchescos son 25 gauchos pampeanos. [9] El género alcanzó su culminación hacia 1875 y se continuó hasta nuestra época, en novelas, poesías y obras de teatro. [10]

---

[6] **acosado por estrecheces** harassed by poverty

[7] Other important postromantic writers include: Manuel Acuña (1849-1873), Mexico; Olegario Víctor Andrade (1839-1882), Argentina; Gregorio Gutiérrez González (1826-1872) and Rafael Pombo (1833-1912), Colombia; Antonio Pérez Bonalde (1846-1892), Venezuela; Gertrudis Gómez de Avellaneda (1814-1873), Cuba.

[8] **torneos** tourneys, contests

[9] **pampeanos** of the pampas

[10] Writers who have treated gaucho themes are: Hilario Ascasubi (1807-1875), *Santos Vega o los mellizos de La Flor;* Estanislao del Campo (1834-1880), *Fausto;* Rafael Obligado (1851-1920), *Santos Vega;* Ricardo Güiraldes (1886-1927), *Don Segundo Sombra.*

Arriba izquierda: Martín Fierro. ''4 de un tajo a la guitarra/ tuitas [todas] las cuerdas corté''. Tomado de una temprana edición ilustrada. *Abajo izquierda:* Un gaucho enlaza el ganado. *Arriba:* Rebaño de ganado en la Estancia Balance, cerca de Buenos Aires.

JOSÉ HERNÁNDEZ

EL GAUCHO MARTÍN FIERRO (fragmentos)

Aquí me pongo a cantar
al compás de la vigüela,
que el hombre que lo desvela
una pena extraordinaria,
como la ave solitaria
con el cantar se consuela.

*   *   *

Cantando me he de morir,
cantando me han de enterrar,
y cantando he de llegar
al pie del Eterno Padre:
dende el vientre de mi madre
vine a este mundo a cantar.

*   *   *

Tuve en mi pago en un tiempo
hijos, hacienda y mujer;
pero empecé a padecer,
me echaron a la frontera,
y ¡qué iba a hallar al volver!
Tan sólo hallé la tapera.

*   *   *

¡Y la pobre mi mujer,
Dios sabe cuánto sufrió!
Me dicen que se voló
con no sé qué gavilán,
sin duda a buscar el pan
que no podía darle yo.

(1872)

---

vigüela a guitar-like instrument
que...pena because the man whom a
  pain keeps awake
dende (desde) from
vientre womb

pago neighborhood
padecer to suffer
tapera ruins
voló ran off
gavilán hawk (figurative)

José Hernández (1834-1886) vivió en la provincia de Buenos Aires y en el interior del país, entre gauchos, donde aprendió a conocerlos y amarlos. No hizo estudios académicos, pero estaba dotado de [11] una aguda inteligencia y de una memoria portentosa. [12]

Escribió el poema *Martín Fierro* en dos partes (1872 y 1879), en defensa de los gauchos, cuya situación social era injusta en la época. El protagonista, el gaucho Martín Fierro, es víctima de la maldad de las autoridades políticas y policiales, y para ahorrarse [13] injusticias, se pasa a vivir con los indios. Cuando vuelve a su tierra, ha perdido todo, pero ha conocido la dura experiencia de todo gaucho, que es paria [14] en su propia tierra y víctima de "males que conocen todos, pero que naides [15] contó".

El poema tuvo tanto éxito, que se vendieron docenas de miles de ejemplares cuando salió a luz, en ediciones populares y baratas. El *Martín Fierro* está considerado como la obra maestra de la literatura argentina.

EL REALISMO

Algunos escritores románticos orientaron sus obras hacia temas costumbristas, y escribieron novelas y cuentos en los que los personajes ya no aparecían idealizados, y los argumentos se tomaban de la vida real. Así nació el realismo en las letras hispanoamericanas.

Esta escuela interesó por la vida contemporánea en las ciudades; la perdición de hombres y mujeres en el vicio; la especulación financiera en la bolsa; [16] las revoluciones; la corrupción política; la explotación de los trabajadores en las minas, los campos y las fábricas; la ridiculez de las costumbres pueblerinas, [17] y otras manifestaciones de la realidad inmediata.

Se destacó en esta escuela, el chileno Alberto Blest Gana (1830-1920), cuya obra *Martín Rivas,* que trata de la vida triste de un estudiante soñador en las miserias políticas y sociales de Santiago, se considera como la primera obra realista aparecida en Hispanoamérica. Otro superior escritor realista es el colombiano Tomás Carrasquilla (1858-1940), cuya novela *La marquesa de Yolombó* es una obra maestra del realismo costumbrista. Narra la vida de una mujer inteligente, creyente y audaz, que es designada marquesa por su obra progresista en el interior de Colombia, pero termina víc-

---

[11] **dotado de** endowed with
[12] **portentosa** extraordinary
[13] **ahorrarse** to spare himself
[14] **paria** outcast

[15] **naides** gaucho word for *nadie*
[16] **bolsa** stock exchange
[17] **pueblerinas** small town

tima de un aventurero que se casa con ella por interés, y luego la abandona.

Un excelente cuentista realista fue el chileno Baldomero Lillo (1867-1923), que en sus libros *Sub terra* y *Sub sole* describió la tremenda crueldad con que eran tratados los mineros de su país. Otros autores llevaron el
5 realismo hasta sus últimas posibilidades, y se incorporaron a la escuela naturalista de Zola, mucho más cruda que el realismo.[18]

EL MODERNISMO

Puede considerarse que la época modernista se inicia en 1888, fecha en que Rubén Darío publica en Chile su libro *Azul*. Sin embargo, este movimiento literario, de tan gran repercusión, se había venido formando[19] desde unos
10 años antes, con las obras de los llamados precursores.[20]

El más meritorio lugar entre estos precursores corresponde al cubano José Martí (1853-1895), patriota de la independencia, héroe y mártir nacional, y al mismo tiempo, uno de los más grandes escritores de Iberoamérica. Cultivó por igual el periodismo, el ensayo, la crítica y la poesía. Su
15 prosa es de una claridad, sencillez y elegancia magníficas. Desde muy joven comenzó a escribir versos, y su poética se caracteriza por la simplicidad y delicadeza, el tono nostálgico y sentimental y la sinceridad. Dedicó un volumen a su hijo, *Ismaelillo*. Otros dos se titulan *Versos libres* y *Versos sencillos*. Como un caso poco frecuente en las letras, publicó una revista
20 para niños, *La edad de oro*.

El modernismo es el primer movimiento literario que nace en América y se transmite a España. Es una escuela cosmopolita, que adopta temas y técnicas de distintos países. La literatura se convierte en un oficio[21] de la aristocracia intelectual, los denominados artistas de la "torre de marfil".
25 Se da más importancia al matiz[22] que a la expresión directa; se hacen

---

[18] Other writers of realism are: the Argentine Roberto J. Payró (1867-1928), who described the political ills of his country; the Uruguayan Javier de Viana (1868-1926), who described the rural scene; the Mexican *costumbristas* José López Portillo (1850-1923), José T. Cuéllar (1830-1894), and Ángel del Campo (1868-1908); the Argentine *costumbristas* Lucio V. Mansilla (1831-1913) and Lucio V. López (1848-1894). The naturalists include: Clorinda Mat-to de Turner (1854-1909) of Peru, Federico Gamboa (1864-1939) of Mexico, and Eugenio Cambaceres (1843-1888) of Argentina.

[19] **se había venido formando** had been in the process of formation

[20] Manuel Gutiérrez Nájera (Mexico, 1859-1895); Julián del Casal (Cuba, 1863-1893); José Asunción Silva (Colombia, 1865-1896).

[21] **oficio** type of employment, trade

[22] **matiz** nuance

versos de gran musicalidad antes que de contenido profundo; se traen a la literatura animales, paisajes, cosas raras y exóticas; se toma al esplín[23] como el estado de ánimo típico y favorito; se expresan en verso o en prosa los nuevos problemas del mundo iberoamericano; se crean vocablos[24] nuevos, se toman palabras de lenguas extranjeras, se rescatan[25] del olvido términos arcaicos y fuera de uso. La sorpresa y la originalidad interesaron mucho a los nuevos artistas.[26]

Rubén Darío

El gran maestro del modernismo, y al mismo tiempo el poeta más grande que ha dado Iberoamérica, es el nicaragüense Félix Rubén García (1867-1916), conocido por el nombre artístico de Rubén Darío.

Nació de familia humilde y leyó mucho desde niño. No tuvo una educación formal, aunque su precocidad extraordinaria le permitió formarse una sólida conciencia artística. Estuvo en varios países de América y de Europa, como corresponsal periodístico o diplomático. En Buenos Aires fue el inspirador de un gran número de artistas, y con Leopoldo Lugones y Ricardo Jaimes Freyre, encabezó la renovación[27] literaria. En España logró la amistad y la admiración de Valle Inclán, Unamuno, Baroja, los hermanos Machado y Castelar. Recibió honores y distinciones en vida, que lo compensaron de su existencia pobre y bohemia. Murió en su patria, víctima del alcoholismo.

Rubén Darío fue el poeta que más contribuyó a la renovación de las letras iberoamericanas, en temas y formas. Su arte delicado, aristocrático, aunque de vez en cuando sin gran profundidad de pensamiento, alcanzó su más alto grado en el citado[28] *Azul,* en *Prosas profanas* y en *Cantos de vida y esperanza.*

Su poesía se caracteriza por una sabia combinación de recursos téc-

---

[23] **esplín** melancholy
[24] **vocablos** words
[25] **rescatan** rescue
[26] Among the numerous modernist writers of Spanish America are: *poets* such as Leopoldo Lugones (Argentina, 1874-1938), Ricardo Jaimes Freyre (Bolivia, 1868-1933), Guillermo Valencia (Colombia, 1873-1943), José Santos Chocano (Peru, 1875-1934), Manuel González Prada, (Peru, 1844-1914), Julio Herrera y Reissig (Uruguay, 1875-1910); *essayists* such as Rufino Blanco Fombona (Venezuela, 1874-1944); *novelists* such as Carlos Reyles (Uruguay, 1868-1938) and Manuel Díaz Rodríguez (Venezuela, 1868-1927). The best of the modernist novels is *La gloria de don Ramiro* by Enrique Larreta (Argentina, 1875-1961).
[27] **renovación** renewal
[28] **citado** aforementioned

nicos, temas e inspiración de varias procedencias. De los simbolistas [29] franceses tomó la teoría del verso musical y rítmico, la preferencia por la sugestión y el matiz antes que por la expresión clara e intelectual de las ideas
5 y estados de ánimo, y, por último, el gusto por lo indeterminado e indefinido.

De los parnasianos [30] franceses recogió el ejemplo de la despersonalización [31] de las descripciones, y el interés por la estatuaria, la arquitectura, los

[29] **simbolistas** The symbolists, a group of late 19th-century French poets, including Paul Verlaine and Stéphane Mallarmé, who revolted against realism and attempted to convey emotion and ideas through the suggestive use of symbolic words, images, and objects.

[30] **parnasianos** The Parnassians, a group of late 19th-century French poets, among them Leconte de Lisle, who emphasized metrical form rather than the emotional content of poetry.

[31] **despersonalización** dehumanization

RUBÉN DARÍO

CANTOS DE VIDA Y ESPERANZA (fragmentos)

A J. Enrique Rodó

Yo soy aquel que ayer no más decía
el verso azul y la canción profana,
en cuya noche un ruiseñor había
que era alondra de luz por la ma-
ñana.

El dueño fui de mi jardín de
sueño,
lleno de rosas y de cisnes vagos;
el dueño de las tórtolas, el dueño
de góndolas y liras en los lagos;

y muy siglo diez y ocho, y muy
antiguo
y muy moderno; audaz, cosmopolita;
con Hugo fuerte y con Verlaine
ambiguo,
y una sed de ilusiones infinita.

* * *

Vida, luz y verdad, tal triple
llama
produce la interior llama infinita;
el Arte puro como Cristo exclama:
Ego sum lux et veritas et vita!

Y la vida es misterio; la luz
ciega
y la verdad inaccesible asombra;
la adusta perfección jamás se entrega,
y el secreto ideal duerme en la
sombra.

Por eso ser sincero es ser potente:
de desnuda que está, brilla la estrella;
el agua dice el alma de la fuente
en la voz de cristal que fluye
d'ella.

Tal fue mi intento, hacer del
alma pura
mía, una estrella, una fuente sonora,
con el horror de la literatura
y loco de crepúsculo y de aurora.

* * *

La virtud está en ser tranquilo
y fuerte;
con el fuego interior todo se abrasa;
se triunfa del rencor y de la muerte,
y hacia Belén..., ¡la caravana pasa!

(1905)

---

ayer no más only yesterday
verso azul reference to the type of
poetry in his first important work,
Azul
canción profana reference to the type
of poetry in his second important
work *Prosas profanas*
ruiseñor nightingale
alondra lark
cisnes swans
tórtolas turtledoves
Hugo Victor Hugo, French writer

Verlaine Paul Verlaine, French writer
ego...vita Latin: I am light and truth
and life
asombra amazes, frightens, also darkens
adusta scorching hot
de desnuda que está naked as it is
crepúsculo dusk
aurora dawn
todo se abrasa everything (i.e., obsta-
cles) burn up
Belén Bethlehem

cuadros y el mundo mitológico y arqueológico de los antiguos griegos y romanos.

Recurrió también el arte de los románticos, en particular de los franceses y Víctor Hugo, en busca de inspiración, y de ellos rescató [32] el sentido misterioso de la vida y de la muerte, el dolor y el afán metafísico de explicar la realidad.

El arte de Darío fue cosmopolita, y aunque en lo esencial es afrancesado el poeta, admiró igualmente a Grecia, España e Italia, así como a las culturas aborígenes de Iberoamérica. "Y usted no imita a ninguno; ni usted es romántico, ni naturalista, ni neurótico, ni decadente, ni simbólico, ni parnasiano. Usted lo ha revuelto todo...", le decía en una carta-prólogo el crítico español Juan Valera.

José Enrique Rodó

En prosa, el escritor modernista más famoso es el uruguayo José Enrique Rodó (1872-1917). Fue un hombre consagrado [33] a su vocación intelectual, y al margen de su cargo de profesor en la Universidad de Montevideo, participó en la vida política de su país. Murió en Italia, mientras efectuaba un viaje.

Rodó fue esencialmente un ensayista, y dentro de este género, es uno de los más brillantes que ha producido Iberoamérica. Fue un pensador, pero al mismo tiempo un artista, un estilista, amante de la forma escrita perfecta.

Su actitud general frente a la vida y a los temas fue intelectual, aguda y penetrante. Fue dueño de una vasta erudición, que ocultaba artísticamente detrás de su pensamiento, para no fatigar al lector y ofrecerle, en cambio, los razonamientos ya elaborados [34] y fundamentados.

Su estilo está lejos del apasionamiento y el personalismo de otros escritores de la época. Al contrario, su obra se señala por la serenidad y el equilibrio entre las posiciones o ideas encontradas, sin comprometer por eso la verdad. Es un razonador discursivo, sin apuros [35] ni prejuicios, que busca llegar por su propia lógica a lo verdadero. Por eso su posición ideológica es libre y ecléctica, separada de todo doctrinarismo excluyente.

Rodó supo como pocos [36] unir el pensamiento con las formas artísticas. Sus ideas han perdido actualidad en estos tiempos, pero su prosa se conserva todavía como modelo de claridad y elegancia. *Ariel,* su obra capital, apa-

---

[32] **rescató** rescued, brought back
[33] **consagrado** dedicated
[34] **elaborados** worked out

[35] **apuros** haste
[36] **como pocos** as do few

reció en 1900 y el libro fue adoptado como breviario por gran número de jóvenes iberoamericanos. Fue el código del arielismo.

Ariel y el arielismo

El libro adopta la forma de una clase que el profesor Próspero da a sus alumnos, al despedirse de ellos después de un año de actividad escolar. El nombre de Próspero le ha sido dado al venerado maestro en recuerdo del [5] sabio de la obra de Shakespeare, *La tempestad.* El maestro habla a sus jóvenes discípulos cerca de una estatua de Ariel, otro personaje de *La tempestad,* que domina la sala y representa al genio del bien, a la parte noble y espiritual del ser humano, en contraposición con Calibán, el símbolo de la materia y del mal. [10]

La obra puede dividirse en tres partes: primero, la exaltación de la personalidad del hombre contra la especialización que lo empequeñece,[37] y la defensa del ocio[38] noble que permite la realización de las obras del espíritu; segundo, la defensa de las minorías selectas y de la jerarquía intelectual contra las tendencias igualadoras[39] de la democracia moderna; y [15] tercero, una crítica contra una parte de los Estados Unidos, su tipo de civilización y escala de valores.

---

[37] **especialización que lo empequeñece** specialization which diminishes or belittles him (Rodó preferred a broad cultural base for men, rather than what he considered to be narrow specialization).

[38] **ocio** leisure

[39] **igualadoras** leveling, equalizing

En síntesis, el arielismo propuesto por Rodó consiste en una combinación armónica de los ideales griegos, cristianos, hispánicos y anglosajones, que permita el desarrollo integral de la personalidad humana, en una democracia justa y selectiva. Considera que a esto debe agregarse [40] lo más puro de la energía anglosajona. De esta manera, puede lograrse una armonía en la personalidad humana, un equilibrio entre las tendencias naturales del individuo y las normas educativas.

Al referirse a los Estados Unidos, estima que su cultura no es refinada ni espiritual; que ha hecho una ciencia de la utilidad; que no hay dimensión poética en el espíritu anglosajón; pero en cambio, aplaude su filosofía de la acción, el culto de la salud y la fuerza, y el bienestar material que ha logrado con el trabajo del pueblo, pues considera que el bienestar es necesario para el reino del espíritu.

También pregona [41] Rodó una sociedad organizada en forma más justa y noble, que supere los instintos y la ignorancia, y para ello sostiene que el ideal del gobierno es una democracia dirigida por una aristocracia de la inteligencia, que desarrolle el desinterés [42] personal y el idealismo, en contra del utilitarismo.

Rodó, en lo religioso, desecha [43] por igual el ascetismo cristiano y el puritano, por considerarlos estrechos, y pone su esperanza en la ciencia y en la democracia como semillas para los futuros estados iberoamericanos, reclamando [44] al mismo tiempo una intensa vida interior y una capacidad urgente de ejecución.

Se le ha reprochado a Rodó el haber planteado una teoría sin considerar la realidad social, política y cultural de Iberoamérica, y sin tener tampoco una palabra de recordación [45] para el indio —en otros términos, que su americanismo es simplemente cultural, unilateral, y que no aporta ideas propias sino que glosa los conceptos tradicionales del humanismo.

En sus aspectos políticos, el arielismo representa una reacción histórica contra el poderío de los Estados Unidos y su influencia más allá de las fronteras. El país del norte acababa de triunfar sobre España, y varios sucesos interamericanos hacían temer a los intelectuales de Iberoamérica la extensión, a otros países del sur, de la política manifestada después de esa guerra. Un gran número de escritores adhirió, entonces, al antiyanquismo, entre ellos el venezolano Rufino Blanco Fombona y el argentino Carlos Octavio Bunge, los dos más duros enemigos de la naciente potencia mundial.

---

[40] **agregarse** to be added
[41] **pregona** calls for
[42] **desinterés** lack of self-interest
[43] **desecha** rejects
[44] **reclamando** calling for
[45] **recordación** remembrance

CUESTIONARIO

1. ¿Cómo se produjo la independencia de Cuba?   2. ¿Qué motivos tuvo la guerra entre los Estados Unidos y Cuba?   3. ¿Cuál fue la época de más tirantez internacional entre los Estados Unidos y la América Latina? 4. ¿Qué es el sistema interamericano?   5. ¿Qué es la Organización de Estados Americanos?   6. ¿Qué movimientos literarios se dan simultáneamente alrededor de 1880?   7. ¿A qué se llama segundo romanticismo o posromanticismo?   8. ¿Cuál fue el autor romántico más importante de la época?   9. ¿Qué es la literatura gauchesca?   10. ¿De qué trata el poema gauchesco *Martín Fierro?*   11. ¿A qué se llama realismo en literatura?   12. ¿Quiénes fueron los principales escritores realistas?   13. ¿Qué es el modernismo y qué temas prefiere?   14. ¿Quién fue Rubén Darío?   15. ¿Qué elementos tomó del simbolismo, parnasianismo y romanticismo?   16. ¿Quién fue José Enrique Rodó?   17. ¿Cuál fue su actitud frente a la vida?   18. ¿Cuál fue su obra capital?   19. ¿Cuáles son las ideas principales que desarrolla en esta obra?   20. ¿En qué consiste el arielismo?

TEMAS ESPECIALES DE COMPOSICIÓN Y CONVERSACIÓN

1. El panamericanismo.
2. La literatura gauchesca.
3. La guerra de los Estados Unidos y España.
4. El modernismo y Rubén Darío.
5. El arielismo y Rodó.

Calavera revolucionaria, hecha en México por el artista José Guadalupe Posada (1851–1913).

DOCE
PRIMER MITAD DEL SIGLO XX

PANORAMA POLÍTICO

En el siglo XX se producen cambios muy importantes en los países de Iberoamérica. Las clases pobres comienzan una lucha activa por la reivindicación [1] de sus derechos; los dirigentes [2] políticos se muestran, en general, impotentes para resolver los urgentes problemas nacionales, y los nuevos dictadores implantan formas científicas de opresión, copiadas de los regímenes totalitarios de Europa. 5

Algunos gobernantes democráticos adoptan una diplomacia internacional dualista, con el objeto de calmar las presiones internas, superar [3] los compromisos de la guerra fría, u obtener apoyo financiero para las necesi-

---

[1] **reivindicación** recovery
[2] **dirigentes** leaders

[3] **superar** overcome

dades nacionales. Otros gobernantes, en cambio, se definen abiertamente por la extrema derecha o la extrema izquierda.

Varias revoluciones terminan con los dictadores, que se fugan al extranjero amparándose [4] en el derecho de asilo, pero el mal no se extirpa [5]
5   del todo. Normalmente, a la caída de cada dictador se produce un largo período de confusión y luchas internas, para restablecer las normas democráticas.

Los dos acontecimientos locales de mayor trascendencia son la Revolución Mexicana (1910) y la Guerra del Chaco (1933-1938) entre Bolivia
10 y Paraguay.

LA REVOLUCIÓN MEXICANA

El gobierno de Porfirio Díaz, progresista en algunos sentidos, se había mostrado indiferente a las necesidades de las clases pobres del país y había gobernado durante más de treinta años con espíritu autocrático y conservador.
15   Habiendo prometido en 1908 elecciones libres para el año siguiente, encarceló [6] al candidato de la oposición, Francisco I. Madero, un gran idealista y hacendado [7] rico del norte del país. Estalló entonces la revolución, en 1910, que forzó a Díaz a renunciar y abandonar el país. Madero entró en la ciudad de México y fue reconocido como presidente. [8]
20   Se produjo luego una larga y compleja lucha entre los jefes del movimiento: Victoriano Huerta, Pancho Villa, Emiliano Zapata, Álvaro Obregón, Venustiano Carranza y otros, por diferencias en cuanto a la política que no terminaron hasta 1920, año en que el nuevo régimen logró su estabilidad.
25   En medio de las luchas se promulgó en 1917 la nueva constitución del país, en la cual se introducen reformas notables. Declara de propiedad exclusiva de la nación las minas y yacimientos [9] de petróleo y combustibles. La nación tiene la propiedad de todas las tierras y las aguas del territorio nacional, pero transmite el dominio de ellas a los particulares para constituir
30 la propiedad privada. Incorpora los derechos del trabajador: el derecho de

---

[4] **amparándose** protecting themselves
[5] **se extirpa** stamped out
[6] **encarceló** jailed
[7] **hacendado** large landholder, rancher
[8] The revolution supported a single term

for the presidency, universal suffrage, and, above all, redistribution of the land.
[9] **yacimientos** mineral deposits

Soldaderas, por José Clemente Orozco

huelga, [10] y la participación de los obreros en las ganancias [11] de las empresas; establece el carácter socialista de la enseñanza oficial. Reconoce la propiedad privada, pero con limitaciones según el interés público. También, la constitución implanta el fraccionamiento de los latifundios [12] y el fomento de la pequeña propiedad. Es una constitución liberal, republicana y democrática, con algunos aspectos socialistas. [13]

5

[10] **huelga** strike
[11] **ganancias** profits
[12] **latifundios** large landholdings (often permitted to remain unproductive by absentee landlords)

[13] Subsequent governments continued the implementation of the revolution's ideals. During the presidency (1934-1940) of General Lázaro Cárdenas, for example, a six-year plan was put

Pancho Villa en el sillón presidencial, a su izquierda Emiliano Zapata con gran sombrero en mano, durante la ocupación de la ciudad de México el 6 de diciembre de 1914.

LA GUERRA DEL CHACO

Bolivia y Paraguay habían tenido desde tiempo atrás diferencias acerca de la línea limítrofe [14] a través del Chaco, una inhospitalaria y selvática [15] región casi inexplorada, pero con reservas de petróleo.

Los gobiernos de ambos países, por defensa y para sentar antecedentes

into operation in order to accelerate socialization and to improve the standard of living. The number of schools was increased, public works were constructed, a large quantity of land was redistributed, the oil industry was nationalized, and the Confederation of Mexican Workers was sponsored by the government.

[14] **línea limítrofe** boundary line
[15] **selvática** wild

en sus derechos,[16] fueron construyendo fortines y avanzadas[17] en la región. Se produjeron entonces algunos choques entre fuerzas contrarias (1932), que hicieron estallar la guerra en 1933.

Fue una lucha terrible y prolongada, en medio de las inclemencias naturales de la región, en que los soldados de ambos países murieron con heroísmo, hasta agotar[18] prácticamente las posibilidades económicas, financieras y humanas. Cuando en 1935 el Paraguay había ocupado gran parte de la zona disputada, la intervención amistosa de otras naciones amigas del continente consiguió detener la lucha. El tratado de paz se firmó en 1938, en Buenos Aires.

LAS DOS GUERRAS MUNDIALES

En la Primera Guerra Mundial (1914-1918) y en la Segunda Guerra Mundial (1939-1945), los países iberoamericanos se colocaron al lado de las democracias, bajo variadas formas de colaboración: algunos se unieron a los aliados en la lucha; otros rompieron relaciones con los enemigos de la democracia, y unos pocos fueron neutrales, aunque esta neutralidad no fue nunca hostil a los países democráticos. En la primera guerra, fueron neutrales Argentina, Chile, Paraguay, Colombia, Venezuela, El Salvador y México; y en la segunda, hacia fines del conflicto, todos los países iberoamericanos habían declarado la guerra a las potencias del Eje.

La situación económica y financiera se agrava después de la segunda guerra, por la baja de los precios de las materias primas,[19] el aumento de la población, las reclamaciones[20] populares, la baja productividad, las restricciones del comercio internacional, la falta de capitales e inversiones[21] suficientes, y los conflictos internos. El país que demuestra más estabilidad es México.

Todos los países iberoamericanos forman parte de las Naciones Unidas.

EL MOVIMIENTO INDIGENISTA PERUANO

Manuel González Prada (1844-1918) había iniciado este movimiento, que tuvo luego varios continuadores. José Carlos Mariátegui (1895-1930), un

---

[16] **para sentar... derechos** in order to establish precedents for their rights
[17] **avanzadas** outposts
[18] **agotar** exhausting

[19] **materias primas** raw materials
[20] **reclamaciones** demands
[21] **inversiones** investments

joven peruano de clase humilde y educado en el marxismo, formó con varios amigos, a su regreso de un viaje de estudios por Europa, el grupo "Amauta", hacia 1925. Este grupo editó una revista con el mismo nombre y realizó una activa prédica [22] ideológica, consistente en la aplicación de los principios marxistas a la situación peruana.

Mariátegui atacó el colonialismo hispánico, la mentalidad feudalista en la organización social, los latifundios, la escuela literaria intelectualista sin contenido nacional, la literatura españolizante. Sostuvo que la única solución del problema peruano era la reforma agraria a fondo, y el cambio de las estructuras políticas y sociales, para sacar al indio de su condición de sumisión y miseria.

Otro peruano, Víctor Raúl Haya de la Torre (1895-   ), funda en 1924 la Alianza Popular Revolucionaria Americana (APRA), [23] que sostiene la necesidad de rescatar [24] al indio de su situación actual, reforzar la democracia, implantar un sistema de seguridad social, dividir los latifundios, lograr una mejor participación del país en las ganancias de las minas y de las industrias petroleras y agrícolas, y unificar económica y políticamente a Iberoamérica.

Haya de la Torre sufrió cárcel, persecuciones y exilio por sus ideas, y es uno de los principales defensores del nombre de *Indoamérica* para este continente.

EL PERONISMO

El movimiento (1934-1955) organizado en la Argentina por Juan D. Perón se llamó peronismo o *justicialismo*. [25] El principal apoyo político lo concentró en su esposa, María Eva Duarte, que centralizó las obras de beneficencia, y en la Confederación General del Trabajo, que agremiaba [26] obligatoriamente a los obreros y empleados del país. Los partidarios [27] del régimen se denominaron también *descamisados*. [28]

Perón contó en su primera presidencia (1946-1952) con una gran parte

---

[22] **prédica** harangue, sermon
[23] The Alliance is frequently referred to as *APRA*, and the beliefs it supports are called *aprismo*.
[24] **rescatar** rescue, redeem
[25] **justicialismo** This was the term used by Perón and his followers to describe

their political, social, and economic theory.
[26] **agremiaba** unionized
[27] **partidarios** supporters
[28] **descamisados** "have-nots" (literally, "without shirts")

del pueblo en su favor, y efectuó un profundo cambio social y económico, basado en la protección de los trabajadores y las clases pobres, la industrialización y la nacionalización de la economía.

Su gobierno cayó luego en el desorden administrativo, la persecución de los partidos democráticos y las minorías intelectuales, y el ataque a la Iglesia Católica. En los últimos tiempos se desprestigió [29] por varios motivos, entre ellos el contrato con la California Oil Company para la explotación del petróleo en el sur del país, y el incendio de templos católicos. Después de repetidos intentos frustrados, las fuerzas armadas y el pueblo democrático se unieron en la Revolución Libertadora, que expulsó al dictador del poder en 1955.

En teoría, el peronismo sostenía la "tercera posición" internacional entre los Estados Unidos y Rusia: la libre determinación de los pueblos, la humanización del capital, [30] la educación humanística y cristiana, la igualdad social, el pequeño capital privado y familiar, y la protección de los trabajadores. Hacia el final de su gobierno, Perón anunció su decisión de organizar un estado sindicalista [31] con milicias populares. [32] Su lema [33] fue: "Una nación socialmente justa, económicamente libre y políticamente soberana".

Por el fracaso de los gobiernos posteriores en el mantenimiento del nivel de vida de las clases populares, el movimiento peronista ha resurgido en los últimos años. (Vea la discusión de "El renacimiento del peronismo" en Capítulo 11.)

EL MOVIMIENTO NACIONALISTA REVOLUCIONARIO DE BOLIVIA

En 1952 se estableció en Bolivia el Movimiento Nacionalista Revolucionario (MNR), surgido de una revolución al principio y confirmado después en elecciones públicas. En dicho país, la historia y la política han sido determinadas en gran parte por las minas de oro y plata, en los siglos anteriores, y de estaño [34] en el actual, así como por la existencia de un sesenta por ciento de población indígena, que ha vivido en condiciones de notoria inferioridad.

---

[29] **se desprestigió** lost favor, prestige
[30] **humanización del capital** The practice of using capital for the benefit of the people rather than exclusively for the capitalist.
[31] **estado sindicalista** syndicalist state (a state of organized or unionized workers operating under the aegis of the government)
[32] **milicias populares** militias made up of the rank and file, the working class
[33] **lema** slogan
[34] **estaño** tin

Mineros en la mina de estaño de Milluni, a 15.000 pies de altura en los andes bolivianos.

Después de la Guerra del Chaco, hacia 1940 aproximadamente, comienza a organizarse un movimiento político y social, que asume el poder después de una revolución, dirigido por Víctor Paz Estenssoro.

Una vez en el gobierno, el Movimiento Nacionalista Revolucionario
5 nacionaliza las minas que estaban en poder de tres grandes compañías —llamadas "la rosca" [35] en el lenguaje popular—, redistribuye las tierras mediante un plan de reforma agraria, y otorga [36] derechos cívicos a los indios. Se efectúan también otras reformas en materia social.

La Revolución Boliviana está considerada como el segundo intento [37]
10 serio efectuado en Iberoamérica, después de la Revolución Mexicana, para modificar la estructura social y económica.

Este movimiento fue suplantado en 1964 por una rebelión militar que llevó a la presidencia al general René Barrientos y luego al general Alfredo Ovando Candia y otros.

---

[35] **la rosca** Popular term used in Bolivia to describe the system, similar to interlocking trusts, which controls the country's tin industry. Literally, the word means "coil."
[36] **otorga** grants
[37] **intento** attempt

LA REFORMA UNIVERSITARIA

En 1918 se inició en la Universidad de Córdoba (Argentina) el movimiento conocido por el nombre de Reforma Universitaria, que se propagó en seguida por varios países iberoamericanos. Uno de los teóricos del movimiento fue el doctor Gabriel del Mazo (1898-1969).

El hecho se manifestó al principio en una serie de disturbios estudian- 5
tiles. La Reforma Universitaria buscaba eliminar a los malos profesores, democratizar la universidad para permitir el estudio a jóvenes pobres, y evitar el estancamiento [38] académico. Para ello, sostenía la necesidad de que los estudiantes participaran en el gobierno de la universidad, en la designa-

---

[38] **estancamiento**   stagnation

Murales pintados por Diego Rivera que exaltan el trabajo, la revolución y la educación. Secretaría de Educación Pública, México.

ción de profesores y autoridades y en los asuntos pedagógicos, y reclamaba la enseñanza gratuita. [39]

La Reforma, implantada en 1955 y luego suprimida en la Argentina, sostiene que la universidad debe tener una triple función: cultural, o sea humanización de los estudios; profesional, o formación de profesionales; y científica, o investigación. Además, debe ser un instrumento del país y su pueblo, y no una institución separada de la realidad nacional. Tiene que defender el patrimonio cultural, ayudar al país a resolver sus problemas, levantar el nivel de vida de la comunidad, realizar tareas de "extensión universitaria", y convertirse en una verdadera comunidad de profesores y alumnos.

EL CRIOLLISMO

Mientras que los varios movimientos políticos se efectuaban, surgieron, florecieron y, a veces, desaparecieron varios desarrollos literarios. Uno de ellos fue la corriente literaria llamada *el criollismo*. Los escritores criollistas, novelistas y cuentistas, ponen su interés en el paisaje local —selvas, montañas, llanos, pampa— y en los individuos que viven allí. Son realistas, porque describen la realidad tal como es, aunque a veces exageran los asuntos trágicos. Algunos autores toman a los indios como protagonistas de sus obras, pero otros prefieren a los mestizos o a los blancos que se internan en la naturaleza.

Emplean técnicas narrativas modernas; hacen hablar a sus personajes un lenguaje regional, y describen con especial acierto la psicología de esos seres humanos. A veces, los escritores incluyen en la novela o el cuento un contenido ideológico de protesta social. El erudito Arturo Torres-Rioseco la denomina "novela de la tierra".

El criollismo comenzó propiamente hacia el último cuarto del siglo pasado, y hubo varios escritores modernistas que fueron al mismo tiempo criollistas. Pero las obras maestras del criollismo aparecen en este siglo, y más propiamente, después de 1920. Los mejores autores criollistas son José Eustasio Rivera (1889-1928), Benito Lynch (1880-1951), Ricardo Güiraldes (1886-1927), Horacio Quiroga (1878-1937), y Rómulo Gallegos (1884-1965). [40]

---

[39] **enseñanza gratuita** tuition-free instruction

[40] Other *criollista* writers include: Roberto J. Payró (1867-1928), Argenti-

José Eustasio Rivera, colombiano, ejerció su profesión de abogado y ocupó algunos cargos importantes en su país y en el extranjero. Falleció en Nueva York y sus restos fueron repatriados. Impresionado por la vida en la selva de Colombia, que conoció personalmente en sus viajes, escribió *La vorágine*.[41] Arturo Cova, el protagonista, se interna con su amante Alicia en la selva, y allí, en un mundo de caucheros[42] violentos e indios salvajes, terminan devorados por el infierno verde. Esta novela está considerada como una de las tres o cuatro mayores obras en prosa de la literatura iberoamericana. Es una novela de horror, tragedia y aliento[43] épico.

Benito Lynch, argentino, es el novelista de la vida campesina bonaerense.[44] En su mejor obra, *El inglés de los güesos,*[45] presenta la historia de Mister Jones, un arqueólogo inglés, alto, raro y sensible,[46] que se enamora de la Negra, una muchacha campesina de la llanura pampeana. Al cabo de muchas vacilaciones, prevalecen en él los escrúpulos sociales y profesionales. Regresa a Inglaterra, mientras la ingenua niña se suicida de pena.

Ricardo Güiraldes ha escrito la mejor novela de tema gauchesco en la Argentina, *Don Segundo Sombra*. Fue hijo de una familia aristocrática, estudió en Buenos Aires y vivió muchos años en París, donde falleció. En la citada novela, narra la vida de un niño campesino a quien Don Segundo Sombra, gaucho sentencioso[47] y sensible, adopta como ahijado[48] y lo instruye en los secretos del campo y la vida.

Horacio Quiroga

Nacido en Uruguay y fallecido en Buenos Aires, Horacio Quiroga está considerado por muchos como el mejor cuentista de toda la literatura iberoamericana. Pasó gran parte de su vida en las selvas de Misiones (Argen-

---

nian; José Díez Canseco (1904-1949), José María Argudeas (1911-   ), and Fernando Romero (1905-   ), Peruvians; Javier de Viana (1868-1926), Horacio Quiroga (1878-1937), Fernán Silva Valdés (1887-   ), and Enrique Amorim (1900-   ), Uruguayans; Manuel Díaz Rodríguez (1868-1927) and Rufino Blanco Fombona (1874-1944), Venezuelans; Alcides Arguedas (1879-1946), Bolivian; Efe Gómez (1873-1938) and Hernando Téllez (1908-   ), Colombians; Mariano Latorre (1886-1955), Eduardo Barrios (1884-1963) and

Luis Durand (1895-1954), Chileans; Juan Bosch (1909-   ), Dominican; Salvador Salazar Arrué (1899-   ), of El Salvador; Lino Novás Calvo (1903-   ), Hispano-Cuban.

[41] **vorágine** vortex, whirlpool
[42] **caucheros** rubber workers
[43] **aliento** spirit
[44] **bonaerense** pertaining to the province of Buenos Aires
[45] **güesos (huesos)** bones
[46] **sensible** sensitive
[47] **sentencioso** magisterial
[48] **ahijado** godchild

tina) y sus relatos se refieren a ese mundo natural, salvaje y poblado de animales. Están escritos con una técnica variada y hábil, en que se mezclan el misterio y la muerte, al modo de Poe y Kipling, sus maestros principales.

Se inició dentro del movimiento modernista, pero abandonó más tarde esta tendencia estética para situarse dentro del criollismo. En sus cuentos la naturaleza ataca con ferocidad al hombre, a través del calor, la falta de agua, las lluvias torrenciales, las inundaciones, los reptiles y los animales salvajes. Los personajes son peones de campo, extranjeros desterrados, aventureros industriales, comerciantes, niños y adultos, cuya mentalidad es por lo general primitiva o viciosa: neuróticos, alcohólicos, deficientes mentales, delincuentes, pasionales, [49] alucinados, [50] fracasados [51] o miedosos. [52]

El mundo que presenta en sus obras es dramático y trágico. La más conocida de ellas es *Cuentos de amor, de locura y de muerte.*

Rómulo Gallegos

Este novelista venezolano es una de las mayores figuras de la literatura contemporánea. Fue profesor, director de colegio, ministro de educación, senador y presidente de su país (1947-1948), de cuyo cargo fue depuesto por un golpe militar. Su vida y vocación es esencialmente la de un escritor.

Su obra maestra es *Doña Bárbara*, novela típica de los llanos venezolanos. Doña Bárbara, la protagonista, es una mujer de carácter fuerte, contrabandista, que ha sido brutalmente tratada en su juventud. Se venga de la vida y de los hombres mediante la violencia, el robo y los negocios ilícitos, hasta convertirse en un temido cacique de la región. Pero llega un día al lugar Santos Luzardo, educado en la ciudad, a rescatar sus propiedades usurpadas por Doña Bárbara. La salvaje mujer se enamora de él y se doblega [53] ante el carácter justiciero y varonil de su rival.

La novela es en cierto sentido simbólica, y presenta la eterna lucha entre el bien y el mal, entre la vida natural y la vida civilizada. Muchas otras obras escribió Gallegos, entre ellas *Canaima, Cantaclaro* y *La trepadora.*

LA NOVELA DE LA REVOLUCIÓN MEXICANA

La Revolución Mexicana dio origen a un fecundo movimiento en literatura y pintura. Se había iniciado en tiempos de las luchas, con los *corridos* o

---

[49] **pasionales** passionate, ruled by emotion
[50] **alucinados** deluded
[51] **fracasados** failures
[52] **miedosos** filled with fear
[53] **se doblega** bows

Rómulo Gallegos

canciones populares sobre la guerra, los discursos, proclamas, panfletos y artículos periodísticos.

A partir de 1925 comienza a florecer [54] propiamente la llamada "literatura de la Revolución", que alcanza su máxima expresión en la novela y el cuento. Los autores eran oficiales del ejército, soldados, periodistas, políticos 5 o simples ciudadanos, que sentían la necesidad de expresar sus experiencias e ideas. No se preocuparon de las formalidades estilísticas, ni vacilaron en usar el lenguaje popular y coloquial. Los temas preferidos fueron, lógicamente, los de la revolución: la guerra, el hambre, las enfermedades, los fusilamientos, los caudillos, la corrupción política, la lucha por la posesión 10 de la tierra, y la muerte.

Entre los escritores, sobresale Martín Luis Guzmán (1887-), periodista, abogado revolucionario y político. Su obra es amplia y comprende crítica, historia y ficción. La mejor de sus obras, *El águila y la serpiente,* es una especie de autobiografía sobre los aspectos y personajes de la guerra 15 que conoció Guzmán.

José Rubén Romero (1890-1952) es otro de los grandes maestros de la prosa revolucionaria, aunque su obra maestra, *La vida inútil de Pito Pérez,* es una novela satírica, al estilo de la picaresca española. El protagonista es un pobre diablo, bebedor, mentiroso y ladrón, que termina mal sus 20 días.

---

[54] Mariano Azuela had published his *Los de abajo* as early as 1915, but it was not until some ten years later that it became widely known in Mexico.

Mariano Azuela

El más famoso de todos los escritores del movimiento es Mariano Azuela (1873-1952), un médico provinciano que actuó como cirujano [55] en las tropas de Pancho Villa, y vivió muchos años en El Paso, Texas, en los Estados Unidos, donde publicó en un periódico su obra principal, *Los de abajo,* [56] considerada por la crítica como la mejor novela de toda la Revolución Mexicana.

La novela narra la guerra revolucionaria a través de la vida de Demetrio Macías, que impulsado por las circunstancias, se convierte en soldado y termina en general. El proceso espiritual de los hombres y las masas, en el torbellino [57] de los acontecimientos que nadie puede dominar, es desarrollado en todos sus matices: ambición, heroísmo, desilusión, gloria. [58]

LA POESÍA POSMODERNISTA

Después del modernismo, florecieron varios movimientos poéticos. Los *estridentistas,* en México, son poetas de vanguardia, [59] que alrededor de [60] 1922 hacen la apología [61] de las máquinas, los rascacielos, [62] el aeroplano y todo el complejo de la civilización mecánica contemporánea.

En la Argentina, los *ultraístas,* con Jorge Luis Borges a la cabeza, cultivan en la misma época una poesía a base de metáforas novedosas, [63] ideas nuevas y un vocabulario desusado. [64]

Los *creacionistas,* encabezados por Vicente Huidobro en Chile, son

---

[55] **cirujano** surgeon, doctor
[56] **Los de abajo** "The Underdogs"
[57] **torbellino** whirlwind
[58] Other authors who wrote about the Mexican Revolution were: Gregorio López y Fuentes (1895-) Rafael Muñoz (1899-), and Mauricio Magdaleno (1906-).
[59] Vanguard poetry developed during World War I. It sought to break completely with traditional poetry, to posit a new reality based largely in the subconscious. The poets suppressed the anecdotal element and supplanted it with seemingly unrelated images of an esoteric nature. After the excesses of the movement subsided, it left a legacy of enriched imagery in Hispanic

poetry. Ideologically the poets tended to have Marxist ideas, and poems praising objects such as tractors or machinery had their vogue. Vanguard poetry was brought to the New World, principally from France, by the poets mentioned above and was known in the various countries by the names given. While each -*ism* had its own area of emphasis, they were all essentially part of the same movement.
[60] **alrededor de** around, about
[61] **hacen la apología** come to the defense of
[62] **rascacielos** skyscrapers
[63] **novedosas** novel
[64] **desusado** archaic

aproximadamente equivalentes a los anteriores en que querían cambiar el mundo poético, creando, es decir, inventando hechos inexistentes en la realidad mediante la combinación imaginativa.

Paralelamente a estos innovadores, subsisten los poetas que continúan con el modernismo atenuado, los indigenistas, los poetas proletarios del socialismo y los clasicistas. [65]

Gabriela Mistral

El verdadero nombre de Gabriela Mistral (1889-1957) fue Lucila Godoy Alcayaga. Nació en un pueblo del interior de Chile y falleció en Hempstead, Nueva York. Fue maestra de escuelas primarias y secundarias en su país, y pronto adquirió nombradía [66] por sus versos. El gobierno le encomendó varias misiones consulares en el exterior, incluso en la Liga de las Naciones y en las Naciones Unidas. Así viajó por Europa y América. Con los años se convirtió en una figura respetada en todos los países de habla hispánica, y sus conferencias tuvieron amplia repercusión por el hondo sentido que tenían. Desilusionada por el suicidio de su novio, permaneció soltera [67] toda su vida. Su primer libro, *Desolación*, fue publicado en 1922 por el Instituto Hispánico de Nueva York. En 1945 recibió el Premio Nobel de Literatura. *Desolación* y *Tala* son sus dos mejores libros.

Su poesía se caracteriza por la intensidad y precisión del lenguaje, hecho con un vocabulario directo, arcaísmos estudiados, y frases y términos del campo. Expresa sentimientos de angustia y temor ante el espectáculo de la vida y de la muerte. Contempla a la humanidad débil y pecaminosa, [68] y pide a Dios protección y ayuda para todos. Hay en su poesía reminiscencias bíblicas y de la mística española. Pero le preocupan también el amor, la esterilidad en la mujer, la maternidad y la moral. Siente un afecto especial por la naturaleza y la belleza. Recoge también algunos asuntos de la historia, de la leyenda y de la mitología. Fue una ardiente lectora y una profunda americanista. [69]

---

[65] Other classifications are, of course, possible. For example, Enrique Anderson Imbert and Eugenio Florit in *Literatura Hispanoamericana: Antología e Introducción*, 2 vols. (New York: Holt, Rinehart and Winston, Inc., 1970), have classified them as *normales, anormales,* and *escandalosos.*

[66] **nombradía** fame

[67] **soltera** unmarried

[68] **pecaminosa** sinful

[69] Other Spanish American lyric poets include: Ramón López Velarde (1888-1921) and Octavio Paz (1914-), Mexicans; Baldomero Fernández Moreno (1886-1950) and Enrique Banchs (1888-), Argentinians; Porfirio Barba Jacob (1880-1942), Colombian;

GABRIELA MISTRAL

PIECECITOS

Piececitos de niño,
azulosos de frío,
¡cómo os ven y no os cubren,
    Dios mío!

  ¡Piececitos heridos
por los guijarros todos,
ultrajados de nieves
    y lodos!

  El hombre ciego ignora
que por donde pasáis,
una flor de luz viva
    dejáis;

  que allí donde ponéis
la plantita sangrante,
el nardo nace más
    fragante.

  Sed, puesto que marcháis
por los caminos rectos,
heroicos como sois
    perfectos.

  Piececitos de niño,
dos joyitas sufrientes,
¡cómo pasan sin veros
    las gentes!

          (1922)

---

piececitos tiny feet
azulosos bluish
guijarros large pebbles
ultrajados outraged, maltreated
lodos mud

plantita tiny sole
sangrante bloody
nardo spikenard (a plant)
Sed Be

Gabriela Mistral

César Vallejo

Está considerado como el más importante poeta peruano de este siglo. Nacido en 1892 y criado en plena cordillera, llevó una vida llena de dificultades, que culminaron con su muerte en 1938 en París. Estudió en las universidades de Trujillo y de San Marcos de Lima, fue profesor de enseñanza secundaria, estuvo preso [70] por participar en un movimiento subversivo en   5
su país, vivió exiliado en la capital francesa y realizó dos viajes por Rusia. Se convirtió al marxismo y fue instructor comunista en tiempos de la guerra civil española.

Vallejo se inició en la poesía sin ninguna clase de éxito ni reconocimiento de la crítica. Sus primeras obras reflejan la influencia modernista de   10
Darío y Lugones, pero el verdadero poeta se revela en los *Poemas humanos* y en la obra póstuma, *España, aparta de mí ese cáliz.* [71] En ambos volúmenes termina con la vieja poesía tradicionalista, rompe con la autoridad académica y ortográfica, crea nuevos vocablos [72] y recursos estilísticos, renueva las metáforas, y escribe como si estuviera poseído de una extraña exaltación y   15
neurosis, de "una pesadilla [73] poética".

Juana de Ibarbourou (1895-) and Delmira Agustini (1886-1914), Uruguayans; Nicolás Guillén (1902-), Cuban; Ricardo Miró (1883-1940), Panamanian; Jorge Carrera Andrade (1902-   ), Ecuadorian; Luis Palés Matos (1898-1959), Puerto Rican.

[70] **preso** imprisoned
[71] **cáliz** challice, cup
[72] **vocablos** words
[73] **pesadilla** nightmare

Los motivos más reiterados de sus poemas son el hambre, la pobreza, la prisión, la muerte, el dolor, la injusticia social y, en el libro póstumo, la ideología comunista.

EL ENSAYO

5 La serie de ensayistas del siglo pasado se continúa en la presente centuria, pero ahora el ensayo abandona un poco los temas políticos y sociales, y se enriquece con nuevos asuntos: la crítica literaria, la historia cultural, el análisis de los países, la filosofía pura, la estética y la historia de las ideas. [74]

Alfonso Reyes

El mexicano Alfonso Reyes (1889-1959) está considerado el humanista más completo de Iberoamérica en el siglo xx. Es el sucesor directo de Andrés
10 Bello, por su amplia erudición, su consagración a los asuntos humanísticos y su preferencia por la literatura. Estudió filología en el Centro de Estudios Históricos de Madrid, bajo la dirección del erudito Ramón Menéndez Pidal, el destacado [75] filólogo y hombre de letras. Fue director de El Colegio de México, y fue propuesto en 1956 para el Premio Nobel. Ocupó varios car-
15 gos diplomáticos y fue doctor *honoris causa* de varias universidades, entre ellas Tulane, Harvard y Princeton.

Su obra es vastísima y comprende erudición, crítica, ensayos, poesía, cuentos, historia y estética. Es una mezcla de clásico y moderno, y su estilo es muy refinado y preciso.

José Vasconcelos

20 Otra de las figuras prominentes de la prosa de este período es el ensayista mexicano José Vasconcelos (1882-1959). Fue uno de los escritores más leídos en su época y se le consideró como un maestro de la juventud. Intervino en la política, llegó a ser ministro de educación de su país y posteriormente candidato a presidente, aunque salió derrotado [76] de las elecciones.
25 Dio un gran desarrollo a la enseñanza, estimuló el movimiento pictó-

---

[74] Some of the important contemporary essayists are: Arturo Torres-Rioseco, Mariano Picón-Salas, Luis Alberto Sánchez, Leopoldo Zea, Alberto Zum

Felde, José Ingenieros, and Enrique Anderson Imbert.
[75] **destacado** outstanding
[76] **derrotado** defeated

rico de los grandes muralistas de su país y convirtió a México en el centro cultural de Iberoamérica en su época. Su pensamiento básico puede resumirse en el respeto a la raíz hispánica: la rectificación de prácticas y prejuicios dañosos [77] en la vida iberoamericana; un cristianismo íntimo, de amor y gracia, con poca teología; una filosofía no lógica sino inspirada en las verdades inefables. Pero la parte más espectacular de su pensamiento consiste en su teoría de una quinta raza humana, de tradición hispánica e indígena lograda por el mestizaje.

En el continente americano se habrán de fundir [78] —según Vasconcelos—, étnica y espiritualmente, las gentes de otras cuatro razas (amarilla, roja, blanca y negra), sin predominio ni supremacía de ninguna de ellas, para lo cual es necesario que los iberoamericanos se compenetren de [79] su misión y la acepten como una mística.

Esta raza tendrá su sede [80] en una tierra de promisión, [81] en las zonas cálidas y tropicales, que comprenden hoy al Brasil, Venezuela, Colombia, Ecuador, parte de Perú y de Bolivia, y norte de la Argentina. No excluirá a ninguna otra raza, pero deberá comprobar con sus obras que es la más apta de consumar [82] empresas extraordinarias, por estar formada por la fusión de varias razas. Su tipo físico y espiritual será superior a todos los que han existido.

Para cumplir el destino que tiene asignado, esta nueva raza deberá inspirar todas sus obras en el amor y en la belleza, porque si falla [83] en ello, se verá suplantada por las otras. La obra principal del ensayista mexicano se titula *La raza cósmica*.

EL NACIONALISMO

El sentimiento y las ideas nacionalistas son fuertes en Iberoamérica y se manifiestan bajo formas distintas, según la ocasión. A veces surge espontáneamente el nacionalismo por algún hecho histórico, por ejemplo, cuando la nación se siente amenazada [84] por peligros externos. En otras ocasiones, es un estímulo provocado con intención [85] por los partidarios [86] de ciertas

---

[77] **dañosos** dangerous
[78] **se habrán de fundir** there will be fused
[79] **se compenetren de** understand thoroughly
[80] **sede** headquarters

[81] **promisión** promise
[82] **consumar** to complete
[83] **falla** fails
[84] **amenazada** threatened
[85] **con intención** deliberately
[86] **partidarios** adherents

causas o creencias. Puede ser un pretexto de agitadores sociales o dictadores políticos. En unos casos procura lograr formas artísticas o literarias originales, y en otros es un medio para promover el desarrollo de un país u oponerse al predominio económico de Europa o los Estados Unidos.

Cuando aparecieron las nuevas naciones el siglo pasado, fue el antihispanismo de los románticos (Echeverría, Sarmiento) en defensa de la independencia espiritual y artística que dio ímpetu al nacionalismo. Hacia fines de siglo, fue el antiyanquismo de los modernistas (Rodó, Rubén Darío, Blanco Fombona) para oponerse al papel de policía internacional asignado a los Estados Unidos por el presidente Theodore Roosevelt que consiguió el mismo fin. En la Primera Guerra Mundial fue el neutralismo y la anglofobia, en la Segunda, el germanismo, el antisemitismo y también el neutralismo que una vez más avivó [87] el nacionalismo.

En la actualidad, las manifestaciones más visibles del nacionalismo son el antiimperialismo, el anticolonialismo, el anticapitalismo, el socialismo, el antiintervencionismo y el estatismo económico. El antiimperialismo acusa a los Estados Unidos de intromisión [88] política en Iberoamérica; el anticolonialismo reclama ante las Naciones Unidas la reincorporación a países latinoamericanos de las colonias subsistentes en el continente (Islas Malvinas o Falkland, Belice, etc.); el anticapitalismo ataca al capital internacional; el socialismo proclama la necesidad de entregar al estado las áreas más importantes de la economía para contrarrestar [89] la influencia europea y norteamericana, lo mismo que el estatismo; y el antiintervencionismo sostiene su fuerte oposición a la injerencia [90] externa en asuntos internos de cualquier país iberoamericano.

Muchos partidos democráticos y grupos militares de Iberoamérica sostienen también un tipo de nacionalismo moderado, no antinorteamericano, pero sí independiente, como única manera de eludir [91] política y económicamente la influencia de los Estados Unidos, la U.R.S.S. y China en esta parte del continente.

Estas manifestaciones cambian de país a país, según el caso y el interés nacional, o la ideología del partido gobernante. No puede afirmarse que un determinado país sea naturalmente nacionalista en sí, aunque todos lo son históricamente en mayor o menor grado, como todas las naciones del mundo.

---

[87] **avivó** heightened, aroused
[88] **intromisión** intervention, meddling
[89] **contrarrestar** to check
[90] **injerencia** interference, meddling
[91] **eludir** to avoid

CUESTIONARIO

1. ¿Cuáles son los dos acontecimientos iberoamericanos de mayor importancia en la primera mitad del siglo xx?   2. ¿Por qué estalló la Revolución Mexicana?   3. ¿Qué disposiciones importantes incorporó la nueva constitución de México con respecto a la anterior de 1857?   4. ¿Cómo sucedió la Guerra del Chaco?   5. ¿Qué actuación tuvieron los países iberoamericanos en las dos guerras mundiales?   6. ¿Qué es el aprismo?   7. ¿Qué teoría formuló el peronismo en la Argentina?   8. ¿Por qué ha resurgido últimamente el peronismo?   9. ¿Qué es el Movimiento Nacionalista Revolucionario de Bolivia?   10. ¿Cuáles son las ideas de la Reforma Universitaria?   11. ¿Qué es el criollismo literario?   12. ¿De qué trata la novela *Doña Bárbara* de Rómulo Gallegos?   13. ¿A qué se llama "novela de la Revolución Mexicana"?   14. ¿De qué trata la novela *Los de abajo,* de Mariano Azuela?   15. ¿Cómo se caracteriza la poesía de Gabriela Mistral?   16. ¿Quién está considerado como el humanista más completo de Hispanoamérica en la primera mitad del siglo xx?   17. ¿Cuáles son las ideas fundamentales de José Vasconcelos?   18. ¿Qué sostiene Vasconcelos sobre la quinta raza o raza cósmica?   19. ¿Cuáles son las expresiones o manifestaciones más frecuentes del nacionalismo iberoamericano?   20. ¿En qué consiste el nacionalismo moderado de algunos partidos democráticos o grupos militares de Iberoamérica?

TEMAS ESPECIALES DE COMPOSICIÓN Y CONVERSACIÓN

1. La Revolución Mexicana.
2. El peronismo.
3. El criollismo.
4. Gabriela Mistral.
5. El nacionalismo iberoamericano.

ONCE
LA ACTUALIDAD[1]:
POLITICA

CRITERIO DE INTERPRETACIÓN

El fenómeno político iberoamericano tiene características propias y se diferencia en muchos aspectos del fenómeno norteamericano y europeo.

Para quienes pretenden analizarlo sin tomar en cuenta este hecho, el espectáculo es desconcertante o inexplicable. Sin embargo, la política es una ciencia de lo real y no una abstracción académica. El mejor sistema teórico   5
fracasa en la práctica, si no se adapta a la realidad histórica, cultural, psicológica, social y económica del país al cual se pretende aplicarlo. La democracia norteamericana no es idéntica a la inglesa, ni el comunismo soviético es igual al chino o cubano.

Un buen criterio de interpretación de la realidad iberoamericana es   10

---

[1] **actualidad**   present period

209

partir de los hechos y no de las teorías, considerando a los países tal cual ellos son y no tal cual nosotros deseamos que sean. Los problemas y los hombres son distintos, y por ello también las instituciones.

Además, considerar a Iberoamérica como una totalidad es una simplificación errónea de la realidad. Cada país tiene sus caracteres propios, [2] y aunque en muchos aspectos son coincidentes, no por eso son idénticos. Ni siquiera los propios iberoamericanos se sienten idénticos entre sí y discrepan [3] en las reuniones internacionales. El grado de desarrollo es también bastante diferente, así como los intereses y las expectativas [4] nacionales. La Argentina, Uruguay y Chile son países europeizados y de clase media, pero la Argentina es rica y los otros dos pobres. Brasil y los países andinos son pueblos mestizos, pero Brasil es una nación poderosa, mientras que Bolivia, Perú y Ecuador se esfuerzan por surgir de su medianía [5] económica. México y Perú tienen una fuerte tradición cultural indígena, mientras que ella es prácticamente inexistente en la Argentina, Chile y Uruguay. La marca cultural norteamericana es notoria en México o Venezuela, pero no es así en otras naciones.

LA INESTABILIDAD POLÍTICA Y SOCIAL

Iberoamérica no ha logrado todavía su estabilidad política. Hay frecuentes revoluciones, que unas veces llevan al poder a un dictador egoísta y ambicioso, pero que otras sirven para sacarlo del poder o dar elecciones libres. No todas las revoluciones iberoamericanas han sido antidemocráticas, pues muchos dictadores fueron derribados [6] por revoluciones, sobre todo después de la Segunda Guerra Mundial.

Esta característica de la vida política iberoamericana es difícil de comprender para quien está habituado a vivir en una democracia estable, pero debe recordarse que un pueblo, si vive pobre, frustrado y sin esperanzas, prefiere como última solución la dictadura antes que el hambre. Este fenómeno lo explican claramente varios psicólogos sociales y sociólogos, entre ellos Erich Fromm.

Iberoamérica pasa en estos momentos por un período de transición. Algunas viejas estructuras políticas, sociales, económicas y culturales han

---

[2] **caracteres propios** its own characteristics
[3] **discrepan** differ

[4] **expectativas** expectations
[5] **medianía** moderate circumstances
[6] **derribados** destroyed

perdido actualidad y se buscan nuevas formas en su reemplazo. Hay impaciencia en algunos por lograr cambios rápidos, y oposición a los cambios en otros. Las condiciones económicas son, en general, difíciles en casi todos los países. Nadie puede predecir el futuro, pero parece evidente, por lo que sucede, que el cambio ha comenzado. Por el momento, se ha puesto la esperanza en la revolución antes que en la evolución, pero también es cierto que comienza a crecer una corriente de opinión en favor de los cambios pacíficos, pues las revoluciones cuestan muchas vidas, son dolorosas y hasta ahora no han traído el bienestar ni el progreso que se esperaba de ellas. La desilusión comienza a cundir,[7] sobre todo ante la presión violenta de los extremistas, que han puesto en evidencia sus reales intenciones dictatoriales y foráneas,[8] sin preocuparse a veces de una verdadera modificación de las condiciones económicas del pueblo.

Probablemente, si alguna de las revoluciones o gobiernos socialistas fracasa, la opinión pública de los países cambiará y se volverá a buscar la solución por otras vías.

LA REVOLUCIÓN CUBANA: EL CASTRISMO

En enero de 1959 asumió el gobierno de Cuba, en calidad de primer ministro, el abogado Fidel Castro, organizador del movimiento revolucionario contra el régimen del presidente Fulgencio Batista. Entre sus colaboradores inmediatos, Fidel contaba con su hermano Raúl, el médico Ernesto Guevara, conocido políticamente con el sobrenombre[9] de "Che"[10] por su origen argentino, y Camilo Cienfuegos.

El presidente Batista, que gobernaba el país desde 1952, se había caracterizado por la conducción despótica del país y los excesos de todo tipo. El grupo político denominado "26 de julio" capitalizó el descontento popular y organizó la revolución bajo el mando de Fidel Castro en México. El líder revolucionario había sido anteriormente arrestado por sus actividades subversivas en la isla y un fracasado[11] ataque a un cuartel,[12] pero a los once meses había conseguido el indulto.[13]

Después de haber sido detenido otra vez por la policía mexicana, Castro fue dejado en libertad y se embarcó en noviembre de 1956, en el navío

---

[7] **cundir**   to increase
[8] **foráneas**   foreign
[9] **sobrenombre**   nickname
[10] **"Che"**   A colloquial form of address

in Argentina.
[11] **fracasado**   unsuccessful
[12] **cuartel**   military post
[13] **indulto**   pardon

La Revolución Cubana. *Izquierda:* Ernesto "Che" Guevara en 1959. *Abajo:* Fidel Castro después de asumir el poder en enero de 1959. El Arzobispo Monseñor Pérez Serantes (con las gafas) le salvó la vida a Castro durante el ataqua en las Barracas de Moncada en 1953. *Página opuesta:* Fidel Castro y su consejera Cecilia Sánchez en la Sierra Maestra en 1958. *Página opuesta, abajo:* Guerrilleros en la Sierra Maestra en 1958.

Granma, con 83 personas, rumbo a Cuba. Desembarcó en la isla y comenzó la guerrilla [14] desde la Sierra Maestra, ayudado por campesinos y revolucionarios urbanos de distinto origen político.

La revolución tuvo múltiples peripecias [15] y se fue consolidando paulatinamente [16] hasta lograr la toma de La Habana a fines de 1958. El presidente Batista abandonó el país y se trasladó a la República Dominicana, mientras Fidel Castro entraba triunfante en la capital el 8 de enero de 1959. Inmediatamente se iniciaron juicios contra los partidarios y colaboradores de Batista, muchos de los cuales fueron ejecutados. Fidel Castro retuvo para sí el cargo de primer ministro y se convirtió en el real gobernante del país.

El Che Guevara, por su parte, ocupó sucesivamente importantes cargos en el régimen: presidente del Banco Nacional de Cuba, luego del Instituto Nacional de Reforma Agraria (INRA) y más tarde ministro de industrias. Desde todas estas posiciones aceleró el proceso de socialización de Cuba.

Después de una misteriosa desaparición del escenario político de Cuba, el Che Guevara reapareció en Bolivia conduciendo un movimiento guerrillero. Fue asesinado por las fuerzas gubernamentales bolivianas en 1968.

En cuanto asumió el gobierno, Castro adoptó diversas resoluciones con el objeto de afianzar [17] su gobierno e instaurar el régimen socialista en su país: solicitó el retiro de la misión militar de los Estados Unidos en Cuba; implantó la reforma agraria, expropiando tierras con pagos en bonos a veinte años de plazo [18] para redistribuirlas entre los campesinos, prohibiendo a los extranjeros adquirirlas o heredarlas; suscribió diversos tratados de comercio, préstamos [19] y asistencia técnica con la Unión de las Repúblicas Socialistas Soviéticas (URSS) durante la visita de Anastasio I. Mikoyan a la isla (1960), y luego con Checoslovaquia, Alemania Oriental, la República Popular China y Corea del Norte.

Los Estados Unidos respondieron suprimiendo ① la cuota de importación de azúcar cubano; el embargo de todas las exportaciones a Cuba, con excepción de medicamentos y ciertos alimentos de primera necesidad; la decisión de defender la base naval de Guantánamo, hasta que rompió las relaciones con el país del Caribe (1961).

Una fracasada invasión a Cuba de exiliados anticastristas adiestrados [20] en el exterior y derrotada en la bahía de Cochinos (1961), y la expresa declaración de Castro de que había sido y seguiría siendo marxista, empeoró

---

[14] **guerrilla** guerrilla warfare
[15] **peripecias** vicissitudes
[16] **paulatinamente** gradually
[17] **afianzar** to strengthen
[18] **bonos a veinte años de plazo** twenty-year bonds
[19] **préstamos** loans
[20] **adiestrados** trained

① suppress.

LA ACTUALIDAD: POLÍTICA

la situación, que culminó con el bloqueo naval y aéreo de la isla por parte de los Estados Unidos, ordenado por el presidente Kennedy. Relevamientos [21] fotográficos aéreos de los norteamericanos habían revelado la instalación de plataformas de lanzamiento [22] de misiles soviéticos (1962). El conflicto estuvo a punto de originar una nueva guerra mundial, pero se disipó cuando el primer ministro soviético Khrushchev ordenó el retiro de los cohetes [23] intercontinentales.

Desde entonces, la situación se ha mantenido tensa y sin mayores variantes. Castro ha declarado su decisión de apoyar las guerrillas en toda Iberoamérica y convertir la cordillera de los Andes en una nueva Sierra Maestra.

EL MARXISMO EN CHILE

En 1970 ganó las elecciones presidenciales en Chile el candidato marxista doctor Salvador Allende, surgido de una coalición de partidos izquierdistas (Unión Popular) y apoyado por los demócratas cristianos.

Su programa político fue típicamente marxista, si bien había prometido mantener la estructura democrática del país, la libertad de prensa y opinión y la independencia con respecto a Moscú, Peking y La Habana, alegando que la realidad y la historia de Chile eran diferentes a la soviética, china y cubana, y que era posible aplicar el marxismo en un régimen político pluralista.

Allende continuó la expropiación de tierras iniciada por los democristianos durante el gobierno anterior (1964-1970) de Eduardo Frei, terminó la nacionalización de las industrias del cobre, el acero, el salitre [24] y el carbón, en algunos casos sin pago previo alguno.

El presidente chileno sostenía que el socialismo marxista es la mejor solución "para romper el atraso y elevarse a la altura de la civilización de nuestro tiempo", en un período relativamente corto, como, según él, lo prueba el ejemplo elocuente de la URSS y China. En su opinión, "Chile es hoy la primera nación de la tierra llamada a plasmar [25] el segundo modelo de transición a la sociedad socialista", sin atenerse a la tesis de los pensadores sociales clásicos, que habían sostenido que las naciones industrialmente

---

[21] **relevamientos** relief maps
[22] **de lanzamiento** launching
[23] **cohetes** rockets
[24] **salitre** Chilean saltpeter, i.e., sodium

nitrate, used especially to make fertilizer and explosives $NaNO_3$
[25] **plasmar** to mold

El Presidente Salvador Allende de Chile al dirigirse a las Naciones Unidas en Diciembre de 1972. Allende denunció a las empresas norteamericanas de fomentar la guerra civil en Chile. Meses después Allende fue derrocado y murió en Santiago en 1973.

más avanzadas serían las primeras en llegar al marxismo con sus poderosos partidos obreros.

Según expresiones oficiales del gobierno, el reordenamiento de la economía chilena sería profundo y estaría apoyado en las siguientes bases: reorientar la producción para satisfacer las necesidades fundamentales del pueblo con artículos de consumo general antes que con artículos suntuarios [26] o semisuntuarios; canalizar [27] los recursos económicos de forma tal que permitan la creación de nuevos fondos para el establecimiento de otras industrias que necesita el país, comenzando por las que explotaban las riquezas básicas: las grandes compañías mineras, las empresas financieras, los grandes monopolios de la industria y así sucesivamente. Todo esto se debería hacer con la activa participación de las fuerzas organizadas del trabajo.

El gobierno de Salvador Allende se fue radicalizando cada vez más y debió soportar una ola de huelgas, presiones políticas, disturbios sociales, intentos revolucionarios y una profunda división entre los grupos integrantes de la Unión Popular, todo lo cual produjo en el país una notoria escasez de alimentos y una perturbación del orden público. Allende se vio bloqueado

---

[26] **suntuarios** luxury   [27] **canalizar** channel

entre los grupos extremistas de derecha y de izquierda, sin poder dar satisfacción a ninguno de los dos. A su vez, el partido demócrata cristiano le retiró su apoyo y se pasó a la oposición.

Así las cosas, en septiembre de 1973 las fuerzas armadas, integradas por el ejército, la marina, la aeronáutica y los carabineros (la policía nacional) se levantaron contra el gobierno de Allende, bombardearon la casa de gobierno o Palacio de la Moneda, y después de cruentas jornadas de lucha y tiroteos en calles, fábricas y edificios contra francotiradores y grupos leales, lograron la victoria. Salvador Allende murió en el palacio de gobierno, se dice que por suicidio.

Asumió entonces el gobierno una junta militar integrada por los comandantes de esas cuatro armas, bajo la presidencia del representante del ejército, general Augusto Pinochet. El gobierno deportó a numerosos grupos de extranjeros que habían participado en la política interna de Chile, sometió a los extremistas a juicio, muchos de ellos estudiantes, prometió respetar las conquistas sociales logradas por la clase obrera y la libertad de prensa, y convocó a todos los chilenos, sin distinción ideológica, a trabajar por la unión y el progreso del país.

LA REVOLUCIÓN MILITAR PERUANA

En octubre de 1968 un golpe militar quitó el poder en Perú al presidente constitucional Fernando Belaúnde Terry y asumió el gobierno del país el general Juan Velasco Alvarado, apoyado por las fuerzas armadas. Alvarado prometió realizar una política igualmente distante del capitalismo y del comunismo, para remediar los males de la nación.

El objetivo declarado de esta revolución fue levantar el nivel de vida de la población, integrar la totalidad de los peruanos a la economía nacional, y desarrollar el país, lo cual se podría hacer con una organización y liderazgo [28] militar, una conducta honesta de los gobernantes y funcionarios, y un interés real y efectivo por las masas de habitantes marginados de todo beneficio [29] hasta entonces.

El gobierno militar se inició con decisiones radicales: expropiación de algunas empresas petrolíferas, nacionalización de compañías mineras y azucareras, severo control sobre el manejo de monedas extranjeras, particular-

---

[28] **liderazgo** leadership
[29] **marginados de todo beneficio** receiving very little yield (from mines, etc.)

mente el dólar, restricciones a la prensa, radio y televisión y otras igualmente drásticas, que llegaron hasta la apertura de las cajas de seguridad [30] privadas en los bancos, frente a testigos del gobierno, para cambiar los dólares y otras divisas [31] extranjeras por su equivalente en soles [32] peruanos.

Al principio la junta militar enfrentó con firme decisión a las reacciones de los derechistas e izquierdistas y obtuvo éxitos, desafió [33] al gobierno norteamericano y logró el aplauso de Fidel Castro. El gobierno revolucionario militar del Perú se diferenció en sus comienzos de las juntas militares que tomaron el poder en Argentina y Brasil, pues las de estos dos últimos países se manifestaron como conservadoras y pronorteamericanas.

EL RENACIMIENTO DEL PERONISMO

Diez y ocho años después de la revolución que destituyó a Juan D. Perón de la presidencia argentina, el peronismo o justicialismo ha vuelto a convertirse en el movimiento político más importante y poderoso del país. Dos presidentes civiles elegidos en elecciones libres fueron derrocados por revoluciones militares que fracasaron en el papel de gobernantes por inexperiencia política y técnica. En las elecciones de 1973 volvió a triunfar el candidato del peronismo, doctor Héctor J. Cámpora, apoyado por el partido justicialista de Perón y otros partidos menores, constituidos en el llamado Frente de Liberación Nacional, bajo la consigna de "Cámpora al gobierno, Perón al poder", puesto que al general Perón no se le permitió presentarse como candidato por no tener residencia en el país. Esta estratagema política fue superada por los peronistas: el presidente Cámpora y el vicepresidente renunciaron a los dos meses aproximadamente de resultar elegidos, y se convocó de nuevo a elecciones presidenciales, en las que triunfó la fórmula integrada por el general Perón y su esposa María Estela Martínez de Perón, con más del 60% de los sufragios a su favor.

El programa político del justicialismo sostiene fundamentalmente la unión de todos los argentinos, la paz nacional, la reconstrucción del país y la liberación de la Argentina de todo tipo de dependencia política, económica y cultural extranjera, en un marco de tercera posición equidistante del capitalismo y del comunismo. Dentro de esta corriente de ideas, el gobierno peronista ha restablecido las relaciones diplomáticas y comerciales con Cuba

---

[30] **cajas de seguridad**   safe-deposit boxes   [32] **sol**   Peruvian unit of exchange
[31] **divisas**   currency   [33] **desafió**   defied

El Presidente-Electo Héctor Cámpora llega a Roma en marzo de 1973 para entrevistarse con Juan D. Perón. Poco después Cámpora renunció, abriendo así el camino para el retorno al poder de Perón.

y otros países socialistas, se ha incorporado a los denominados Países no Alineados (Tercer Mundo), ha nacionalizado los depósitos bancarios y el comercio exterior de cereales y carnes y ha efectuado otras numerosas reformas institucionales.

LA TRADICIÓN: FUERZAS ARMADAS, IGLESIA Y BUROCRACIA

La tradición histórica juega un importante papel en la vida política ibero-americana. Los países iberoamericanos fueron primero conquistados y después colonizados, es decir, nacieron por un acto de autoridad del descubridor o conquistador que asumió el poder absoluto, como se entendía entonces, en nombre del rey de España o Portugal. Los Estados Unidos, en cambio, nacieron primero como colonia y sólo después iniciaron la conquista del territorio. La deliberación fue una práctica habitual entre los antiguos colonos ingleses y en esto debe verse uno de los factores de la actual democracia norteamericana.

En el período de la independencia iberoamericana (siglo XIX), fueron los militares antes que los civiles quienes ganaron las guerras contra España, y por tal motivo tuvieron un decisivo poder político, como Bolívar por ejemplo. Vinieron luego los caudillos, en su mayoría militares o civiles convertidos en hombres de armas, que ejercieron el gobierno en forma autoritaria, propia de la organización vertical de las fuerzas armadas. El atraso cultural y, sobre todo, cívico de los pueblos en esa centuria, favoreció la implantación de gobiernos fuertes, empeñados [34] en mantener el orden y la soberanía.

2) La iglesia católica, a su vez, fue un importante elemento de la organización social jerarquizada y obediente. Desempeñó un papel de moderador del poder político y fue el principal instrumento de la educación en tiempos de la colonia. Tuvo un carácter dominante en la vida pública, porque la casi totalidad de los iberoamericanos eran católicos y confiaban en las enseñanzas de sus ministros. Todavía en la actualidad, la tradición religiosa es bastante respetada y la palabra del Sumo Pontífice o de sus pastores es escuchada con respeto y crédito.

3) Un tercer factor explicativo de la tradición política es la rígida organización burocrática de la época colonial. A través de varios siglos, el iberoamericano se ha habituado a aceptar la existencia de un complejo y a veces asfixiante aparato estatal, que regula gran parte de la vida nacional y que hoy tiene a su cargo una gran cantidad de funciones que en otros países son fundamentalmente privadas: ferrocarriles, líneas aéreas y marítimas, energía eléctrica, agua, obras sanitarias, televisión, radio, educación primaria, secundaria y superior, institutos de investigación, [35] hospitales, asilos, [36] colonias de vacaciones, [37] seguro, [38] bancos, industrias siderúrgica, [39] petrolífera, química, petroquímica, minas, frigoríficos [40] y teléfonos.

Este hecho, originado en la falta de capitales privados, en la baja rentabilidad [41] de algunas explotaciones o actividades económicas, o en el carácter estratégico de algunos de los productos, da un carácter peculiar a la vida política, ya que los administradores y gerentes [42] son políticos antes que técnicos. Por otra parte, esta circunstancia ha terminado por crear una mentalidad popular fuertemente favorable al estatismo, al punto que el ciudadano común interpreta que gran parte de sus problemas individuales deben ser atendidos y resueltos por el estado.

LA VIDA POLÍTICA

La actividad política es un área de especial interés para el hombre iberoamericano. Pocos y muy excepcionales son los que no se interesan por la política, pues ella influye profundamente no sólo en su vida individual, sino

---

[34] **empeñados** determined
[35] **investigación** research
[36] **asilos** asylums (homes for the aged, orphans, etc.)
[37] **colonias de vacaciones** vacation resorts
[38] **seguro** insurance
[39] **siderúrgica** pertaining to steel and iron
[40] **frigoríficos** cold-storage plants
[41] **rentabilidad** yield, income
[42] **gerentes** managers

también en la familiar, profesional, ideológica, religiosa, social y nacional.

El presidente, gobernador, los parlamentos y los administradores, directores de las grandes empresas estatales o instituciones públicas, limitan en la práctica los derechos de los individuos. Ellos pueden dar y quitar empleos, presionar sobre las ideas, [43] afectar la libertad de expresión o prensa, favorecer o neutralizar el desarrollo de la industria o el comercio, orientar el consumo y los gastos personales, dar créditos, levantar el nivel de vida de ciertas clases sociales o frenarlas. [44] También tienen el derecho de fijar el valor de la moneda, disponer aumentos masivos de salarios, establecer el tipo de interés bancario, modificar planes de estudio y requisitos para las carreras universitarias. Directa o indirectamente, casi todo comienza o termina en el estado, y al estado lo administra en cada momento determinado un partido político.

Aunque el voto permanece teóricamente en manos de los ciudadanos, las condiciones actuales —como la frecuencia de las revoluciones, la ignorancia cívica de vastos sectores de la población, la restricción al ejercicio de los derechos electorales que existe en algunos países (los iletrados no pueden votar en general)— impiden las elecciones verdaderamente libres. La coacción [45] sobre los indígenas, los trabajadores rurales, los empleados públicos y otras personas, determinan que el derecho de voto no se ejercite en forma libre.

Quizás el carácter principal de la vida política iberoamericana esté en el personalismo, o sea, la preeminencia del hombre por sobre las normas escritas y las ideas. Como hay muy pocas garantías de que se cumplan la constitución y las leyes, los ciudadanos depositan su esperanza en el líder político de turno y los miembros del partido, porque es menos ilusorio confiar en una persona que en un papel.

Hay que agregar, [46] dolorosamente, el fenómeno de la corrupción política. Es como si hubiera dos morales, la pública y la privada, sin conexión entre sí. A veces suele suceder que un funcionario venal es un honesto ciudadano, y los delitos políticos de un dictador no afectan su buen nombre y honor.

LAS REVOLUCIONES

Otro fenómeno típico es el uso del golpe de estado como técnica política para cambiar el gobierno. Cuando la arbitrariedad o ineficiencia de un gobierno

---

[43] **presionar sobre las ideas** exert pressure on one's opinions
[44] **frenar** to keep in check
[45] **coacción** coercion
[46] **agregar** to add

se torna insoportable, [47] se le suprime [48] con un golpe de estado o revolución militar, apoyada por grupos civiles o partidos de la oposición.

Diversas causas explican las revoluciones, entre ellas, la urgencia en obtener resultados positivos, el peligro de mantener hasta el término de su mandato a un presidente venal o incapaz, el ostensible favoritismo de un gobierno hacia un sector determinado de la población o de intereses, la desconfianza en la orientación política que se puede dar al país o las reclamaciones [49] insistentes de algunos sectores del pueblo. La impaciencia es, por lo general, el fruto de la necesidad o de la ambición.

Sin embargo, explicar toda la vida política iberoamericana en términos de gobiernos inestables o revoluciones es distorsionar la realidad. Algunos países son tan estables como los de cualquier otra parte del mundo, como el de México, por ejemplo, donde hasta ahora se ha respetado la voluntad del pueblo expresada en las urnas. [50]

Un recurso constitucional para garantizar la paz interior o asegurar el mantenimiento de un gobierno —democrático o dictatorial— es la suspensión de las garantías constitucionales por tiempo limitado. Este procedimiento constitucional se denomina de diferentes modos según los países (estado de sitio, [51] estado de emergencia, medidas de pronta seguridad [52]) y autoriza al presidente a suspender transitoriamente los derechos civiles o políticos de los individuos, como la libertad individual, de prensa, de opinión y de defensa en juicio.

El poder ejecutivo o presidente asume entonces una gran cantidad de atribuciones que corresponden al poder legislativo o judicial, y le permite gobernar prácticamente mediante decretos y por propia iniciativa. Si bien este recurso previsto [53] en las constituciones tiene justificación en ciertos casos de emergencia nacional o de receso del congreso, suele muchas veces convertirse en una tentación para presidentes ambiciosos y dictatoriales, que lo establecen sin causas reales y disponen así de un poder discrecional.

LOS PARLAMENTOS

En Iberoamérica es característica la debilidad o el desprestigio del sistema parlamentario. Los parlamentos son por lo general lentos para tomar decisiones y están sometidos a la influencia del presidente, debatiéndose en es-

---

[47] **insoportable** unbearable
[48] **suprime** suppress
[49] **reclamaciones** demands
[50] **urnas** ballot boxes

[51] **sitio** siege
[52] **medidas de pronta seguridad** speedy security measures
[53] **previsto** foreseen

tériles discusiones formales. Representan sólo a los sectores más poderosos o conservadores de la nación. No satisfacen con sus leyes a las expectativas de la mayoría de la población, o no inspiran confianza al pueblo puesto que actúan por principios o intereses de partido o personales antes que por las reales necesidades del país. Los ciudadanos sienten entonces que los diputados o senadores no los representan y reclaman su supresión.

Si el partido gobernante no cuenta con la mayoría de votos en las cámaras del parlamento, se produce entonces una puja de poderes [54] que ocasiona la inoperancia [55] del gobierno.

Pese a [56] estos defectos, los partidos tradicionales y democráticos sostienen la necesidad de defender al sistema parlamentario, como única forma de frenar los intentos de abusos del poder ejecutivo y de disponer de una tribuna de debate público y nacional de los problemas. Los golpes de estado o revoluciones suelen suprimir los parlamentos como primera medida para poder actuar más expeditivamente o anular la oposición.

LOS POLÍTICOS

En muchos países los políticos y dirigentes no gozan de prestigio ni buena reputación, y la opinión pública los responsabiliza del atraso y la injusticia actual. Se les considera retóricos, ambiciosos, frustrados en otras actividades productivas, pero sobre todo, y en tiempos difíciles, incapaces de resolver técnicamente los problemas de un estado moderno.

Muchos ciudadanos claman por una generación nueva de políticos, que suplante a los del viejo estilo. La juventud iberoamericana actual sospecha en su mayor parte que los políticos antiguos han sido sobrepasados [57] por los acontecimientos y no tienen fórmulas para dar solución a la crisis actual. Realmente, en Iberoamérica hay muchos políticos pero muy escasos estadistas.

Pocos han escapado a la investigación y comprobación de negocios dolosos, [58] enriquecimiento ilícito y manejo discrecional de la cosa pública. [59] La política sigue siendo, sin embargo, una fuente de honores y poder: "Puestos en las embajadas del exterior, empleos en las Naciones Unidas y organizaciones internacionales, direcciones en compañías controladas por sus partidarios, son expectativas razonables para un político prominente", dice Richard Bourne.

---

[54] **puja de poderes** a bid for power	[57] **sobrepasados** outmoded
[55] **inoperancia** impotency	[58] **dolosos** fraudulent
[56] **pese a** in spite of	[59] **cosa pública** public treasury

Por supuesto, no todos son sospechosos de inmoralidad, favoritismo, nepotismo,[60] sensualidad o incapacidad ejecutiva, pero sí muchos.

Pese a ello, la actividad política es considerada todavía como una significativa contribución de todo hombre importante a su país. Los dirigentes provienen fundamentalmente de la clase media o alta —abogados, economistas, militares, escritores, profesores, etc.— y las clases de bajos ingresos económicos —obreros, campesinos, empleados— no han tenido prácticamente acceso a la conducción[61] política, salvo en casos circunstancialmente transitorios de gobiernos populares.

Muchos hombres altamente calificados por su especialidad profesional, científica o técnica, su honorabilidad o su fortuna personal, no participan de la vida política por los riesgos de esta actividad, a la que consideran impura y suelen actuar como reserva para casos excepcionales o en forma temporaria. Prefieren dedicarse a su profesión, arte o ciencia, trabajan como directores o ejecutivos en empresas serias y responsables o dirigen sus propias organizaciones industriales, comerciales, financieras o agropecuarias.[62]

En los últimos años, una nueva generación de jóvenes sin compromiso con el pasado ha comenzado a reclamar violentamente su derecho a participar en las decisiones políticas, pero todavía no puede decirse que se les haya dado el lugar que legítimamente les corresponde. Como estos jóvenes provienen generalmente de la universidad, han viajado y estudiado, enfocan[63] los problemas desde un punto de vista más técnico. Surge entonces la polémica bastante común entre tecnocracia y política, entre jóvenes y viejos, y mientras un sector de la población se inclina todavía por las soluciones típicamente políticas, otro reclama una administración más técnica.

Los políticos, una vez en el poder, se apoyan en los miembros de su partido y en la burocracia permanente. Los puestos de confianza se entregan[64] a los amigos del partido y parientes y se remueve una gran cantidad de funcionarios en toda la administración pública: ministros, asesores,[65] embajadores, cónsules, rectores de universidad, directores de compañías estatales, jefes en funciones de comando superior en las fuerzas armadas y policía y aun altos miembros de la justicia, con lo cual se pretende asegurar la homogeneidad de la acción política, devolver favores políticos o evitar la infiltración de la oposición.

Contrariamente a lo que sucede en otros países de mayor madurez

---

[60] **nepotismo** nepotism (favoring one's relatives with government positions)
[61] **conducción** leadership
[62] **agropecuarias** farming and cattle
[63] **enfocan** focus
[64] **se entregan** are handed over
[65] **asesores** advisers

política, la remoción [66] de funcionarios llega hasta los niveles medios de la administración pública, que en realidad debieran ser cargos técnicos. Esto quita continuidad a la obra de los gobiernos, y cada cierto tiempo, el país recomienza de nuevo, con placer para unos y disgusto para otros.

Sin embargo, la burocracia va adquiriendo poco a poco mayor eficacia, presionada por las exigencias del pueblo y la necesidad de mejorar los costos de explotación y los servicios públicos.

LOS PARTIDOS

La ideología de los partidos políticos no es clara y precisa en la mayor parte de los casos. Por lo común, son declaraciones genéricas que no indican específicamente la acción a cumplir [67] en cada caso concreto de la realidad.

Por otra parte, los partidos cambian habitualmente su repertorio de ideas teóricas, o efectúan alianzas entre sí para lograr mayoría. Estas alianzas o frentes suelen desmoronarse ni bien [68] el grupo ha llegado al poder. Este fenómeno es particularmente notable en las revoluciones militares que durante su gobierno cambian con golpes de estado internos a los presidentes surgidos de su propio seno, y suele repetirse también en las coaliciones de izquierda, debido a la división entre los grupos más revolucionarios y los moderados.

La excesiva sofisticación de las ideologías políticas ha favorecido la formación de numerosos partidos políticos —más de diez en algunos países—, sin mayoría apreciable de ninguno de ellos, que a veces llegan al gobierno con apenas un veinticinco por ciento de votos a su favor. La atomización política dificulta el ejercicio del poder y conduce en definitiva al desorden institucional o a la revolución.

Cada país tiene naturalmente sus propios partidos políticos, con ideologías propias, de modo que ser conservador o radical no significa lo mismo en un país que en otro. Hay lugares donde los radicales son realmente conservadores, y otros donde los democristianos son más revolucionarios que los socialistas. Por eso el análisis de los partidos debe hacerse en términos de cada nación.

Los únicos partidos con una base realmente iberoamericana son los democristianos y los comunistas. Hacia la década del 30, la Alianza Popular

---

[66] **remoción** removal, "shuffling"
[67] **a cumplir** to be carried out

[68] **suelen desmoronarse ni bien** usually fall apart as soon as

Revolucionaria Americana (APRA), inspirada y dirigida por Víctor Raúl Haya de la Torre, tuvo pretensiones iberoamericanas, que no llegaron a concretarse. Lo mismo sucedió con el peronismo argentino (1943-1955), que en su momento buscó proyectarse [69] como doctrina hacia países vecinos, pero
5 fracasó.

La razón de estos fracasos expansionistas debe buscarse en la naturaleza distinta de los problemas políticos de cada país, en la escasa posibilidad de ninguno de ellos de ejercer un liderazgo [70] continental, y en el natural recelo [71] y susceptibilidad de los latinoamericanos para recibir órdenes o inspiración
10 desde fuera de las fronteras.

Los demócratas cristianos han tenido su más fuerte y eficiente expresión en Chile bajo el gobierno del presidente Eduardo Frei (1964-1970), y en Venezuela con la elección de Rafael Caldera, candidato del Comité Organizado de Partidos Electorales Independientes (COPEI). En la actualidad,
15 los democristianos han constituido partidos en casi todos los países iberoamericanos, y aunque sus simpatizantes y líderes tienen en común una formación católica y un declarado interés por la aplicación de la doctrina social de la iglesia y el cambio de las estructuras económicas tradicionales, no puede afirmarse que hayan logrado el apoyo de la jerarquía eclesiástica
20 que se mantiene más bien al margen de los hechos. En general, es un partido de clase media.

Por otra parte, la insuficiencia de las transformaciones que realizó efectivamente Frei en su país, así como la aparición del movimiento denominado Tercer Mundo [72] después de la reunión de Medellín, Colombia (1968), [73]
25 han disminuido por el momento la fuerza de este partido en el continente.

Los partidos comunistas, por su parte, son minoría en todos los países y están proscritos en muchos de ellos. Han tenido también sus cismas o divisiones internas. Dirigen su acción principalmente sobre los obreros industriales, los universitarios e intelectuales, y apoyan su lucha en la reforma
30 total de las estructuras políticas, económicas y sociales, la lealtad, el ejemplo soviético o chino de desarrollo e industrialización, y el ataque violento a los países capitalistas, principalmente a los Estados Unidos y sus instituciones.

---

[69] **proyectarse** to extend, spread out
[70] **liderazgo** leadership
[71] **recelo** distrust
[72] **Tercer Mundo** Refers to a movement and ideology hostile to both capitalism and communism and favoring a "third position" involving a search for new socialistic forms of government to promote the liberation and advancement of the oppressed peoples of the world.
[73] For a further discussion of the Medellín Conference and the Third World Movement, see *La iglesia rebelde* later in this chapter.

Manifestación en Sonora organizada por la Confederación de Trabajadores Mexicanos en pro de Avila Camacho, Presidente de México durante 1940–1946.

Hacia 1930 los socialistas se dividieron en trotzkistas y comunistas y en la década del 60 volvieron a segmentarse en partidarios de Moscú, de Peking y de La Habana. Los partidarios de la línea Moscú se proclaman por la coexistencia pacífica, los de la línea Peking por la vía revolucionaria y los simpatizantes de La Habana por el método de las guerrillas. Los partidarios ⁵ de la línea soviética parecen ser mayoría en casi todos los países. A su vez, la distinta concepción de las guerrillas ha dividido a los comunistas en la reunión de la Organización Latinoamericana de Solidaridad (OLAS), conferencia tricontinental realizada en La Habana para discutir asuntos comunistas de tres continentes, América, África y Asia. Asimismo, dentro del ¹⁰ comunismo iberoamericano revolucionario de inspiración castrista, unos son fieles a la teoría del Che Guevara de practicar la guerrilla rural, mientras que otros se han declarado abiertamente partidarios de la guerrilla urbana, como método más eficiente del cambio.

En México la gran mayoría de los ciudadanos forman parte del Partido ¹⁵ Revolucionario Institucional (PRI), surgido de la Revolución Mexicana y heredero ortodoxo de su doctrina de "sufragio efectivo, no reelección". El

Laja, Bolivia. La solución
política: problemas y
expectativas.

partido fija en secreto los candidatos políticos para cada sufragio,[74] los que
resultan siempre elegidos porque el partido es altamente mayoritario y sólo
se permite una actividad limitadísima a dos o tres partidos mínimos opositores. Ningún político puede ser reelegido. Esto quita cierta continuidad al
5   gobierno, pero este inconveniente se subsana[75] en la práctica mediante orga-
nismos estables de funcionarios de alto nivel. Los presidentes que han terminado sus mandatos forman un comité de consejeros dentro del partido y
aportan su valiosa experiencia para la continuidad y homogeneidad de las
sucesivas administraciones. El Partido Revolucionario Institucional justifica
10   su monopolio político sosteniendo que después de las cruentas[76] luchas civiles de la revolución es más importante la estabilidad institucional que la
democracia y que todo mexicano que desee llegar al poder está libre de
hacerlo a través del partido.
     El Movimiento Nacionalista Revolucionario de Bolivia (MNR) sufrió
15   un colapso hacia 1964 con la revolución del general René Barrientos, a quien
derrocó poco después el general Ovando Candia. Éste fue a su vez destituido

---

[74] **sufragio** electorate   [76] **cruentas** bloody
[75] **se subsana** is corrected

LA ACTUALIDAD: POLÍTICA

por la revolución del general Juan José Torres, que desde 1971 gobernó el país bajo inspiración socialista. Dio varios pasos en su intento de socializar a Bolivia y realizar, según su expresión, un "experimento único" en el continente: nacionalizó y estatizó empresas privadas extranjeras; constituyó una Asamblea Popular o parlamento con mayoría de representación obrera y 5 sindical en reemplazo del clásico parlamento por partidos políticos. Esta Asamblea Popular —el primer órgano deliberativo de su género en América— tenía por objeto sugerir al poder ejecutivo medidas, normas o actividades y fiscalizar [77] los actos de los ministros y del gobierno. Los 221 delegados a la asamblea pertenecían en un sesenta por ciento a la Central 10 Obrera Boliviana, y el resto a los partidos políticos de izquierda (prosoviético, prochino y castrista) y a los representantes de la clase media. Hacia fines de 1971, una nueva revolución, esta vez encabezada por un militar de derecha, el coronel Hugo Banzer, quitó del poder a los socialistas y estableció un gobierno prooccidental. Este fue el 188 levantamiento y golpe 15 de estado que Bolivia ha tenido en su siglo y medio de existencia independiente.

En Colombia la lucha entre liberales y conservadores ha ocupado la historia política desde el siglo pasado. Hace algunos años se puso término a estas guerras fratricidas mediante el ingenioso sistema de un pacto entre 20 ambos partidos políticos, que se alternan en el gobierno un período cada uno. El partido Liberal y el Partido Conservador votan a un mismo candidato en cada elección y luego lo apoyan durante su administración. De esta manera, en un período gobierna un presidente liberal y en el siguiente un conservador, y por ahora se han terminado así las guerras civiles que asolaron [78] al país 25 entre 1948 y 1957 y produjeron miles de víctimas.

LAS GUERRILLAS

La guerrilla es el instrumento empleado preferentemente por los grupos descontentos para provocar o acelerar el proceso de cambio. Es difícil tipificar a esos grupos ideológicamente, pues son de naturaleza distinta según los países. Los analistas políticos presumen que existen conexiones entre los gru- 30 pos guerrilleros de varias naciones, pero también divergencias. Algunos son de izquierda y otros de derecha, y en ciertos casos están integrados por personas de diferentes ideologías. Recurren a los secuestros [79] de personalidades,

---

[77] **fiscalizar** provide for financing   [79] **secuestros** kidnappings
[78] **asolaron** devastated

atentados[80] terroristas, tienen sus propias "cárceles del pueblo" secretas donde recluyen[81] a los secuestrados que han sido sometidos a juicio, recurren a la extorsión y la amenaza o libran[82] abiertas batallas en el campo, la montaña, la selva o la ciudad.

5   La guerrilla, urbana o rural, ha superado a la policía tradicional y ahora se la combate mediante cuerpos especializados de las fuerzas armadas, los cuales han obtenido hasta el presente un éxito razonable. Los guerrilleros detenidos son sometidos en algunos países a los tribunales ordinarios, mientras que en otros, como en la Argentina, son juzgados por tribunales espe-
10   ciales. Según los especialistas militares, las guerrillas iberoamericanas no tienen por el momento la posibilidad de tomar el poder. Acaso el más conocido y eficiente de estos movimientos sea el grupo uruguayo de los Tupamaros, nombre derivado de una corrupción de Tupac Amarú, el caudillo peruano que organizó y dirigió una rebelión indígena en el siglo XVIII. En general,
15   adoptan los nombres de "frentes", "ejércitos de liberación", "fuerzas armadas revolucionarias", etc. Hay guerrilleros marxistas, castristas, comunistas, peronistas, católicos y de otras extracciones ideológicas.

LA IGLESIA REBELDE

Su Santidad el Papa Pablo VI, continuando la tradición de los anteriores pontífices León XIII, Pío XI, Pío XII y Juan XXIII y sus enseñanzas so-
20   ciales expuestas en varias encíclicas[83] (*Rerum Novarum, Quadragessimo Anno, Mater et Magistra* y *Pacem in Terris*), formuló un solemne llamamiento a todos los hombres del mundo "para una acción concreta en favor del desarrollo integral del hombre y del desarrollo solidario de la humanidad", en su famosa carta encíclica *Populorum Progressio* (*Sobre el desarrollo de los*
25   *pueblos*), dada a conocer en el Vaticano en la fiesta de Pascua (26 de marzo) de 1967. Allí expone su doctrina sobre el desarrollo de los pueblos y muy especialmente el de aquellos que sufren hambre, miseria, enfermedades endémicas[84] e ignorancia y que buscan una participación en los frutos de la civilización.
30   Afirma, entre otras cosas: "el desarrollo integral del hombre no puede darse sin el desarrollo solidario de la humanidad"; "los pueblos ya desarro-

---

[80] **atentados** assaults
[81] **recluyen** imprison
[82] **libran** wage

[83] **encíclicas** encyclicals, papal letters or messages
[84] **endémicas** endemic, frequently recurring on a widespread basis

llados tienen la obligación gravísima de ayudar a los países en vía de desarrollo"; "lo superfluo de los países ricos debe servir a los países pobres"; "la regla del libre cambio no puede seguir rigiendo [85] ella sola en las relaciones internacionales"; "sin abolir el mercado de concurrencia, [86] hay que mantenerlo dentro de los límites que lo hacen justo y moral, y por tanto humano"; "el nacionalismo aísla a los pueblos en contra de lo que es su verdadero bien"; "la solidaridad mundial, cada día más eficiente, debe permitir a todos los pueblos el llegar a ser por sí mismos artífices [87] de su destino", y que la insurrección revolucionaria engendra nuevas injusticias, desequilibrios y ruinas "salvo en caso de tiranía evidente y prolongada, que atentase gravemente a los derechos fundamentales de la persona y damnificase peligrosamente el bien común del país".

Algunos sacerdotes católicos, acompañados por civiles, han iniciado en Iberoamérica movimientos activos con el objeto de poner en práctica el llamamiento del Sumo Pontífice en forma inmediata y urgente. Con motivo de la previamente mencionada Conferencia de Medellín (Colombia, 1968), o Segunda Conferencia General del Episcopado Latinoamericano, coincidente en unos días con la visita del Papa Pablo VI a ese país, se reactualizaron los contenidos de la doctrina social de la iglesia, se adoptaron resoluciones sobre esta materia, se expusieron los puntos de vista de sacerdotes y obispos de Iberoamérica como así también de grupos laicos cristianos y no cristianos del continente.

El documento final de la conferencia se pronuncia abiertamente contra la violencia: "La violencia —dice— constituye uno de los problemas más graves que se plantean en América Latina. No se puede abandonar a los impulsos de la emoción y de la pasión una decisión de la que depende todo el porvenir de los países del continente. Faltaríamos a un grave deber pastoral si no recordáramos a la conciencia, en este dramático dilema, los criterios que derivan de la doctrina cristiana del amor evangélico". Y a continuación expone recomendaciones y directivas para evitar y remediar "las revoluciones explosivas de la desesperación".

Pero muchos cristianos desprenden [88] de este texto que los "casos de tiranía" a que se refiere la encíclica papal y que a sus ojos legitiman la insurrección revolucionaria, pueden ser no solamente los de un hombre o un gobierno, sino que lo son también las estructuras económicas, políticas y sociales de un país y de las organizaciones internacionales competentes. Se

---

[85] **rigiendo** ruling
[86] **mercado de concurrencia** free market

[87] **artífices** builders
[88] **desprenden** infer

justifica, así, la violencia revolucionaria como método cristiano para lograr una sociedad más justa.

En casi todos los países iberoamericanos se han formado grupos de sacerdotes rebeldes o revolucionarios que exponen estas ideas y actúan en favor de un cambio radical. La opinión pública y aun la de los propios católicos y cristianos está dividida con respecto a las verdaderas intenciones de estos sacerdotes y sus adictos y a la legitimidad de sus criterios. Se les acusa de comunistas, marxistas, equivocados o exaltados, mientras que otras personas los consideran los únicos progresistas en la América Latina, sin compromisos con el orden establecido. Aparentemente, hay una escisión,[89] en este punto, entre parte del clero, a los que se clasifica en conservadores y revolucionarios.

Como se trata de un fenómeno reciente, es difícil precisar la verdadera motivación y los reales fines de este movimiento. Algunos religiosos han incurrido en desobediencia a la jerarquía eclesiástica; otros han acatado[90] las órdenes recibidas de sus obispos; a veces han ocupado con feligreses[91] templos en señal de protesta, han encabezado manifestaciones públicas contra los gobiernos, se han retirado de la iglesia, han compartido reuniones y manifiestos con los marxistas, han contraído matrimonio, se han separado a vivir en la pobreza con sus fieles, han participado con las armas en la mano en actos subversivos y terroristas, o se han convertido abiertamente en guerrilleros armados, como el padre Camilo Torres, en Colombia, que murió en una acción armada contra fuerzas militares del gobierno. Torres ha pasado de esta manera a ser el modelo de muchos curas, obispos y fieles rebeldes.

Se les conoce también bajo la denominación de curas del Tercer Mundo. Ellos han redactado colegialmente su principal carta pastoral en Recife (Brasil), en 1967, bajo el impulso de monseñor Helder Cámara, donde exponen sus teorías excepcionalmente avanzadas. En síntesis califican al capitalismo de materialista igual que al comunismo, pero manifiestan la posibilidad de encontrar nuevas formas socialistas compatibles con el cristianismo.

CUESTIONARIO

1. ¿Cuál es un buen método de interpretación de la actual realidad iberoamericana?   2. ¿Por qué es inestable la política en Iberoamérica?   3.

---

[89] **escisión** division
[90] **acatado** respected

[91] **feligreses** church members

¿Cómo empezó la Revolución Cubana?   4. ¿Qué fin tuvo el Che Guevara?   5. ¿Que actitudes adoptó Fidel Castro en contra de los Estados Unidos?   6. ¿Cuáles fueron las reacciones de los Estados Unidos?   7. ¿Qué sostenía el presidente Salvador Allende sobre el caso del socialismo chileno?   8. ¿Cuál es la diferencia entre la revolución militar peruana y las de Brasil y la Argentina?   9. ¿Por qué razón las fuerzas armadas tienen importancia política en Iberoamérica?   10. ¿Qué papel desempeña históricamente la iglesia católica?   11. ¿Por qué la burocracia estatal es poderosa?   12. ¿En qué consiste el personalismo en política?   13. ¿Cómo se explican las revoluciones en Iberoamérica?   14. ¿Qué es la suspensión de las garantías constitucionales?   15. ¿Cómo es el parlamentarismo en Iberoamérica?   16. ¿Qué diferencia existe entre un político y un estadista?   17. ¿Cuáles son los dos partidos de base iberoamericana?   18. ¿Cuál es el recurso político empleado en México para asegurar la paz política?   19. ¿Y en Colombia?   20. ¿Quién intentó establecer un régimen socialista en Bolivia y quién lo derrocó?   21. ¿En qué principio se funda la iglesia rebelde de Iberoamérica?

TEMAS ESPECIALES DE COMPOSICIÓN Y CONVERSACIÓN

1. Las revoluciones de Iberoamérica.
2. La Revolución Cubana de Fidel Castro.
3. La vida política en Iberoamérica.
4. El movimiento del Tercer Mundo.
5. Las guerrillas.

Pozos de petróleo en el Lago Maracaibo, Venezuela.

DOCE
LA ACTUALIDAD:
ECONOMÍA

PANORAMA ECONÓMICO

Iberoamérica está pasando desde hace algunos años una de las crisis más agudas de su historia. Expresada en forma sencilla, esta crisis consiste en que la población crece con un ritmo más rápido que la economía, de forma tal, que las diferencias de ingresos[1] entre los individuos son cada día más graves y difíciles de superar.

El crecimiento demográfico de Iberoamérica es el más alto del mundo: 2,8% anual (1970-1975). El producto interno bruto por habitante aumenta en cambio a razón del 2,4% anual (1960-69).[2] Esto significa que cada año que pasa hay menos bienes y servicios para distribuir entre los iberoameri-

[1] **ingresos** income
[2] Dorothy Nortman, *Population and*   *Family Planning Programs*, no. 2. 4th ed., 1972.

canos. Esta situación es aún más notoria si se la compara con la velocidad de crecimiento de otras partes del mundo, sobre todo con las naciones desarrolladas. El resto del mundo está creciendo económicamente con más rapidez que Iberoamérica. Según el criterio de la Comisión Económica para la América Latina (CEPAL), organismo dependiente de las Naciones Unidas, el pronóstico es desolador si no se introducen modificaciones y rectificaciones oportunas; dentro de pocos años, dice, "el déficit de recursos externos tendrá proporciones incompatibles no sólo con un desarrollo a tasas aceptables,[3] sino hasta con el mantenimiento de la vida económica y social en condiciones de normalidad y orden".

Un análisis panorámico de la realidad económica iberoamericana permite detectar sus alarmantes caracteres.[4] En primer lugar, la injusta distribución de la renta.[5] Si bien es cierto que el ingreso real por habitante es muy diferente de un país a otro (superior a los 4.000 dólares en los Estados Unidos en 1973), el promedio del mundo es de unos 600 dólares por año. En Iberoamérica, considerada en su conjunto, este ingreso fue de 471 dólares en 1969. Pero este promedio estadístico no significa de ninguna manera que cada iberoamericano reciba 471 dólares por año, pues algunos reciben muchísimo más y otros muchísimo menos. La mitad de los habitantes tienen un ingreso de apenas 120 dólares por año, lo que representa solamente 10 dólares por mes. El bienestar[6] de un pueblo depende en gran medida de la forma de distribución de la riqueza producida, y esta forma es muy injusta en Iberoamérica.

Otros indicadores del grado de desarrollo económico[7] de un país son la alimentación,[8] la vivienda,[9] las condiciones de vida y salud, el nivel de educación y los consumos de textiles y energía eléctrica.

En su conjunto, la situación alimentaria de Iberoamérica es insuficiente. En promedio, cada iberoamericano ingiere[10] diariamente 2.450 calorías (3.100 en Norteamérica), y además, la composición cualitativa de la alimentación es deficiente, porque el consumo de proteínas, grasas y leche es inferior al de otros países desarrollados.

El panorama habitacional ofrece aspectos casi alarmantes. Se calcula que faltan unos 20 millones de viviendas. En torno a las grandes ciudades se han formado conjuntos de viviendas precarias[11] donde viven grupos de personas en malísimas condiciones de higiene. En materia de salud, aunque

---

[3] **tasas aceptables** acceptable rate
[4] **caracteres** characteristics
[5] **renta** income
[6] **bienestar** well-being
[7] **grado de desarrollo económico** rate
of economic development
[8] **alimentación** nutrition
[9] **vivienda** housing
[10] **ingiere** consumes, eats
[11] **precarias** dangerous

se han realizado progresos en los últimos años, la mortalidad infantil es grande y la esperanza de vida de un iberoamericano al nacer es inferior a la de muchos otros países. El déficit educacional es también alarmante. Se estima que el número de adultos que no saben leer ni escribir asciende a unos 50 millones de personas; hay 6 millones de niños que no reciben educación primaria, y sólo un bajo porcentaje se inscribe en la escuela secundaria. Los gobiernos dedican muy poco dinero a la educación, entre 1 y 39 dólares anuales por habitante (97 en los Estados Unidos y 138 en la Unión Soviética).

Frente a este cuadro, es lógico que los iberoamericanos se inquieten por ponerle fin [12] pronto. El esfuerzo que debe realizarse es tremendo, porque si la economía continúa creciendo al lento [13] ritmo actual, se tardarían casi 200 años en alcanzar el ingreso actual de un habitante de los Estados Unidos y 70 el de un francés. Uno de los caminos propuestos por los técnicos es el del desarrollo económico.

EL DESARROLLO ECONÓMICO

El desarrollo económico es el tema que más preocupa a los economistas y ensayistas de Iberoamérica a partir de la década del 40. Según los especialistas en economía, en caso de resultar verdaderas las teorías de los iberoamericanos en materia de desarrollo, ellas representarán una importante contribución en la historia de las ideas y un valioso aporte en la búsqueda de nuevas formas para el mejoramiento de la situación actual de su región.

En general, las diversas teorías formuladas para promover el desarrollo parten de la comprobación [14] de que las ideas de la Revolución Francesa —libertad, igualdad, fraternidad—, así como el modelo de la constitución y las instituciones norteamericanas, han fracasado en Iberoamérica por varias razones:

1. La constitución etnográfica de los pueblos;
2. las continuas violaciones del orden legal por los dictadores militares;
3. la mala distribución tradicional de la tierra y la riqueza;
4. el sistema educativo adoptado;
5. la producción preferencial de materias primas;

---

[12] **por ponerle fin** to put an end to it
[13] **lento** slow

[14] **parten de la comprobación** are based on the fact

① income
② ethnography.

El desarrollo agrícola en Iberoamérica. *Derecha:* En Perú miembros de una organización patrocinada por el gobierno acondicionan la selva para futuros asentamientos. *Abajo:* Cosecha de caña de azúcar en México. *Página opuesta, arriba:* Voluntario del Cuerpo de Paz asesora a un campesino ecuatoriano en Santo Domingo de los Colorados. *Abajo:* El Centro Suramericano de Entrenamiento para Agricultura Mecanizada, Buga, Colombia.

6. las secuelas [15] del régimen colonial español;
7. el poderío económico y tecnológico de algunos países europeos y de los Estados Unidos en relación con la pobreza histórica de Iberoamérica;
8. la injerencia [16] política de países extranjeros en esta parte del continente.

En síntesis, puede afirmarse que en Iberoamérica ha habido un divorcio entre las ideas y la realidad, entre la teoría y la práctica. Un ensayista mexicano, Octavio Paz, lo ha expresado con estas palabras:

La ideología liberal y democrática, lejos de expresar nuestra situación histórica concreta, la ocultaba. La mentira política se instaló en nuestros pueblos casi constitucionalmente. El daño moral ha sido incalculable y alcanza a zonas muy profundas de nuestro ser. Nos movemos en la mentira con naturalidad. Durante más de cien años hemos sufrido regímenes de fuerza al servicio de las oligarquías feudales, pero que utilizaban el lenguaje de la libertad. [17]

La Comisión Económica para América Latina (CEPAL)

Existe en la actualidad una copiosa bibliografía escrita por economistas especializados en materia de desarrollo que enfocan el problema en términos técnicos. Los más notables y respetados son los escritos de CEPAL, que fue organizada por las Naciones Unidas en Santiago de Chile, en 1948. La CEPAL goza de prestigio y crédito entre políticos, economistas y funcionarios estatales, y su posición teórica y sus ideas provienen en gran parte de su antiguo director, el argentino Raúl Prebisch, quien publicó un famoso estudio realizado por CEPAL sobre *El desarrollo económico de Latinoamérica y sus principales problemas* (1950).

Muchos economistas clásicos y liberales también sostienen que cada país debe producir únicamente aquellos productos que resultan más baratos de acuerdo con los recursos de su naturaleza. Estos productos deben ser intercambiados con los provenientes de [18] otros países. La CEPAL no está de acuerdo con esta doctrina. Mantiene que tal práctica ha retrasado a los países latinoamericanos y que los ha relegado al papel de productores de

---

[15] **secuelas** results
[16] **injerencia** interference
[17] *Cf.* Octavio Paz, *El laberinto de la*

soledad (México: Fondo de Cultura Económica, 4a. ed.), capítulo 8.
[18] **provenientes de** coming from

alimentos y materias primas. Esto los ha vuelto vulnerables en su independencia. [19] La experiencia recogida en las dos guerras mundiales —las crisis repetidas y la debilidad de su comercio— ha mostrado a las naciones de Iberoamérica que el único camino posible para el desarrollo es el de la industrialización.

En razón de estos hechos, la CEPAL insiste en que el atraso de Iberoamérica radica [20] en su participación viciosa en el comercio internacional, sobre las bases falsas de la libertad de comercio. Por ello aconseja la implantación de políticas públicas deliberadas [21] que permitan regular y orientar el comercio por cauces [22] más adecuados para promover el desarrollo, o sea, [23] la intervención estatal enérgica [24] en la economía. Esta política debe planear activamente la sustitución de importaciones, una adecuada distribución de las inversiones de industrias fundamentales, energía y transportes, más inversión y menos consumo, promoción intensiva de las exportaciones hacia mercados tradicionales o nuevos, y la integración económica más estrecha entre los países de Iberoamérica, es decir, un activo mercado común iberoamericano.

La política de la CEPAL ha sido hasta ahora prácticamente desatendida [25] por los gobiernos iberoamericanos, aunque sus puntos de vista son aceptados por un gran sector de la clase media. Rechazan [26] la teoría los que no creen en la capacidad del estado para efectuar un planeamiento económico, y además los economistas y políticos liberales. Sostienen que el estado en Iberoamérica no ha demostrado todavía la habilidad suficiente para asumir el manejo [27] de las funciones económicas, que su intervención origina la inflación, la hostilidad al capital extranjero, una excesiva protección a la producción del país, la fijación de precios políticos, el favoritismo, y en última instancia, el atraso. Acusan a la CEPAL de crear falsos entusiasmos, de ideología izquierdista y de haber evitado por razones políticas el tratamiento de otros temas también importantes en este asunto, como lo son la reforma agraria, la seguridad social y los excesivos gastos militares.

Los partidarios de la CEPAL, como el conocido economista brasileño Celso Furtado, sostienen que el subdesarrollo es un fenómeno provocado precisamente por el desarrollo industrial de países con potencias tecnológi-

---

[19] **los ha vuelto . . . independencia** has made their independence vulnerable
[20] **radica** is based
[21] **implantación . . . deliberadas** the introduction of well-planned public policies
[22] **cauces** channels
[23] **o sea** that is
[24] **intervención estatal enérgica** vigorous state intervention
[25] **desatendidas** disregarded
[26] **rechazan** reject
[27] **manejo** handling, management

cas; que lo económico está incluido dentro del conjunto de hechos históricos y políticos de un país y del mundo, y que Iberoamérica ha sido relegada a una situación dependiente en los planos estratégicos de las superpotencias actuales. El modelo de crecimiento económico e industrial de Europa y los
5 Estados Unidos no es válido ni aplicable en Iberoamérica, por la diferencia de circunstancias reales, y porque el desarrollo nacional de un país cualquiera exige un proceso de diferenciación en el cuadro de la economía mundial. Todos los problemas deben reformularse de nuevo y ser acompañados con un criterio político y la participación de grandes sectores sociales.
10 Los ideólogos[28] han representado y siguen representando un papel[29] muy importante en el enfoque[30] de los problemas económicos entre los iberoamericanos, y quizás en este hecho radique la disparidad de criterios[31] entre Iberoamérica y los Estados Unidos. Un especialista norteamericano, Albert O. Hirschman de la Universidad de Harvard, lo expresa así:

15 Dada nuestra[32] actual aversión por la ideología, nos mostramos remisos a aceptar que ciertas convicciones, que quizás nos parezcan ingenuas, pueden ser sostenidas con adhesión sincera o intensa. No nos es posible comprender que ciertas proposiciones que hace tiempo se han vuelto para nosotros de dudosa veracidad, son ingredientes esenciales
20 de la atmósfera intelectual de otros países. En general nos molestan los doctrinarios de derecha e izquierda... Los latinoamericanos, por lo contrario, frecuentemente interpretan mal nuestras acciones. Buscan un "sistema" detrás de nuestras políticas y nos imputan principios rígidos que ya hemos descalificado o desechado.[33] La conciencia recíproca de
25 la disparidad en el clima intelectual debería ayudarnos para mitigar tales incomprensiones y fricciones...[34]

LA REFORMA AGRARIA

El tema de la reforma agraria es también debatido actualmente porque los economistas han encontrado relación entre la modificación del régimen de

---

[28] **ideólogos** theorists
[29] **papel** role
[30] **enfoque** approach to
[31] **criterios** criteria, standards
[32] **nuestra** our, i.e., that of the United States
[33] **descalificado o desechado** disqualified or discarded

[34] Albert O. Hirschman et al., *Controversia sobre Latinoamérica* (Buenos Aires: Editorial del Instituto Torcuato Di Tella, 1963), pp. 58-59; translated by Centro de Investigaciones Económicas.

tenencia de la tierra [35] y el desarrollo económico. Hasta el presente, varios países han efectuado ya reformas, en forma más o menos generalizada.

En México

El primer país que la hizo fue México, a partir de (1917.) El gobierno de la revolución mexicana comenzó a entregar tierras a los pequeños agricultores, en su mayor parte agrupados en comunidades rurales denominadas *ejidos*, quienes obtenían solamente el derecho a explotarlas y no podían venderlas ni hipotecarlas. [36] Estos ejidos poseen en la actualidad casi la mitad de la tierra cultivada en todo el país.

El proceso de entrega [37] fue difícil, lento y sangriento. Hubo falta de planeamiento, injusticias en la aplicación de la ley, codicia y favoritismo en la reasignación, confiscación, engaños frecuentes y luchas burocráticas en los tribunales. El mayor esfuerzo distributivo lo realizó el presidente Lázaro Cárdenas. Pero los latifundios [38] fueron eliminados, el país se unificó políticamente, la tasa de crecimiento [39] económico se elevó y mejoró el nivel de vida de un 95% de la población.

Sin embargo, muchos mexicanos piensan hoy en día que la reforma agraria no es ya el medio apropiado para el desarrollo económico, pues los adelantos más significativos de la producción han ocurrido en el sector privado de la agricultura, y además, junto a la asignación de la tierra deben otorgarse① créditos, tecnología moderna y mecanismos modernos de comercialización [40] para poder obtener resultados. Se habla incluso, de una "reforma de la reforma".

Las reformas de los 50: Bolivia, Guatemala y Venezuela

El segundo intento lo realizó Bolivia a partir de (1953,) según otro modelo, bajo el gobierno de Víctor Paz Estenssoro. Se inició la entrega de parcelas de la meseta [41] y valle andinos a los agricultores indios para que las explotaran. Se expropiaron [42] particularmente los latifundios, con excepción de los grandes establecimientos en los cuales los propietarios habían efectuado inversiones [43] de capital, trabajaban personalmente o aplicaban tecnologías

---

[35] **tenencia de la tierra** landholding, occupancy of the land
[36] **hipotecarlas** to mortgage them
[37] **entrega** delivery
[38] **latifundios** large, landed estates
[39] **tasa de crecimiento** rate of growth

[40] **comercialización** marketing
[41] **meseta** plateau
[42] **se expropiaron** expropriated, took possession of
[43] **inversiones** investments

① grant, give, stipulate, cede.

modernas. Los pagos de la tierra expropiada se hicieron con bonos amortizables [44] a los 25 años y sobre el valor fiscal de los bienes. [45]

La reforma fue lenta al principio pero comenzó a acelerarse en 1960. Muchas familias esperan aún su parte y los antiguos terratenientes no han recibido prácticamente ninguna indemnización. La reforma boliviana fue también desorganizada y sin base técnica. El gobierno no disponía de los medios financieros, administrativos ni técnicos para una empresa [46] de esta naturaleza y en el país había una inflación incontenible y duras luchas políticas. La producción agraria disminuyó; pero se terminó en gran parte con la estructura feudal, y se benefició a muchas personas.

En Guatemala el gobierno de Jacobo Arbenz realizó también un amplio programa de reforma agraria (1952). Mediante un decreto dispuso la expropiación y redistribución de las tierras abandonadas o no cultivadas, las de propietarios ausentes y arrendadas, [47] excluyendo a las trabajadas intensamente. Asimismo, decretó la cesión [48] de tierras fiscales en usufructo permanente [49] a individuos o cooperativas.

A pesar de las deficiencias administrativas, la reforma progresó rápidamente. El caso más discutido fue la expropiación de 160.000 hectáreas [50] de tierras baldías [51] de la United Fruit Company. Dos años después de iniciada la reforma, se suspendió por los acontecimientos políticos y militares que derrocaron [52] al presidente (1954) y se la reemplazó con un programa de colonización. [53]

Siguió Venezuela (1958) con un criterio más científico y planificado puesto en marcha por el presidente Rómulo Betancourt. Primero, el gobierno adquirió las tierras a distribuir. Las tierras expropiadas debían pagarse en efectivo [54] hasta un máximo de 30.000 dólares, y por encima de ese valor, el pago se hacía parte en efectivo y parte en bonos, al valor corriente del mercado. Después, una comisión en la cual estaban representados todos los intereses repartía las tierras racionalmente. Pero como el problema de la producción no se resuelve con una simple transferencia de la propiedad rural,

---

[44] **bonos amortizables** bonds payable
[45] **valor fiscal de los bienes** assessed valuation of the property (This was usually far below its real value.)
[46] **empresa** undertaking
[47] **arrendadas** rented out
[48] **cesión** granting
[49] **usufructo permanente** permanent use
[50] **hectáreas** hectares (units of land measurement roughly equivalent to 2.5 acres)
[51] **baldías** uncultivated
[52] **derrocaron** overthrew
[53] **colonización** colonization (The government, instead of confiscating developed land for distribution to the landless, opened up undeveloped areas for those who wanted to cultivate them.)
[54] **en efectivo** in cash

el gobierno de Venezuela acompañó la entrega de tierras con adecuados créditos y asistencia técnica a los nuevos propietarios. Este sistema ha permitido a Venezuela distribuir gran cantidad de tierras y mejorar sustancialmente el rendimiento [55] agrícola.

La reforma venezolana se basó sobre el criterio de "función social de la propiedad de la tierra", de manera que sólo tres clases de tierras estaban sujetas a expropiación: las no cultivadas, las trabajadas por medio de arrendatarios [56] o intermediarios, y las aptas para el cultivo pero dedicadas a pastoreo [57] natural. Además, la ley establecía que sólo se expropiarían tierras privadas si no existían tierras públicas en la zona y fijaba un tamaño mínimo, por debajo del cual no podían efectuarse expropiaciones.

Como característica de la reforma venezolana debe mencionarse la gran cantidad de fondos estatales invertidos en la aplicación de la ley. Todavía se estima que es prematuro sacar conclusiones de esta reforma, pero puede apreciarse ya un ritmo de colonización importante y el interés de los propieatrios grandes en vender sus tierras al Instituto Agrario Nacional.

La reforma en Cuba

El gobierno de Fidel Castro emprendió también su reforma agraria. El estado expropió prácticamente la mayor parte de la tierra en poder de los terratenientes por intermedio del Instituto Nacional de Reforma Agraria (INRA) y organizó la propiedad en granjas [58] colectivas estatales al modo soviético, aunque también entregó pequeñas parcelas a granjeros. [59] La ley fija un límite máximo de 393 hectáreas y un mínimo de 26,8 para la propiedad rural. Las tierras expropiadas se pagarán en bonos amortizables en 20 años, con un interés bajo.

Se estima que hacia 1960 ya habían sido tomadas por el Instituto todas las tierras sujetas a expropiación o estaban en proceso de nacionalización. Sin embargo, la mayor parte de las tierras tomadas por el gobierno no habían sido redistribuidas y eran administradas por el Instituto a través de funcionarios gubernamentales.

Aunque los especialistas señalan que no es posible efectuar un análisis bien fundado de la reforma cubana por falta de información suficiente, se considera que el primer programa revolucionario de entrega de tierras a los

[55] **rendimiento** yield
[56] **arrendatarios** renters
[57] **pastoreo** pasturage

[58] **granjas** farms
[59] **granjeros** farmers

pequeños agricultores e indemnización a los antiguos propietarios ha sido reemplazado por la confiscación directa, la colectivización y la construcción de grandes granjas, haciendas y cooperativas azucareras,[60] administradas por el gobierno y el ejército.

Chile y los otros países

5   La reforma en Chile, mucho más reciente que las anteriores, fue iniciada por el presidente democristiano Eduardo Frei durante su gobierno (1967). En virtud de una ley especial de reforma, el estado podía expropiar y redistribuir la tierra. Un 10% se pagaba al contado,[61] y el resto en bonos de 25 años, pero el valor de la deuda podía reajustarse en un 70% cada
10   año por la inflación imperante[62] en el país. Se fijaba también un mínimo de 200 hectáreas que no podía ser expropiado.

El procedimiento normal era cambiar la tierra expropiada en un *asentamiento,* que era un cuerpo colectivo de campesinos elegido con la aprobación de un organismo técnico. El resultado de los asentamientos fue di-
15   verso y estuvo infiltrado de presiones políticas de derecha y de izquierda. Mientras el gobierno pudo prestar apoyo[63] moral, técnico y financiero, funcionaron bien, pero la situación económica del gobierno no le permitió extenderse hasta todos los asentamientos. Para colaborar con los campesinos se creó el Instituto de Desarrollo Agropecuario (INDAP).
20   Con el acceso al poder del marxista Salvador Allende, los campesinos vieron acrecentar sus esperanzas, y la reforma comenzó con la expropiación de los grandes fundos,[64] y en algunos casos, se produjeron invasiones de campesinos a propiedades privadas.

Otros países, en vez de la reforma agraria, han iniciado programas más
25   o menos radicales de colonización (Uruguay, Colombia, Venezuela y Ecuador), mediante la compra y subdivisión de propiedades privadas ya cultivadas o la creación de nuevas explotaciones agrícolas y ganaderas, mediante planes básicos de irrigación, drenaje, forestación y otras mejoras de la tierra.
30   Nuevas fórmulas se han propuesto en reemplazo de la reforma agraria. Por ejemplo, algunos economistas sugieren que la reforma podría realizarse gradualmente mediante la aplicación de impuestos progresivos que obligaran

---

[60] **azucareras** sugar
[61] **al contado** in cash
[62] **imperante** prevailing

[63] **prestar apoyo** to lend support
[64] **fundos** country property

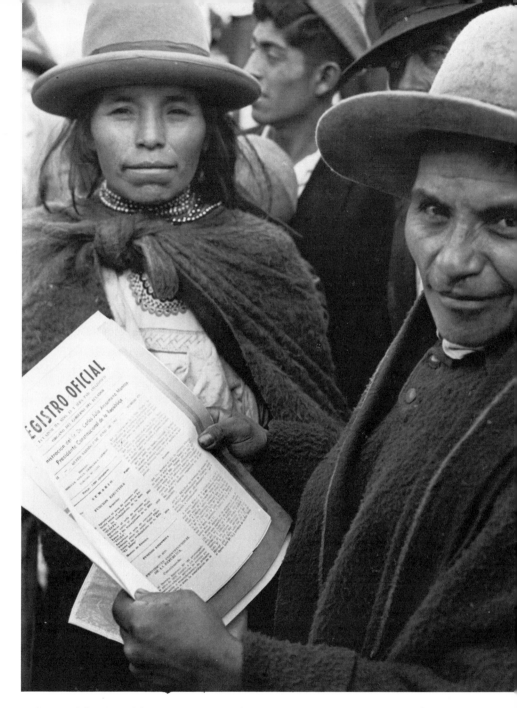

Indígena privilegiado del programa de distribución de tierras lleva consigo un documento sobre la reforma agraria.

a los propietarios a cultivar sus tierras o vender parte de ellas. De esta manera se evitarían las injusticias de la confiscación, la expropiación a precios ínfimos, [65] el alto costo financiero de los programas de redistribución y la entrega a personas o comunidades improductivas.

5   Las experiencias de Iberoamérica en materia de [66] reforma agraria no son realmente alentadoras. [67] Si bien han satisfecho parcialmente las demandas de los campesinos, no han resuelto en cambio el problema de la baja producción. Todavía hay grandes extensiones para el desarrollo y la colonización en Iberoamérica, pero los programas de mejoramiento de las tierras 10 y los planes de colonización son extremadamente costosos y complejos, y los grandes sostenedores [68] de la teoría de los impuestos progresivos son a su vez los principales opositores a todo otro intento de reforma. El problema es arduo pues implica otorgamiento de créditos [69] a los beneficiarios, educación de los campesinos, asistencia técnica y otras ayudas.

15   La redistribución de la tierra ayudaría a Iberoamérica pero es sumamente difícil para finalizar. [70] Sobre este asunto, los políticos están polarizados en dos tendencias: unos se oponen terminantemente a ella, mientras que otros exigen su implantación drástica y urgente aunque sea en forma imperfecta. Si las experiencias realizadas no son alentadoras, la solución 20 puede estar en el estudio e investigación de formas más modernas, justas y productivas. El panorama no es totalmente pesimista, sino que encierra un desafío [71] a la inteligencia y buena voluntad de los iberoamericanos. Debe recordarse que el 1,5% de los propietarios agrícolas posee el 50% de la tierra cultivable, y que el rendimiento no puede elevarse mientras subsista 25 el latifundio improductivo, que significa un desperdicio [72] del suelo.

LA INDUSTRIALIZACIÓN

Los países iberoamericanos consideran a su insuficiente desarrollo industrial como el factor principal de su atraso económico y el punto débil de su posición internacional. Por ello realizan esfuerzos de todo tipo para lograr un 30 grado de industrialización compatible con las posibilidades de la zona.

    El mayor esfuerzo ha tenido lugar en épocas de la Segunda Guerra Mundial a causa de la escasez [73] de barcos y la falta de artículos industriales

---

[65] **ínfimos** very low
[66] **en materia de** with respect to
[67] **alentadoras** encouraging
[68] **sostenedores** supporters, proponents
[69] **otorgamiento de créditos** giving loans

[70] **de finalizar** to bring about
[71] **desafío** challenge
[72] **desperdicio** waste
[73] **escasez** scarcity

disponibles [74] en Europa y en los Estados Unidos para la compra. [75] Los países iberoamericanos comenzaron entonces su conocida política [76] de "sustitución de importaciones" para tratar de abastecer [77] sus necesidades internas. Esta política dio buenos resultados en su momento, pues comenzaron a establecerse las industrias livianas [78] productoras de artículos de consumo, que son más fáciles de instalar y requieren menos capital.

En la actualidad se producen en la región todos esos artículos: automóviles, motocicletas, tractores, camiones, [79] trenes, barcos, aviones livianos, material de guerra (tanques, cañones, armas ligeras), motores, artefactos para el uso doméstico (cocinas, lavarropas, refrigeradoras, acondicionadores de aire), [80] artículos de radio, telefonía, televisión y comunicaciones, y textiles de todas clases.

En la última década se ha intensificado el desarrollo de la industria pesada [81] (hierro y acero, química, petroquímica, cemento, aluminio, etc.). Los países de mayor potencial industrial son la Argentina, Brasil y México, a los que se han agregado en estos años Venezuela, Colombia y Chile.

Casi todos los países se encuentran hoy en la etapa de satisfacción de sus necesidades primarias industriales, pero sus precios son caros comparados con los mundiales, debido a que sus mercados internos son limitados y las fábricas no pueden aumentar su producción a un nivel masivo de consumo. Otros problemas abundan. Algunas materias primas como cinc, aluminio, acero y drogas todavía deben importarse; los equipos productivos no son muy modernos; la organización de algunas empresas [82] es inadecuada; falta capital para la expansión.

Por estas razones y para ampliar sus mercados, los países iberoamericanos están en la tarea de crear un mercado común al modo europeo, de estimular el comercio con otros países del Tercer Mundo (Asia y África) y los países comunistas, y de lograr una mayor cuota de importación de sus productos en los Estados Unidos.

Según la doctrina del economista W. W. Rostow, hacia 1959 sólo la Argentina y México, entre todos los países latinoamericanos, habían entrado en la etapa del "despegue" [83] de su economía, superando así las formas de la sociedad tradicional.

---

[74] **disponibles** available
[75] **compra** purchase
[76] **política** policy
[77] **abastecer** to supply
[78] **livianas** light
[79] **camiones** buses, trucks

[80] **acondicionadores de aire** air conditioners
[81] **pesada** heavy
[82] **empresas** enterprises
[83] **"despegue"** "take-off"

La industria. *Abajo izquierda:* Moderno telar de algodón en Managua, Nicaragua.
Un 40% de su producción se venderá dentro del Mercado Común Centroamericano.
Izquierda: Planta de pescado cerca de Valparaíso, Chile. Perú y Chile se benefician
de la enorme riqueza marina que trae la corriente de la costa peruana, conocida
también como la corriente de Humboldt. *Arriba:* Fábrica de papel en Paramonga,
Perú.

Durante esta época las nuevas industrias se expanden rápidamente y se produce un crecimiento de todas las actividades económicas; aumenta el ingreso de las personas; se desarrolla la clase de los empresarios [84] y crecen las inversiones privadas; comienzan a usarse recursos hasta entonces no empleados; la técnica se incorpora a las tareas agrícolas, y se producen importantes cambios en el sistema de vida.

De acuerdo con los estudios de prospectiva [85] efectuados por el Hudson Institute bajo la dirección de Herman Kahn y publicados en 1968, dentro de una generación, o sea en el año 2000, alcanzarán el estado de "sociedades de consumo", México, Argentina, Venezuela, Chile y Colombia, junto con otros países como Corea del Sur, Malasia y Formosa. Para el resto de Iberoamérica el pronóstico del Hudson Institute estima que no habrán alcanzado todavía la fase industrial lo mismo que China, la India, África negra y el conjunto del mundo árabe. Según esta doctrina, la elevación de un país del nivel industrial al de sociedad de consumo, se produce cuando la renta individual por persona se coloca entre los 1.500 y los 4.000 dólares anuales. Como dato de referencia, debe recordarse que hacia 1972 la renta anual por habitante de los Estados Unidos se estimaba en unos 4.000 dólares y que para fin de siglo se calcula que estará en los 7.500.

Los seguidores de Rostow y Kahn son optimistas, pero otros economistas consideran los países de Iberoamérica, con la posible excepción de Argentina y el caso especial de Puerto Rico, como "países pobres". Ellos se caracterizan por el carácter primario de la producción (agricultura, ganadería y minería); la presión de la población que crece a un alto promedio; el subdesarrollo en la explotación [86] de los recursos naturales; el retraso [87] económico de la población; la falta de capital, y la orientación de su comercio hacia el exterior. En esta clasificación de países pobres, caben, [88] además de los países de Iberoamérica, los de África y Asia.

LAS INVERSIONES — *Investments*

El suministro [89] de financiación es un punto clave de la industrialización y el desarrollo de Iberoamérica. El total del capital existente en la región es bajo para atender a su desarrollo. El capital que se necesita en un país puede

---

[84] **empresarios** managers
[85] **estudios de prospectiva** projection studies
[86] **explotación** development
[87] **retraso** backwardness
[88] **caben** are included
[89] **suministro** supply

provinir del ahorro nacional,[90] de los excedentes[91] de su comercio con otros países del mundo o de la inversión extranjera.

El ahorro nacional es prácticamente nulo en Iberoamérica pues la gran mayoría de la población tiene poco margen[92] para ahorrar, y los que lo tienen, gastan gran parte de sus excedentes en mejorar el nivel de vida consumiendo artículos suntuarios. A esto debe agregarse[93] que una buena parte del ahorro es girado a cuentas[94] en el extranjero para salvarse de la inflación crónica que existe y deteriora el valor de la moneda.

La segunda solución, es decir, excedentes de comercio con otras naciones, ahora es más probable debido a la crisis de energía en los países desarrollados.

Queda la tercera posibilidad, la inversión de capital procedente del exterior. En los períodos anteriores a la Primera Guerra Mundial, las inversiones fueron principalmente inglesas y la región prosperó. Después de la Segunda Guerra, Gran Bretaña fue suplantada por los Estados Unidos como principal inversionista.[95] Sin embargo, las inversiones estadounidenses no fueron lo suficientemente importantes como para provocar un notorio desarrollo en el continente.[96]

Pero las inversiones extranjeras, europeas o norteamericanas, son vistas con recelo[97] por los gobiernos y el pueblo iberoamericano. De una parte, está comprobado[98] que no se efectúan en las áreas o industrias de mayor interés nacional o social (caminos, educación, transportes, sanidad, agricultura, ganadería), sino en las más rentables:[99] petróleo, siderurgia,[100] bancos, petroquímica, química, automotores y una multiplicidad de servicios, como prensa, radio, televisión y publicidad. Si bien esto puede ser explicable desde el punto de la empresa privada inversora, que invierte donde la rentabilidad del capital está asegurada, no siempre coincide con las necesidades o los intereses del país subdesarrollado.

Además, las empresas extranjeras no aportan sino un mínimo capital inicial constituido por una parte en dinero efectivo, y por otra en tecnología y patentes, y recurren luego a los créditos de los bancos del propio país donde operan. Al poco tiempo, efectúan las remesas de sus ganancias[101] al

---

[90] **ahorro nacional** national savings
[91] **excedentes** surplus
[92] **margen** surplus
[93] **debe agregarse** should be added
[94] **girado a cuentas** transferred to accounts
[95] **inversionista** investor
[96] The United States' investment in all

of Latin America was less than its investment in Canada.
[97] **recelo** distrust
[98] **está comprobado** it is a fact
[99] **rentables** profitable
[100] **siderurgia** iron and steel industries
[101] **efectúan ... ganancias** they send back their profits

La minería. *Izquierda:* Mineros en busca del mineral en una mina de plata cerca de Oaxaca, México. *Abajo:* Sulfuro de cobre de la mina de Chuquicamata en el norte de Chile, una de las minas de cobre más ricas del mundo.

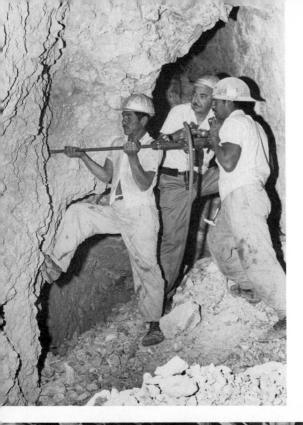

país de origen, que en pocos años exceden a la inversión original, de manera que terminan trabajando con capital ajeno y provocando con sus envíos de ganancias al exterior un desequilibrio en la balanza comercial del país receptor.

Así por ejemplo, el aporte de capital de los Estados Unidos a Iberoamérica fue de 3.800 millones de dólares en el período de 1950-1965 y el regreso de Iberoamérica a los Estados Unidos fue de 11.300 millones en el mismo período, de modo que Iberoamérica tuvo un déficit de 7.500 millones de dólares. Estos retornos de capital se produjeron por utilidades, patentes, intereses, seguros, transportes, viajes al exterior de directores y gerentes.

Además, se han visto casos en que una parte importante del costo de los artículos manufacturados por las empresas extranjeras y que figuran como inversiones no son tales; que se fijan sobreprecios [102] a las compras en el país de origen, se bajan los de los artículos exportados, se evaden impuestos y se utilizan otras argucias contables [103] que permiten esconder en los costos otras ganancias.

Otras acusaciones que pesan sobre las inversiones extranjeras son la creación de impedimentos para la formación de capital doméstico, la interferencia en la política de cada país, las demandas de "clima favorable", el uso de tecnologías ya obsoletas en el país de origen, y las alianzas con las oligarquías iberoamericanas —todo lo cual contribuye a perjudicar la opinión de los iberoamericanos con respecto a la moralidad de los negocios.

En los últimos años se han sacado a luz otras imputaciones que se refieren muy particularmente al capital norteamericano, y que a pesar de existir también dentro mismo de los Estados Unidos, perjudican notablemente a Iberoamérica. Se trata del fenómeno llamado de "concentración económica" o "conglomerados" de las grandes empresas, que tienden de esta manera a controlar en forma creciente el poder de decisión en materia económica, financiera o industrial. Las 3 mayores sociedades anónimas [104] de los Estados Unidos eran en 1972 tan grandes, con respecto a los ingresos, como la mayoría de las empresas norteamericanas, y obtuvieron ingresos brutos por un valor de $4.973.845.000. [105] La facturación [106] de la General Motors, la mayor empresa del mundo, por ejemplo, equivale a más de todo el producto bruto nacional de muchas naciones, y sus beneficios [107] son superiores a los

---

[102] **sobreprecios**   extra charges
[103] **argucias contables**   accounting tricks
[104] **sociedades anónimas**   corporations
[105] These figures are from *Fortune,* May

1973.
[106] **facturación**   billings, invoices
[107] **beneficios**   profits

ingresos fiscales de muchos estados juntos de la Unión. [108] "Si bien los estudios sobre esta materia son aún preliminares —dice el economista brasileño Celso Furtado—, existe alguna evidencia de que las empresas extranjeras —en su mayoría conglomerados norteamericanos— controlan de un 50 a un 75% de las industrias dinámicas, esto es, de las industrias líderes en el proceso de desarrollo de América Latina". De esta manera, agrega el citado autor, "la tecnología norteamericana se está convirtiendo en una nueva fuente del poder monopólico y en la nueva base del colonialismo económico y neocolonialismo político". [109]

Una fórmula que podrían adoptar también los gobiernos iberoamericanos para financiar parcialmente su desarrollo sería el de hacer economías en sus presupuestos [110] nacionales, obtener superávit [111] cada año e invertirlo en planes de desarrollo. Sin embargo, este método es de muy difícil aplicación porque los gobiernos no hacen realmente economías y efectúan gastos superfluos, y los habitantes no están tampoco dispuestos a soportar [112] nuevos impuestos más junto a la persistente inflación que destruye sus ahorros y su capacidad adquisitiva.

En tales circunstancias, el desarrollo pleno parece bastante utópico. Ni gobiernos, ni pueblos ni empresas extranjeras quieren ceder posiciones. [113] El panorama se ha complicado aún más con los estudios efectuados por economistas de la izquierda, que intentan demostrar que en realidad el subdesarrollo de los países iberoamericanos no es una consecuencia necesaria de la historia, la tradición y sociedad de estos países, sino que por el contrario el único responsable es el sistema capitalista, y para ponerle remedio, proclaman a la revolución armada como una vía posible para lograr una socialización de la economía.

Sin embargo, Iberoamérica progresa a un ritmo razonable, aunque no sea rápido ni espectacular. Los gobiernos se oponen al establecimiento del socialismo, al que consideran en última instancia como otra forma de imperialismo y contrario a la tradición, a la idiosincrasia [114] psicológica y a los intereses y seguridad de las naciones iberoamericanas. Se realizan esfuerzos

---

[108] In the aggregate the figures are astronomical, but in terms of profits the growth has been only 3.95 % between 1962 and 1972, and the price per share has declined. In terms .of growth, General Motors ranks 264 in the *Fortune 500 Survey*. Every coin has two sides!

[109] Celso Furtado, *El poder económico:*

Estados Unidos y América Latina (Buenos Aires: Centro Editor de América Latina, 1971), p. 9.

[110] **presupuestos** budgets

[111] **superávit** surplus

[112] **soportar** to tolerate

[113] **ceder posiciones** relinquish their positions

[114] **idiosincrasia** temperament

por sacar a la región del subdesarrollo, en la medida de [115] las posibilidades, con métodos alternativos de socialismo y capitalismo. Por lo general, a un gobierno estatista o socializante le sucede otro partidario del liberalismo económico, cuando se aprecia que no han mejorado las condiciones del país y de su comunidad. Muchos gobiernos revolucionarios y militares han comenzado con expropiaciones o confiscaciones, pero han recurrido al poco tiempo al concurso [116] del capital privado, nacional o extranjero, y a la tecnología importada. Tal es el caso de Argentina, Brasil, Bolivia, Perú y Cuba.

EL COMERCIO

Los términos del intercambio comercial de Iberoamérica no son favorables a la región considerada en su conjunto. Iberoamérica proporciona un 10% de todas las exportaciones del Occidente, lo cual es un bajo índice en relación a sus riquezas potenciales y el número de habitantes. Gran parte de los países dependen de un solo producto y de pocos mercados extranjeros.

Las exportaciones pueden agruparse en una doble diversificación: productos agrícola-ganaderos y minerales. Entre los primeros los principales son cereales (trigo y maíz principalmente, cebada, centeno y avena), arroz, oleaginosos, [117] azúcar, bananas, café, tabaco, cacao, algodón, fibras duras, lana y carnes, y entre los segundos, petróleo, cobre, estaño, plata, plomo, cinc, azufre, manganeso, tungsteno, antimonio, mineral de hierro, salitre y carbón. La composición del comercio internacional de los países es diferente de uno a otro: Venezuela, Chile y Bolivia exportan principalmente minerales; Brasil, Colombia, Ecuador, las cinco repúblicas centroamericanas, la República Dominicana, Haití y Cuba venden en especial café, bananas y algodón; y las repúblicas del Río de la Plata, Argentina y Uruguay, comercian cereales, carne y lana. Los compradores de los artículos iberoamericanos son, en primer lugar, los Estados Unidos, luego Europa Occidental y un poco el Japón. Los Estados Unidos adquieren más de la mitad de la producción de la mayoría de los países tropicales. El comercio entre los propios países iberoamericanos es muy pobre y representa apenas un 10% del total. Se realiza más intensamente entre los países del sur, Brasil, Argentina, Chile y Uruguay, cuyas economías son bastante complementarias entre sí, en particular Argentina y Chile. El intercambio con las naciones del bloque co-

---

[115] **en la medida de** according to
[116] **concurso** support

[117] **oleaginosos** oleaginous, oily

munista es relativamente pequeño, pero tiende a crecer, en la medida en que los Estados Unidos restringen sus importaciones y los países de Europa Occidental tratan de autoabastecerse [118] en el Mercado Común Europeo o de orientar sus importaciones de artículos primarios desde África.

La mayor parte de los países imponen a su vez restricciones a las importaciones para proteger sus propias industrias manufactureras o evitar los déficits en sus balanzas comerciales, y esto lo realizan a través de tarifas aduaneras, prohibición directa de ciertos artículos considerados no esenciales o ya sustituibles por la producción nacional, o complejos mecanismos de cambio.

En 1959 se constituyó la Asociación Latinoamericana de Libre Comercio (ALALC), con participación de la Argentina, Brasil, Chile, México, Paraguay, Perú y Uruguay, que se conceden mutuas facilidades [119] para el intercambio comercial, con la finalidad de llegar a establecer posteriormente una zona de libre comercio, al modo europeo. Ecuador y Colombia se agregaron un poco después. Sin embargo, los progresos son sumamente lentos, debido a que cada país desea proteger su propia industrialización, a que la producción de ellos es muy similar y a que los costos industriales son muy diferentes por el nivel de los salarios que impera [120] en cada nación. La experiencia adquirida hasta el presente parece indicar que será sumamente difícil lograr una liberalización general y sistemática del comercio en la zona, porque una política de esta naturaleza volvería a repetir en Iberoamérica el viejo esquema del comercio mundial, transformando a unas naciones en exportadoras de manufacturas y capital, y a otras en exportadoras de materias primas.

Más recientemente, los países de la costa del Pacífico, Ecuador, Colombia y Venezuela, han firmado el Pacto Andino con el objeto de mejorar entre ellos los términos del intercambio comercial y concederse facilidades recíprocas. Lo mismo ha sucedido entre los países de la América Central, que tienen en marcha un Mercado Común Centroamericano. Por ahora, estos intentos son débiles y la dependencia de toda Iberoamérica en materia de tecnología, capital y artículos de producción muy especializada no ha variado fundamentalmente en los últimos años. El Brasil ha logrado el mayor adelanto, ayudado por el apoyo relativamente generoso prestado por los Estados Unidos, y tal vez mayormente por sus propios esfuerzos. El país ha atraído una inmigración tremenda que incluye personal profesional y técnico de países como España, Argentina y Chile. Ha conseguido también

---

[118] **autoabastecerse** supply themselves

[119] **se conceden mutuas facilidades** grant each other reciprocal means

[120] **impera** prevail

la inversión de capital extranjero de Alemania, el Japón y los Estados Unidos. El régimen militar ha logrado poner freno a la inflación no soportable. Añadido a todo esto, existe un espíritu de optimismo. El Brasil tiene confianza en sí.

PERSPECTIVAS

No se puede predecir el futuro inmediato de Iberoamérica en materia económica. Pero de una manera general, y sin contar lo que individualmente pudiera suceder en cada país, se pronostica que a largo plazo habrá una muy sustancial expansión industrial en la región, mejorarán los precios de los artículos de exportación y existirá un mercado común o un mercado bastante liberalizado en la zona.

Las condiciones que los analistas extranjeros reputan necesarias para este objetivo son: el mantenimiento del orden, la ley y la seguridad interna; la estabilidad de la moneda; la eliminación de los déficits en los presupuestos nacionales y en las transacciones comerciales; y la aceptación del capital extranjero no sólo en el sentido de aceptar las inversiones, sino también en el de respetar los acuerdos. Los dirigentes económicos de Iberoamérica, a su vez, opinan que el desarrollo económico puede lograrse, a condición de que el pueblo esté dispuesto a realizar el sacrificio necesario y se obtenga la colaboración internacional suficiente. Los economistas F. Bentham y H. A. Holley, al analizar la zona, piensan que "por el rápido crecimiento de la población y por su alejamiento de los centros de cualquier conflicto futuro probable, parece indudable que el lugar de América Latina en la economía mundial será cada vez más importante a medida que transcurra el tiempo". [121]

En los últimos años se han producido algunos hechos que pueden contribuir al mejoramiento de las condiciones económicas:

1. El Mercado Común Latinoamericano (ALALC) tiende a aliviar el déficit crónico del intercambio aunque no sea más que [122] en pequeña escala;
2. la política de acercamiento de los Estados Unidos a la Unión Soviética y China Popular favorecerán las ventas iberoamericanas a esos países y sus satélites;

[121] F. Bentham y H. A. Holley, *Introducción a la economía de América Latina* (Buenos Aires, Editorial Universitaria de Buenos Aires, 1966), p. 126.

[122] **aunque no sea más que** even though it is only

Abajo: Hojas de coca en un mercado en Pisco, Perú. Los indígenas que desean incorporarse a la fuerza laboral deben abandonar la costumbre de mascar coca y aprender español. *Página opuesta, arriba:* Desembarco de trigo importado de los Estados Unidos en La Guaira. Los productos agrícolas norteamericanos se intercambian por petróleo venezolano, mineral indispensable para la industria de los Estados Unidos. *Abajo:* Una barcaza cerca de Turbo, Colombia lleva bananas en envolturas plásticas. Si el transporte de bananas fuera más fácil, se podría alimentar a una mayor parte de la población hambrienta del mundo.

3. el paulatino [123] perfeccionamiento de la industria y los menores costos de producción están permitiendo ya la exportación de algunos productos no tradicionales a Europa, los Estados Unidos y otros países;

4. la normalización política de otros países, como Brasil, ha favorecido la buena voluntad de los capitales extranjeros;

5. los aumentos de las cuotas de importación de algunos artículos en los Estados Unidos han traído también su beneficio;

6. la formación de sociedades anónimas mixtas, con capital local y extranjero, ha permitido atenuar la susceptibilidad [124] nacionalista en ciertos casos y ha creado un nuevo clima de cooperación, seguridad y control de los abusos;

7. la presión interna de los pueblos y la violencia de los últimos tiempos están forzando a los gobiernos de la región a preocuparse seriamente por una mejor explotación y distribución de las riquezas naturales y un aumento de la eficiencia burocrática;

8. las políticas de austeridad que se implantan de tiempo en tiempo en algunos países favorecen el ahorro y disminuyen los términos negativos del intercambio;

9. el auge [125] de los estudios de administración y gerencia de los negocios está logrando la creación de una clase de empresarios, directores y ejecutivos más eficientes y técnicos;

10. la mayoría de los países han elaborado programas de desarrollo y los están cumpliendo con cierta firmeza;

11. el producto bruto por habitante sigue creciendo en varios países en forma sostenida desde hace varios años.

Estos y otros hechos hacen sentirse a los iberoamericanos más optimistas con respecto a su futuro que los intérpretes extranjeros, los cuales no siempre efectúan su análisis con un conocimiento profundo de la región.

CUESTIONARIO

1. ¿Cuál era el índice de crecimiento demográfico y cuál el del producto bruto por persona en Iberoamérica?   2. ¿Cuál era el promedio de in-

---

[123] **paulatino** gradual
[124] **susceptibilidad** sensitivity

[125] **auge** upsurge

gresos por habitante en Iberoamérica? 3. ¿Cuáles son los indicadores económicos del grado de desarrollo de un país, según los especialistas? 4. ¿Cuántos años tardaría Iberoamérica en alcanzar el ingreso anual por habitante que tienen actualmente los Estados Unidos, si sigue creciendo al ritmo actual? 5. ¿En qué consiste el divorcio entre las ideas y la realidad en Iberoamérica, según el ensayista mexicano Octavio Paz? 6. ¿Qué es la CEPAL? 7. ¿Qué es la reacción de los gobiernos de Iberoamérica a la CEPAL? 8. ¿Es válido para Iberoamérica el modelo de crecimiento económico de los Estados Unidos y de Europa, según la CEPAL? 9. ¿Qué se entiende por "reforma agraria"? 10. ¿Cuál fue el primer país iberoamericano que implantó la reforma agraria? 11. ¿Qué efectos produjo la reforma agraria en México? 12. ¿Qué diferencia existe entre expropiación y confiscación? 13. ¿En qué consiste la doctrina norteamericana de "una compensación pronta, adecuada y efectiva" frente a las expropiaciones? 14. ¿Qué características tienen algunos programas de colonización practicados en varios países en reemplazo de la reforma agraria? 15. ¿Qué porcentaje de propietarios agrícolas posee el 50 por ciento de las tierras en Iberoamérica? 16. ¿Qué artículos industriales se producen actualmente en la región? 17. ¿Qué países iberoamericanos habían entrado según el economista W. W. Rostow en la etapa del "despegue" en 1959? 18 ¿Qué países iberoamericanos alcanzarán en el año 2000 el estado de "sociedades de consumo", según Herman Kahn? 19. ¿Por qué razones los iberoamericanos tienen recelos en contra del capital extranjero?

TEMAS ESPECIALES DE COMPOSICIÓN Y CONVERSACIÓN

1. El problema económico de Iberoamérica.
2. El desarrollo económico y sus problemas.
3. La reforma agraria en Iberoamérica.
4. La industrialización.
5. Las inversiones extranjeras.

Día de los Difuntos, tradicional día feriado en Jonitzio, Lago de Pátzcuaro, México.

TRECE
LA ACTUALIDAD:
SOCIEDAD Y EDUCACIÓN

EL CAMBIO SOCIAL

La estructura social de Iberoamérica evoluciona en estos momentos de sus formas tradicionales a otras más modernas. El cambio social ha sido muy lento en los siglos pasados, pero en la actualidad el ritmo se ha acelerado. Las clásicas minorías extranjeras o criollas se están desintegrando y fragmentando, política y económicamente. A poco plazo [1] se pronostica la desaparición del antiguo patrón y del caudillo regional, por imperio de [2] un proceso progresivo de participación de todo el pueblo en las actividades nacionales.

Esta participación democrática de la población es limitada en algunos

---

[1] **a poco plazo** within a short time
[2] **por imperio de** through the operation of

países, donde todavía subsiste una estructura económica fundamentalmente agraria, basada en una amplia base de trabajadores y campesinos sometidos a las oligarquías propietarias.[3] En cambio, la participación es mucho más amplia y a veces casi total en los países con una capa media[4] urbana y numerosa, que crece continuamente con la industrialización y la urbanización, y también en los países donde se han producido revoluciones populares.

Los cambios políticos recientes son una expresión clara de las modificaciones que están ocurriendo en la sociedad iberoamericana actual. Este proceso se cumple a través de una paulatina movilización e integración de la sociedad.

Por el fenómeno de la movilización, los sectores sumergidos adquieren conciencia de pertenecer al cuerpo total del país, ejercen una actividad más deliberativa en las decisiones que los afectan, alcanzan más altos niveles de aspiración cultural, política y económica, y se hacen cargo de mayores responsabilidades.

El fenómeno de la integración se presenta cuando estos mismos grupos pueden intervenir a través de los canales legítimos en el sistema de instituciones vigentes[5] en el país.

Estos mecanismos funcionan de modo diferente según los países y no puede elaborarse un modelo único de interpretación, válido para toda la América Latina. Se presentan con esquemas, grados, modalidades,[6] celeridad,[7] áreas, valores y actitudes distintos en los países. En la Argentina, por ejemplo, la participación social y educacional ha sido lograda ya, pero no así la participación económica, y en un grado similar o algo menor, en Chile y Uruguay. En México el proceso de movilización continúa firme su marcha, mientras que en Brasil se ha logrado la participación casi total en lo psicológico y emocional, pero no en lo político y económico.

Donde el fenómeno del cambio es mucho más perceptible es en el sistema de estratificación social. Por lo general, en la vieja sociedad había dos estratos sociales, la clase alta, rica y aristocrática, y la clase baja formada por los empleados, obreros y campesinos. En la sociedad industrial, en cambio, existe un sistema de muchos estratos, con separaciones poco reconocibles, sobre todo en las ciudades. En su forma más típica, una sociedad desarrollada es prácticamente una sociedad de clase media, con gran mo-

---

[3] **oligarquías propietarias** landed oligarchies

[4] **capa media** middle-class stratum

[5] **instituciones vigentes** effective govern-

ing institutions

[6] **modalidades** ways of doing things

[7] **celeridad** rate of progress

vilidad entre sus estratos, basada en el concepto de eficiencia y especialización ocupacional.

En Iberoamérica, los diversos países se encuentran en distintas etapas
de su evolución social, pero en modo general se caracterizan todos por la
coexistencia de los dos sistemas de estratificación. Argentina, Uruguay, Chile
y Costa Rica tienen el mayor porcentaje de clase media (20% y más), con
una existencia cultural, psicológica y política propia. En estos países, hay
una homogeneidad étnica y cultural, y un considerable nivel de participación en las distintas esferas, con menor diferencia urbano-rural que los otros
países iberoamericanos. México, Brasil, y en poco menor grado Cuba, Venezuela y Colombia, ocupan una posición intermedia (clase media entre el
15 y 20%), mientras que las otras naciones no tienen una clase media
apreciable.

La separación de clases es sin embargo todavía fuerte. Las diferencias
no se hacen tanto por razones raciales, sino más bien por causas económicas y de tradición familiar. Con todo, la sociedad iberoamericana es en
términos generales abierta, y cualquier persona puede lograr posiciones altas
y de prestigio mediante el dinero, las profesiones universitarias, la política,
los grados [8] militares, la carrera eclesiástica, las artes, la ciencia, los de-
portes, el gremialismo [9] y la actuación en medios de comunicación masiva [10]
(prensa, radio, televisión, etc.).

La mujer comienza a tener importancia social, sobre todo en las ciudades, por su participación en la vida política, las ciencias, las artes y las
profesiones liberales. Aun en los movimientos guerrilleros urbanos ha tenido
su papel.

La clase media crece continuamente, la clase obrera ha comenzado a
surgir y tiene ya fuertes derechos en algunos países, y la clase empresaria
está formándose en forma acelerada, desplazando a los antiguos terratenientes, [11] ganaderos o agricultores, y a los clásicos comerciantes e industriales. La vieja clase aristocrática va perdiendo poco a poco su poder
y prestigio.

Los intelectuales siguen siendo un sector muy importante de la sociedad y un factor de poder y de opinión muy respetables. Los miembros de
la iglesia mantienen su tradicional predicamento [12] e influyen espiritualmente en la formación de la conciencia nacional, pese al [13] escepticismo o a

---

[8] **grados** ranks
[9] **gremialismo** unionism
[10] **comunicación masiva** mass communication

[11] **antiguos terratenientes** former land-
owners
[12] **predicamento** preaching, teaching
[13] **pese a** in spite of

la indiferencia religiosa de algunos sectores.

De esta manera la vieja sociedad iberoamericana evoluciona hacia formas más modernas y democráticas. Probablemente el tipo de sociedad que se está desarrollando no repetirá exactamente el modelo norteamericano, pero se le parecerá bastante. En casi todos los países se están constituyendo cuadros sociales intermedios, cada vez más numerosos, que fundamentan su progreso personal en la profesionalización, el esfuerzo propio y la competencia, sin ataduras a los superados prejuicios [14] aristocráticos, religiosos o raciales, y a las formas corruptas de la política.

EL URBANISMO

Un fenómeno típico que ha adquirido particular significación en el segundo cuarto de este siglo es el urbanismo o concentración creciente de la población en centros urbanos. La demanda de mano de obra [15] en las industrias y el mejor nivel de vida en las ciudades ha producido corrientes de migración interna desde los centros rurales a los centros urbanos, con lo cual se ha agravado el problema de la vivienda, [16] pero se ha democratizado bastante la vida social.

Los distritos urbanos siguen creciendo a una tasa superior que las zonas rurales. Este fenómeno es más notable en las capitales y ciudades industriales de México, Brasil, Argentina, Venezuela y Colombia, donde una mitad aproximadamente de los habitantes actuales provienen del campo. Las ciudades de México, Río de Janeiro, San Pablo, Buenos Aires, Caracas y Bogotá son ciudades de varios millones de habitantes cada una.

La urbanización no es sólo un fenómeno numérico, sino que trae una serie de cambios profundos en las ideas, la técnica, [17] los valores, la educación y las expectativas de los habitantes. Al mismo tiempo que se produce una elevación del nivel de vida, se originan problemas imprevistos [18] como lo son la escasa provisión de agua, energía eléctrica y gas, la falta de teléfonos, desagües [19] y pavimentos, la escasez de escuelas, hospitales y demás instituciones sociales modernas, y sobre todo, la carencia [20] de viviendas. Las masas inmigrantes se acomodan en viviendas pobrísimas y miserables, denominadas de manera diversa, según los países: por ejemplo,

---

[14] **sin ataduras…prejuicios** without ties to the dying prejudices
[15] **de mano de obra** for labor
[16] **de la vivienda** housing

[17] **técnica** skill
[18] **imprevistos** unforeseen
[19] **desagües** sewerage outlets
[20] **carencia** lack, scarcity

El urbanismo. *Arriba:* Buenos Aires. *Izquierda:* Distrito de La Araña en Caracas, Venezuela.

Ciudad de México. Una vez instalado el acueducto, este miserable sector situado en las afueras de la metrópolis mundial de más rápida expansión será mejor sitio donde vivir.

villas miserias en la Argentina, y *favelas* en Brasil. Se agrega ahora a estos factores la contaminación del aire o formación de *smog,* muy perceptible ya en algunas ciudades, lo que comienza a preocupar a las autoridades.

5 Estos conglomerados de población provocan también actitudes y comportamientos indeseables en los individuos que no pueden sobrevivir sin inconvenientes de todo tipo cuando se transplantan del campo a la ciudad: aumento de la delincuencia, alcoholismo, juego, [21] falta de higiene, prácticas sociales marginales, convivencia violenta.

VIDA RURAL

La vida fuera de las ciudades presenta características muy diferentes. Pese 10 a la gran concentración de habitantes en las grandes ciudades, todavía la vida rural es una forma típica de la sociedad iberoamericana. Esta afir-

---

[21] **juego** gambling

LA ACTUALIDAD: SOCIEDAD Y EDUCACIÓN

Nuevo proyecto de vivienda para familias de ingresos bajos en Caricuao, Venezuela.

mación es válida para Iberoamérica considerada en su generalidad, aunque hay diferencias sustanciales de país a país. La Argentina y el Uruguay tienen un 60% de población urbana, proporción similar a la de los Estados Unidos, mientras que en otros países como Guatemala, Bolivia, Honduras, República Dominicana y El Salvador, esa proporción no llega al 20%. 5

La población rural se caracteriza por una excesiva dispersión en vastos territorios, lo cual provoca un aislamiento que no contribuye al progreso. Por esta razón, las condiciones sanitarias son malas, existen enfermedades difíciles de desarraigar [22] de origen infeccioso, situación que se complica 10 por la falta de educación sanitaria, la insuficiencia de médicos y hospitales, la escasez de fármacos [23] y la medicina ilegal. Todavía en algunas zonas se recurre a los curanderos [24] para la cura de ciertas enfermedades y aparecen santones [25] de vez en cuando.

---

[22] **desarraigar** uproot, stamp out
[23] **fármacos** pharmacists, druggists
[24] **curanderos** witch doctors
[25] **santones** religious healers

La vida rural. *Derecha:* Ama de casa prepara el almuerzo en área rural de México. *Abajo:* Mujeres y niños campesinos en camino al campo en los andes ecuatorianos.

El analfabetismo es grande en las zonas rurales, los medios de comunicación muy primitivos e insuficientes, los métodos de trabajo rutinarios y ancestrales, la vivienda y las costumbres primitivas y la miseria extrema.

Los estudios sobre sociología rural iberoamericana son todavía muy escasos y esto hace más difícil los intentos de mejorar la vida del campesino que se ensayan en varios países. El factor fundamental del atraso parece estar en los inadecuados sistemas de explotación de la tierra y de los recursos naturales. Los dueños de las grandes propiedades no tienen que usar de la manera más eficaz el trabajo humano ni las técnicas de explotación más avanzadas que pudieran obtener un rendimiento más apropiado. [26]

La estratificación en la sociedad rural se hace por medio de dos clases: la de los grandes propietarios y la de los asalariados y pequeños productores, [27] que en algunos países incorpora también a una corta clase media. La clase alta rural está generalmente compuesta por un pequeñísimo número de personas que tienen un porcentaje enorme de la riqueza. Una característica sobresaliente de esta clase es la de vivir permanentemente o casi permanentemente en las ciudades, aunque sus rentas provengan [28] de la tierra. Su influencia en la política, la economía y la organización social es fuerte, y su comportamiento frente a las situaciones de vida es casi siempre conservador. Suelen distinguirse tres tipos de clase alta en la sociedad rural: la tradicional, ligada a la hacienda o explotación agrícola; la transicional, ligada al mercado externo de exportación; y la empresarial, formada por personas que explotan sus bienes con tecnología moderna y altos niveles de productividad. Estas últimas pagan buenos salarios y aceptan la presencia de los sindicatos; sus actividades tienden en lo político y económico a obtener ventajas en la comercialización o exportación de sus productos, en algunos países sobre todo a través del mecanismo de devaluación de la moneda.

Las clases bajas se encuentran en diferentes situaciones según los países: algunos son asalariados típicos, es decir, reciben una paga en dinero o en especies [29] por su trabajo. Hay también un grupo de arrendatarios y medianeros, [30] que reparten los beneficios de la explotación con el propietario de la tierra. Sin embargo, debe reconocerse que en toda la América Latina la mano de obra es libre, y la base de toda relación es casi siempre

---

[26] **rendimiento más apropiado** more suitable yield
[27] **asalariados y pequeños productores** wage earners and small producers

[28] **provengan** come from
[29] **especias** goods, produce
[30] **arrendatarios y medianeros** tenants and middlemen

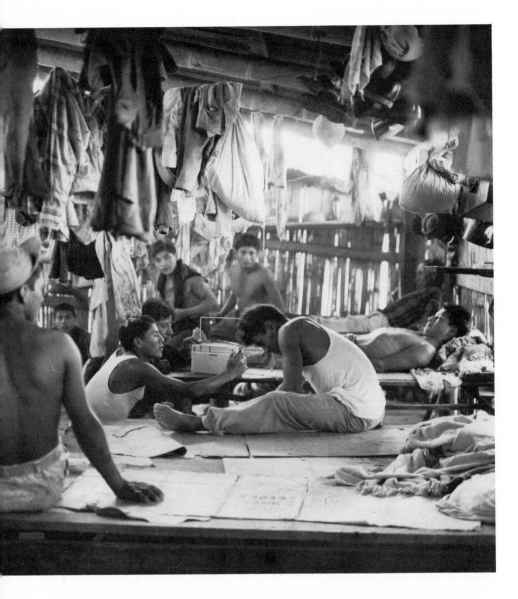

La modernización. *Arriba:* Agricultores en una plantación de bananas en Ecuador escuchan las noticias por la radio. *Página opuesta, arriba:* Unidad de salud pública visita el sector de Histórica de Chile, uno de los tugurios más pobres en las afueras de Santiago. *Abajo:* Trabajador social en un caserío en el Amazonas, interior de Venezuela.

el contrato. Su nivel de vida es bajísimo, la participación política es mínima, la agrupación en organizaciones sindicales es débil y la vida familiar muy sólida. La familia es mucho más estable que en las ciudades, el divorcio no existe prácticamente y los hijos mantienen un contacto estrecho con los padres. Sin embargo, es alto el porcentaje de hijos naturales y el abandono de los hogares en busca de mejores perspectivas laborales en los centros urbanos.

La clase media también existe en los campos, pero en general es escasa. La constituyen principalmente los pequeños propietarios rurales, sin participación en la vida pública.

LA PERSONALIDAD DE LOS IBEROAMERICANOS

Las condiciones sociales de una región son en parte el resultado del carácter de los habitantes, y en parte la causa de ese carácter. El iberoamericano es por naturaleza y educación un ser sociable. Gasta buena parte de su vida en tertulias [31] de café o club, en veladas [32] familiares, reuniones con amigos y espectáculos públicos. En las reuniones, la conversación es abundante y apasionada, pues el iberoamericano es una persona que siente la necesidad de la comunicación oral y de expresar sus estados de ánimo e ideas.

Practica la amistad casi como un culto y es muy inclinado a hacer favores a los parientes, amigos y necesitados. [33] Da mucha importancia al honor personal, familiar o nacional. Su actitud ante la vida es emocional y se guía a menudo por el corazón antes que por el cerebro.

Concurre con frecuencia a los espectáculos públicos —cine, teatro, ópera, conciertos, conferencias [34]—, sobre todo a los deportivos, pero rehuye la asistencia a reuniones de instituciones formales o de interés comunitario.

Samuel Guy Inman, un historiador norteamericano, ha señalado con acierto [35] algunos contrastes entre el hombre iberoamericano y el hombre norteamericano. En su opinión, existen dos mentalidades, la anglosajona y la iberoamericana. Mientras el anglosajón es práctico, amante de las

---

[31] **tertulias** groups which meet socially, primarily to discuss some topic—literature, art, music, etc.—of interest to the group

[32] **veladas** evening parties

[33] **necesitados** people in need

[34] **conferencias** lectures

[35] **ha señalado con acierto** has pointed out accurately

Rodeo en México. El charro continua siendo personaje nacional en México así como el vaquero lo es en los Estados Unidos.

cosas, de la organización en comunidad y del trabajo efectivo, el ibero-americano es teórico, amante de la discusión, del individualismo y de la amistad.

La ciencia es el dios de los anglosajones, según él, porque ella trae el poder económico y militar, la salud, el bienestar y la riqueza. El ibero- 5 americano, en cambio, se dedica principalmente a las relaciones humanas y es experto en ese campo, pero encuentra poco tiempo para el aislamiento activo en el laboratorio o la ciencia aplicada. Si el anglosajón es práctico, el iberoamericano es legalista.

Los iberoamericanos son "incurablemente intelectuales", ponen exce- 10 sivo énfasis en el individualismo y demuestran una excesiva inclinación a idealizar. Los ideales anglosajones giran en torno a la moralidad y el éxito, mientras que los ideales iberoamericanos se concentran en la belleza o el brillo intelectual.

Agrega Inman que aunque difícilmente se acudiría[36] a Iberoamérica en busca de dirección democrática, organización, negocios, ciencia o valores morales rígidos, la región tiene algo que aportar al mundo industrial y mecanicista actual: "el valor de lo individual; el lugar de la amistad; el uso del ocio o tiempo libre; el arte de la conversación; los atractivos de lo intelectual; la igualdad de razas; la base jurídica de la vida internacional; el lugar del sufrimiento y de la contemplación; el valor de lo no práctico; la importancia del pueblo por sobre las cosas y las reglas".[37]

El lúcido ensayista mexicano Octavio Paz ha escrito interesantes páginas sobre los norteamericanos y los mexicanos, que pueden aplicarse a todos los iberoamericanos:

Ellos (los norteamericanos) son crédulos,[38] nosotros creyentes;[39] aman los cuentos de hadas[40] y las historias policíacas,[41] nosotros los mitos y las leyendas. Los mexicanos mienten por fantasía, por desesperación o para superar[42] la vida sórdida; ellos no mienten, pero sustituyen la verdad verdadera, que siempre es desagradable, por una verdad social. Nos emborrachamos[43] para confesarnos; ellos para olvidarse. Son optimistas; nosotros nihilistas —sólo que nuestro nihilismo no es intelectual, sino una reacción instintiva; por lo tanto es irrefutable. Los mexicanos son desconfiados;[44] ellos abiertos.[45] Nosotros somos tristes y sarcásticos; ellos alegres y humoristas. Los norteamericanos quieren comprender; nosotros contemplar. Son activos; nosotros quietistas; disfrutamos de[46] nuestras llagas como ellos de sus inventos. Creen en la higiene, en la salud, en el trabajo, en la felicidad, que es una embriaguez y un torbellino. En el alarido de la noche de fiestas nuestra voz estalla en luces, y vida y muerte se confunden; su vitalidad se petrifica en una sonrisa; niega la vejez y la muerte, pero inmoviliza la vida.[47]

---

[36] **difícilmente se acudiría** one would hardly go
[37] Samuel Guy Inman, *Latin America: Its Place in World Life* (New York: Harcourt, Brace and Co., Revised Edition, 1942), pp. 35-36.
[38] **crédulos** credulous
[39] **creyentes** believing
[40] **cuentos de hadas** fairy tales
[41] **historias policíacas** detective stories

[42] **superar** to overcome
[43] **nos emborrachamos** we get drunk
[44] **desconfiados** distrustful
[45] **abiertos** open, trusting
[46] **disfrutamos de** we derive pleasure from
[47] Octavio Paz, *El laberinto de la soledad* (México: Fondo de Cultura Económica, 4a. ed., 1964), p. 20.

Para el hispanista Américo Castro, los iberoamericanos son espontáneamente de una manera, pero necesitan vivir de otra. Por eso los iberoamericanos están en contradicción consigo mismos, pues manifiestan a la vez sentimientos de superioridad y sentimientos de inferioridad. Revelan una desarmonía entre sus impulsos y sus razones. Tienen la tendencia a achacar a [48] algo o a alguien, los males de sus países. Son a veces excesivamente exasperados, pesimistas y también susceptibles. [49]

EDUCACIÓN

Las sociedades casi siempre tratan de influir en moldear [50] su propio carácter por medio de su plan de enseñanza. En general, considerando a todos los países de Iberoamérica, el sistema escolar atiende sólo a una minoría de la sociedad, debido a las condiciones económicas, sociales y culturales de la población, a la insuficiencia del sistema y a los principios en que se funda la educación.

Aunque la enseñanza primaria, secundaria y universitaria es en términos generales gratuita, pocos estudiantes pueden seguir los cursos regulares, dejar de trabajar [51] para estudiar, comprar los libros y pagar el alojamiento. [52] El resultado de esta organización es la constitución [53] de minorías intelectuales que actúan en los campos técnicos, políticos, sociales y culturales. De cada grupo escolar, el 84% se matricula en la escuela primaria, el 14% en la secundaria y sólo un 2% en la universitaria.

Por otra parte, los planes de estudio [54] son sumamente vastos, formalistas y teóricos, sobre todo en la escuela media y universitaria, y están fundamentados en patrones [55] intelectuales, de manera tal, que solamente una ínfima minoría puede sobrellevarlos [56] con éxito. Los sistemas escolares no consideran las diferencias individuales de los alumnos, ni se preocupan las autoridades por resolverlos. Los estudiantes deben servir al sistema y no el sistema a los estudiantes. La tasa de deserción [57] es muy alta. Se estima que únicamente un 50% de los ingresados en la escuela media termina sus estudios, y sólo un 20% concluye una carrera universitaria. De todo esto

---

[48] **achacar a** to blame
[49] **susceptibles** vulnerable
[50] **en moldear** in forming
[51] **dejar de trabajar** stop working
[52] **alojamiento** lodging

[53] **constitución** formation
[54] **planes de estudio** curricula
[55] **patrones** standards
[56] **sobrellevarlos** survive them
[57] **tasa de deserción** drop-out rate

La educación. *Arriba:* Aula de clase cerca de Puño, Perú. *Derecha:* Moderna aula de clase en una población minera del Perú. *Página opuesta:* Una voluntaria del Cuerpo de Paz les enseña a bordar a niños colombianos en un orfanato.

se concluye que el rendimiento del sistema educativo es pobre y que las inversiones del estado en educación no producen lo suficiente. [58]

Finalmente, la filosofía iberoamericana de la educación es otro de los factores responsables de la situación. Hasta principios del siglo XX, la instrucción pública se basó en la idea racionalista de los educadores liberales y en el modelo europeo, es decir, la escuela para los más aptos, para los que estaban por la circunstancias destinados a dirigir los países y ser modelos cívicos para los demás. Por eso los planes y programas de estudio fueron muy amplios e intelectualistas, y por consiguiente, discriminatorios. Desde hace unos pocos años se ha cambiado esta filosofía y en la actualidad se considera a la educación como un derecho natural, equivalente al de la vida, la libertad y la salud, cualquiera que sea la característica psíquica, social o económica del alumno. Pero estos principios son nuevos, y la escuela democrática y universal está todavía en vías de desarrollo y difusión.

La alfabetización

El analfabetismo es uno de los problemas educativos más inquietantes de Iberoamérica. En todos los países se han lanzado campañas de alfabetización más o menos con éxito, sin lograr una solución definitiva al problema. Los países más alfabetizados son la Argentina, Uruguay, Chile, Costa Rica, Panamá y Cuba. Los de mayor porcentaje de analfabetos son Haití, Bolivia y Guatemala, por la abundancia de población indígena. El ritmo de creación de nuevas escuelas primarias es bastante intenso y sostenido, pero prácticamente pasa inadvertido frente al crecimiento mayor aún de la población. En algunas naciones se da el caso contradictorio de que aumenta cada año la matrícula escolar, pero aumenta también el número de analfabetos.

El proceso de alfabetización es entonces lento, pero se da por seguro que a medida que transcurran los años las estadísticas habrán mejorado. Hoy en día los expertos están de acuerdo en que el analfabetismo no puede erradicarse totalmente mientras no mejoren las condiciones económicas y sociales de los distintos países, pues la escuela no puede por sí sola resolver este complejo asunto.

La reforma de los sistemas educativos a nivel primario y secundario ha comenzado ya en casi todas partes, pero por ahora, y salvo muy contadas [59] excepciones, está planteada [60] básicamente en términos pedagógicos: planes

---

[58] Raymond F. Lyons, ed., *Problems and Strategies of Educational Planning: Lessons from Latin America* (Paris: UNESCO, 1965), pp. 28-41.

[59] **muy contadas** very few

[60] **planteada** set up

Educación para adultos en
una población colombiana.

de estudio, programas, métodos de enseñanza, objetivos, régimen de promoción, [61] etc. Los intentos más generalizados son los de extender los beneficios
de la enseñanza primaria a todos los niños en edad escolar y elevar la instrucción obligatoria a la escuela media o al menos a los primeros años de ella.

Mientras se cumple el proceso de alfabetización total, deben perfec-   5
cionarse la escuela media y las universidades, como forma de acelerar el
desarrollo económico. Se presenta así el problema discutido de la prioridad
de las inversiones, o sea, cuál nivel de educación —primario, secundario o
universitario— debe recibir la mayor parte de los insuficientes recursos. El
rendimiento de la inversión en universidades es más alto e inmediato, mien-   10
tras que el de la escuela primaria es más bajo y lento. Los diversos países
y gobiernos se inclinan alternativamente por una y otra prioridad, según la
ideología política, los recursos presupuestarios [62] o las presiones estudiantiles
y sociales.

De todos modos, con aciertos y errores, el panorama tiende a mejorar   15
cualitativa y cuantitativamente, aunque en forma lenta y a largo plazo. [63]

La enseñanza

El sistema educativo sigue en general el modelo europeo. Comienza en la

---

[61] **régimen de promoción** standards of
promotion
[62] **presupuestarios** budgetary

[63] **a largo plazo** over a long period of
time

escuela maternal o en el jardín de infancia, y se continúa en la escuela primaria, que dura seis o siete años. La enseñanza secundaria se imparte en el bachillerato, de cinco o seis años, que habilita [64] para el ingreso en las universidades. Los planes son de tendencia muy amplia. Otros establecimientos
5 de segunda enseñanza los constituyen las escuelas de comercio, de industrias y de artes u oficios. [65]

La enseñanza universitaria dura de cinco a siete años, según la universidad y carrera, al término de los cuales se obtiene el título de doctor en medicina, leyes, ciencias económicas o filosofía y letras; o de ingeniero en distintas especialidades, como ingeniería industrial, civil, o agronomía o medicina veterinaria. En algunas casas de estudio se extienden títulos intermedios de licenciados. [66] La universidad está dividida en facultades, [67] y cada facultad en divisiones o departamentos. Los educadores de enseñanza primaria se llaman maestros; los de secundaria, profesores, y los de universidad, catedráticos o profesores.

En los últimos años las universidades han ampliado sus programas de estudio para dar cabida [68] a nuevas especialidades. De un modo general, la música, las artes plásticas y el teatro se estudian en institutos superiores especiales que no forman parte de las universidades.

La universidad

20 La universidad iberoamericana sostiene los mismos objetivos en materia de educación que los demás establecimientos del mundo: la conservación de patrimonio cultural del país, la formación de profesionales y especialistas de alto nivel, y la investigación científica y tecnológica. En la práctica, estos objetivos se cumplen, pero habría que agregar en los últimos tiempos una
25 cuarta finalidad defendida por los teóricos del cambio y del desarrollo: la universidad iberoamericana debe ser la sede [69] de la liberación y transformación de estos países.

Este fermento ideológico se ha introducido en la universidad en todos sus niveles, estudiantes, profesores y graduados, como puede comprobarse
30 por la actividad política que se registra en los claustros. [70] Los universitarios

---

[64] **habilita**   prepares, makes ready
[65] **oficios**   trades, occupations
[66] **licenciados**   A.B. degree, the first academic degree that can be earned at a Hispanic university
[67] **facultades**   schools (e.g., law or med-ical school)
[68] **dar cabida**   to make a place for
[69] **sede**   seat
[70] **se registra en los claustros**   takes place in educational institutions

iberoamericanos se sienten, en mayor o menor grado, comprometidos con [71] las ideas transformistas, progresistas o desarrollistas, y esto los lleva al proselitismo político e ideológico. En algunos casos las universidades han albergado [72] y protegido a personas acusadas de subversión, o han servido de centros de difusión de material de propaganda. Estos hechos, aparentemente antiacadémicos, tienen su explicación en las circunstancias económicas, políticas y sociales que imperan en los respectivos países, así como en la revolución universitaria mundial. La mayor intensidad o frecuencia de hechos de esta naturaleza en los países iberoamericanos se explica también por la

5

---

[71] **comprometidos con** involved with   [72] **albergado** sheltered

La Universidad Nacional Autónoma de México, una de las universidades más importantes del Nuevo Mundo.

mayor urgencia en obtener cambios.

Debe recordarse, además, que Iberoamérica es un continente de abrumadora[73] mayoría juvenil. Este universo de jóvenes vive en un contexto social en crisis y por ello reacciona ideológica y vitalmente, en procura de[74] una satisfacción para sus expectativas. Desde su punto de vista sus quejas son éstas:

1. las carreras son largas;[75]
2. las especialidades pocas;
3. los profesores escasos, muy mal remunerados y con dedicación parcial a la docencia;[76]
4. los exámenes de ingreso y selección muy difíciles de superar y a veces arbitrarios;
5. la enseñanza demasiado teórica;
6. la perspectiva de empleo para los graduados es problemática por falta de desarrollo;
7. las posibilidades de investigación y perfeccionamiento científico o técnico prácticamente inexistentes;
8. hay una falta de presupuesto y recursos públicos para la educación.

En un ambiente así, los hechos adquieren una significación más profunda que la mera apariencia de caos.

Pese a sus defectos la universidad iberoamericana es la parte más eficiente del sistema educativo. Cumple con necesidades precisas del continente, como lo es la formación de profesionales y de investigadores, y sus errores o atrasos pueden ser fácilmente corregidos con mejores presupuestos y una deliberada modernización. Pero lo mismo que las otras áreas de la educación, requerirá también una modernización de todo el contexto de cada país para lograr su perfeccionamiento. La universidad iberoamericana concentra en sí el mayor interés de los gobiernos y es el órgano dominante del sistema escolar.

LA CIENCIA

Las investigaciones científicas forman parte del esfuerzo general del sistema educativo para mejorar la sociedad. Sin embargo, Iberoamérica no ha alcan-

---

[73] **abrumadora** overwhelming
[74] **en procura de** in search of
[75] **carreras son largas** professional preparation for a career takes a long time
[76] **docencia** teaching

zado un grado de desarrollo comparable al de los países más adelantados del mundo. La investigación científica moderna se practica con gran responsabilidad, aunque no en la vasta escala de Europa y los Estados Unidos. La falta de recursos financieros, la escasez de empleos científicos o técnicos, la falta de apoyo privado y otros factores, obstaculizan el desarrollo científico. Sin embargo, existen hombres de ciencia de fama internacional y centros de investigación, casi siempre oficiales o universitarios, que se mantienen al corriente de la ciencia. El fisiólogo argentino Bernardo A. Houssay obtuvo el premio Nobel de Medicina en 1947, al cual sucedió en este honor su connacional [77] Luis F. Leloir, quien mereció el de Química en 1970. Pero la necesidad más urgente y actual de Iberoamérica es la adaptación del cuerpo existente de datas científicas al servicio de la industria y la sociedad iberoamericanas. Este aspecto práctico de la ciencia no atrae siempre a los hombres de ciencia, y un problema muy grave lo constituye la emigración de científicos, técnicos y profesionales iberoamericanos a los Estados Unidos y Europa, que les ofrecen mejores sueldos y condiciones de trabajo.

LOS INTÉRPRETES LOCALES

Los iberoamericanos han realizado y siguen realizando análisis, unos profundos, otros superficiales y unos polémicos, del continente en general, o de sus propios países en particular. Los ensayistas y pensadores del siglo XIX habían formulado sus teorías sobre estos países, proponiendo distintas soluciones. Echeverría se mostró disconforme con la obra hispánica y propuso un democratismo liberal a lo francés; Sarmiento tampoco aprobó la tradición colonial y se mostró favorable al ejemplo anglosajón y europeo; Montalvo atacó al teocratismo [78] y al clericalismo, pero creyó en el gobierno de las minorías cultas; Hostos fue también contrario a España, defendió a los indios y a los mestizos, propuso la mezcla de razas e hizo responsables de los males de Iberoamérica a los malos políticos, militares y revolucionarios; Rodó fue partidario de las minorías intelectuales y propuso una civilización que conciliara lo griego y lo cristiano, los hispánico y lo europeo.

En el siglo actual los ensayistas han continuado con la tradición de analizar el continente, y con diferencias de matices, repiten las acusaciones y las soluciones.

---

[77] **connacional**   fellow countryman
[78] **teocratismo**   theocracy, rule by the church

Alcides Arguedas (1879-1946), boliviano, al estudiar la realidad de su país, condena al cholo o mestizo de Bolivia, y por extensión, a los mestizos de otros países, a los cuales responsabiliza crudamente de politiquería,[79] esterilidad intelectual, ineptitud social, egoísmo, megalomanía, farsa legislativa,[80] caudillismo y otros defectos. Arguedas, uno de los mayores pesimistas del continente, está considerado como el creador de la "leyenda negra" del mestizo. Su obra, *Pueblo enfermo*, causó gran excitación en Iberoamérica.

Ezequiel Martínez Estrada (1895-1964) es tan cáustico como el anterior. En *Radiografía de la Pampa* analiza a su país, la Argentina, al cual censura en muchos aspectos de su civilización. Se muestra contrario a los conquistadores y colonizadores españoles, a los caudillos, a la europeización,[81] al cosmopolitismo,[82] a la tecnificación,[83] al enriquecimiento y al progreso material, y cree que su país con el desarrollo va perdiendo sus virtudes antiguas. La interpretación de Martínez Estrada provocó hace algunos años vivas polémicas y refutaciones.

Pedro Henríquez Ureña (1884-1946), dominicano, y uno de los mayores humanistas de hispanoamérica, en sus *Ensayos en busca de nuestra expresión*, se interesa por el problema de la cultura iberoamericana. Sale en defensa de la cultura hispánica, a la cual reconoce valores permanentes y universales que se deben cultivar, con la independencia y originalidad necesarias para crear un arte y una cultura iberoamericana.

El pensamiento de éstos y otros pensadores tiende a perder interés entre las nuevas generaciones, que los consideran anticuados y sin soluciones concretas para la realidad de Iberoamérica. A lo sumo son objeto de estudio en los ambientes académicos y eruditos. Es probable que esta actitud sea una consecuencia de la revisión a que se está sometiendo el pasado y la tradición cultural de los países, pero también es cierto que la diversificación y especialización de los campos de estudio a partir del progreso científico ha hecho necesario el enfoque más técnico de los problemas. El clásico pensador latinoamericano del siglo xix y principios del xx ha perdido vigencia[84] frente a los estudios e investigaciones de los sociólogos, economistas, psicólogos, historiadores, politicólogos y otros especialistas, que analizan los problemas por métodos técnicos y pueden adelantar conclusiones reales basadas

---

[79] **politiquería** dishonest politics
[80] **farsa legislativa** legislative farce (Arguedas had no faith in the law-making body of the country. He regarded it as a tool of the "Establishment.")
[81] **europeización** Europeanization, adopting European ways

[82] **cosmopolitismo** cosmopolitanism, the adoption of big city ways from various parts of the world
[83] **tecnificación** mechanization
[84] **ha perdido vigencia** has lost effectiveness

en la estadística y las investigaciones serias. Esta tendencia de ser más específico en vez de general y teórico, encierra, es de esperar, posibilidades para mayores adelantos en el porvenir.

CUESTIONARIO

1. ¿En qué países de Iberoamérica es más amplia la participación social? 2. ¿Qué países cuentan con mayor porcentaje de clase media?   3. ¿Cuáles se encuentran en una posición intermedia?   4. ¿Por qué medios se puede ascender de posición social en Iberoamérica?   5. ¿Por qué comienza a tener importancia social la mujer?   6. ¿Qué posición ocupan los intelectuales?   7. ¿Cómo se piensa que será la futura sociedad iberoamericana?   8. ¿A qué se llama el fenómeno del urbanismo?   9. ¿Por qué causas se producen migraciones de las zonas rurales a las ciudades?   10. ¿Qué cambios produce el urbanismo?   11. ¿Cuáles son los comportamientos indeseables que provocan en los individuos la migración a las grandes ciudades?   12. ¿Qué países tienen mayor proporción de población urbana que rural?   13. ¿Cuáles son algunas de las características principales de la vida rural?   14. ¿Cómo es la familia en las zonas rurales?   15. ¿Cómo es por naturaleza el hombre iberoamericano?   16. ¿Qué dice el historiador Samuel Guy Inman sobre los contrastes entre el hombre iberoamericano y el hombre norteamericano?   17. ¿Por qué causas no concluyen sus estudios tantos estudiantes de Iberoamérica?   18. ¿Cuál ha sido la filosofía de la educación hasta hace pocos años?   19. ¿Qué es más importante y urgente, en su opinión, para acelerar el proceso de desarrollo: la alfabetización o el perfeccionamiento de las universidades? 20. ¿Cuáles son los objetivos de la universidad iberoamericana en la actualidad y por qué?

TEMAS ESPECIALES DE COMPOSICIÓN Y CONVERSACIÓN

1. El cambio social en Iberoamérica.
2. El fenómeno del urbanismo y las grandes ciudades.
3. La vida rural.
4. La educación y el sistema iberoamericano.
5. La universidad iberoamericana: sus características propias.

A LOS NUEVOS POETAS DE AMERICA

SOBRE LOS HUESOS
DE CACIQUES, LEJOS
DE NUESTRA HERENCIA
TRAICIONADA EN PLENO
AIRE DE PUEBLOS QUE
CAMINAN SOLOS,
ELLOS VAN A POBLAR
EL ESTATUTO DE
UN LARGO SUFRIMIENTO
VICTORIOSO.

PABLO NERUDA · TESTAMENTO II C.G.

Homenaje a Pablo Neruda, grabado y composición por el artista puertorriqueño contemporáneo Lorenzo Homar.

CATORCE
LA LITERATURA
Y LAS ARTES
CONTEMPORÁNEOS

LA POLÉMICA CULTURAL

En el período actual la literatura iberoamericana alcanza[1] la más alta calidad artística de toda su historia. Los escritores han logrado jerarquía internacional,[2] sus obras se traducen a lenguas extranjeras y dos artistas han obtenido el Premio Nobel de Literatura, Miguel Ángel Asturias (1967) y Pablo Neruda (1971), después de la poetisa Gabriela Mistral que lo había recibido antes (1945).

Algunos autores buscan su inspiración en otras naciones, pero lo hacen ahora con un sentido más universal, es decir, sin preferencias determinadas. Las influencias se entrecruzan[3] en cada autor y en cada movimiento. Hay

5

---

[1] **alcanza** reaches, achieves
[2] **han...internacional** have achieved international standing
[3] **entrecruzan** interweave

escritores que cultivan el dadaísmo, el superrealismo, el futurismo, el impresionismo, el expresionismo, [4] la poesía negra y otras formas modernas del arte literario, o combinan varias de ellas.

Al lado de estos artistas cosmopolitas, otros continúan la vieja tradición americanista y se ocupan de asuntos regionales, aunque con una perspectiva moderna y no simplemente sentimental o naturalista. [5] En uno y otro campo se producen obras maestras.

Las polémicas sobre el arte iberoamericano subsisten como en otros tiempos y los argumentos en favor de una u otra posición estética son más o menos los mismos. La vanguardia cosmopolita se interesa por el hombre universal de todos los tiempos, los símbolos y mitos, y se sirve de todas las técnicas comunes a la literatura occidental. Los que reclaman [6] un retorno a las raíces de la nacionalidad, no lo hacen con una intención superficial, sino que tratan de expresar en sus obras la conciencia del país. Usan también las técnicas modernas de expresión literaria.

LA NOVELA DE PROTESTA SOCIAL

La novela de protesta social, cultivada por escritores de varios países, presenta las injusticias que se cometen contra los indios, mestizos, campesinos, obreros y las clases pobres en general, y además, describe la corrupción de los gobiernos, los robos públicos, la persecución ideológica. Algunos autores son reformadores sociales independientes, mientras que otros escriben bajo consignas políticas o partidarias. [7] Entre los mejores autores de esta tendencia se destacan Alcides Arguedas (1879-1946), Jorge Icaza (1906-   ), Ciro Alegría (1909-1967) y Miguel Ángel Asturias (1899-   ).

Alcides Arguedas, historiador, pensador y diplomático boliviano, escribió entre otros libros, *Raza de Bronce,* obra maestra en su género, en que pinta la trágica vida de un grupo de indios de la montaña, explotado y destruido

---

[4] **dadaísmo...expresionismo** These are types of literature which parallel art forms of the same names. Basically, they place more emphasis on imagery than on conventional narration and they demand a greater involvement on the part of the reader.

[5] **naturalista** naturalistic. Naturalism was a literary movement which had as its underlying philosophy the belief

that man is not really a free agent but simply the product of his heredity and environment. It placed great emphasis on minute descriptions and tended to present negative or unpleasant aspects of life.

[6] **reclaman** demand

[7] **bajo...partidarias** under political or partisan banners

por la voracidad de sus patrones. [8] Termina el libro con el incendio épico de la vivienda de los amos, provocado por los indígenas durante una rebelión en masa.

Jorge Icaza, ecuatoriano, escribió teatro, novelas y cuentos. Su obra maestra es *Huasipungo,* un dramático documento social, con poca trama [9] interna pero con magistral [10] estilo trágico. En esta obra presenta la destrucción de pueblos indígenas ordenada por unos extranjeros que avanzan con sus industrias hacia el interior del país.

Ciro Alegría, el notable novelista peruano, participó en las actividades políticas del aprismo [11] y sufrió cárcel y exilio. Su novela principal, *El mundo es ancho y ajeno,* [12] le dio fama internacional al ganar un concurso [13] de una editorial neoyorkina. Ha sido traducida a varios idiomas y es una verdadera joya literaria. Narra las vicisitudes de la comunidad de Rumi, en la región montañosa del Perú, que vive en los tiempos actuales bajo un sistema económico y social comunitario, al modo incaico. Don Álvaro Amenábar, un rico propietario vecino, quiere apoderarse de esas tierras. Se produce entonces una guerra no declarada entre indios y blancos, que termina con el exterminio paulatino [14] de la comunidad, cuyos miembros van cayendo uno a uno víctimas del atropello. [15]

Miguel Ángel Asturias

Es el segundo escritor iberoamericano que ha recibido cronológicamente el Premio Nobel de Literatura (1967). Nacido en Guatemala, realizó estudios antropológicos en París y se dio a conocer [16] como escritor con un libro de leyendas de su pueblo, extraídas de la antigua tradición maya e hispánica colonial. Participó activamente de la vida política y ocupó diversos cargos [17] diplomáticos. Cultivó la poesía y el teatro ocasionalmente.

Su obra fundamental es la novela, particularmente de intención política. *El Señor Presidente* está considerada como su obra maestra. Se trata de un tremendo documento artístico contra los gobiernos dictatoriales y ofrece un panorama de la vida de Guatemala en tiempos del gobierno de Estrada Cabrera. La novedad literaria que aporta Asturias con esta novela

[8] **patrones** employers, bosses
[9] **trama** plot
[10] **magistral** masterly
[11] **aprismo** For a discussion of APRA and *aprismo* see "El movimiento indigenista peruano" in Chapter 10.
[12] **ajeno** alien
[13] **concurso** contest
[14] **paulatino** gradual
[15] **atropello** outrage
[16] **se dio a conocer** he became known
[17] **cargos** posts, positions

radica [18] en el realismo febril [19] con que dramatiza los hechos y en el estilo poético con que envuelve la narración. Es un relato sugeridor, [20] hábilmente trabajado, con empleo de evidentes técnicas destinadas a producir una impresión mágica: conversaciones realistas en lenguaje popular, descripciones barrocas [21] de lugares y personas, intromisión [22] del propio autor en la narración, imitación de estilos de varias procedencias, [23] ruptura de la sintaxis tradicional, repeticiones de vocablos [24] y frases para provocar una impresión densa, interpolaciones de cláusulas entre sí, mezcla de personajes de la vida real con prototipos y figuras legendarias, vocabulario desorbitado [25] y otros recursos.

---

[18] **radica**   is based
[19] **febril**   feverish
[20] **sugeridor**   suggestive, provocative
[21] **barrocas**   baroque, extravagant

[22] **intromisión**   interjection
[23] **varias procedencias**   diverse origins
[24] **vocablos**   words
[25] **desorbitado**   disproportionate

Miguel Angel Asturias

El problema de la explotación bananera [26] en Centro América le inspiró una trilogía de novelas, y en otra de ellas, desarrolla artísticamente su teoría de que la lucha entre el indígena campesino y el criollo, se debe a que el primero interpreta que el maíz debe sembrarse [27] como alimento, mientras que el segundo entiende que debe hacerse como negocio.

El mundo novelesco de Asturias es poético y alucinante, [28] un mundo sorpresivo para el hombre moderno. Se entrecruzan en las obras del artista guatemalteco los elementos mágicos de la concepción indígena con los elementos de la más refinada técnica literaria europea.

LA NARRATIVA ACTUAL

Desde hace una década aproximadamente se sostiene en los círculos literarios y culturales que la literatura hispanoamericana ha entrado en un apogeo [29] sin precedentes en el continente y aun en el mundo. Este *boom* —como se le denomina— ha ocurrido particularmente en la narrativa: la novela y el cuento. Los dos polos culturales siguen siendo Buenos Aires y la Ciudad de México, según la opinión más generalizada. Algunos críticos peninsulares han llegado incluso a hablar de un Segundo Siglo de Oro de la literatura en lengua española, incluyendo en esta denominación a España e Hispanoamérica.

Es muy difícil discernir, a esta altura del siglo, cuánto hay de moda, interés ideológico, propaganda comercial, actitudes de grupo y auténtico valor en este proceso, pero lo cierto es que, más allá de cualquier aspecto circunstancial agregado, [30] se está frente a una explosión literaria y editorial de gran calidad artística. Por cierto que no faltan algunos críticos que han formulado sus reservas y tienen sus sospechas al respecto —Julián Marías entre ellos—, pero de todos modos, Hispanoamérica ha pasado a ser noticia en el mundo literario.

Para algunos observadores, lo que ha sucedido es que "nos han iluminado muy bien y nos estudian y traducen". Para otros, se ha mezclado el interés de los economistas por el Tercer Mundo con los intereses culturales de sectores. [31] Hay quienes piensan que los viejos siguen siendo todavía los

---

[26] **explotación bananera** banana industry
[27] **debe sembrarse** ought to be sown
[28] **alucinante** dazzling
[29] **apogeo** high point
[30] **más...agregado** when everything is said and done
[31] **intereses...sectores** with the cultural interests of [individual, i.e., regional or local] factions

mejores (Jorge Luis Borges, Agustín Yáñez, Miguel Ángel Asturias, Alejo Carpentier), mientras los jóvenes (Julio Cortázar, Juan Rulfo, Mario Vargas Llosa, Carlos Fuentes) no son otra cosa que aburridos [32] copiadores, que mezclan los estilos y técnicas de los contemporáneos Joyce y Faulkner y otros, enceguecidos [33] por una moda.

Una opinión interesante podría ser en este caso la de uno de los protagonistas del *boom*, el escritor Julio Cortázar, quien afirma: "De lo que no estoy nada seguro es de que esta literatura en su conjunto sea hoy tan importante y extraordinaria como la proclaman múltiples críticos, autores y lectores..."

Las más prestigiosas figuras de este movimiento son el citado Julio Cortázar (1914-), Juan Rulfo (1918-), Juan José Arreola (1918-), Mario Vargas Llosa (1936-), Carlos Fuentes (1928-) y Gabriel García Márquez (1928-).

Julio Cortázar, argentino por crianza y educación, fue profesor en la Argentina y reside desde hace varios años en Francia, donde trabajó para la UNESCO. Este escritor ha logrado gran fama internacional en estos últimos años por sus cuentos y sobre todo por su novela *Rayuela* [34] que ha sido vastamente traducida.

Los primeros cuentos de Cortázar fueron fantásticos, hábilmente organizados y escritos, con reminiscencias de algunos narradores contemporáneos. Los posteriores son ya más elaborados y simbólicos. La técnica aparece más intelectualizada, el manejo burlesco [35] del lenguaje se acentúa y encierran una meditación o una alegoría sobre la existencia humana. Con todo, su obra mayor es hasta el presente la citada novela *Rayuela* que refiere las peripecias [36] de un argentino expatriado en París, Oliveira, individuo contradictorio y angustiado. [37] El argumento en sí, inaplicable y de escaso interés, es sólo una forma de Cortázar de mostrar un mundo vulgar y ridículo, con personajes comunes y sin ninguna ejemplaridad. La vida humana actual es para el autor caótica, absurda, trágica y risible, formada por una maraña [38] de situaciones y hechos que se combinan arbitrariamente entre sí. El mundo no puede ser solamente eso, y si el hombre no puede subir al cielo, ha de ser posible "caminar con pasos de hombre, por una tierra de hombres", hacia un lugar ideal donde la tierra esté en el mismo plano que el cielo.

---

[32] **aburridos** boring
[33] **enceguecidos** blinded
[34] **rayuela** hopscotch
[35] **manejo burlesco** comic manipulation

[36] **peripecias** vicissitudes
[37] **angustiado** unhappy
[38] **maraña** tangle, jungle

Cortázar ha empleado en su novela prácticamente la totalidad de los recursos estilísticos de la moderna narrativa universal; se ha propuesto la destrucción de las formas literarias anteriores, y ha convertido al propio lector en el personaje central de la obra, para mudarlo, desplazarlo, extrañarlo, enajenarlo. [39] Es, pues, una novela experimental, por su tema, su organización, sus ideas y su lenguaje. Cortázar ha revolucionado el lenguaje literario, lo ha distorsionado por [40] la ironía y el capricho, y le ha otorgado una nueva perspectiva.

Juan Rulfo es uno de los más notables narradores de la literatura mexicana actual. Los dos aspectos más dominantes de su arte son lo nacional y lo emotivo. Domina la técnica del cuento y la novela y en ambos géneros ha usado los recursos más modernos, alejándose del relato tradicional: introspección, diálogo interior, simultaneidad de planos narrativos, distorsión del desarrollo temporal, [41] lentitud expresiva para crear tensión, diálogo escueto, [42] separación absoluta del autor y de su relato, agudeza y sensibilidad [43] psicológica, dominio del arte de escribir y modernidad de la lengua. Es un escritor cautivante [44] y potente, que ha superado la línea de los escritores de la Revolución Mexicana, otorgando a sus escritos un mayor sentido de universalidad, un tono mágico y misterioso, una mexicanidad original y una riqueza espiritual particulares. Sus cuentos están contenidos en el tomo titulado *El llano en llamas,* y su novela *Pedro Páramo* ha sido calificada de única en las letras mexicanas.

Juan José Arreola, mexicano también, es un escritor interesado en lo universal. Su obra es cosmopolita e intelectual y consiste en cuentos, relatos, notas periodísticas, ensayos breves, entrevistas, fábulas, juguetes [45] dramáticos, diarios, diálogos, glosas [46] y una gran variedad de fragmentos en prosa, de tono poético y mágico, que salta de lo lógico a lo absurdo. Sus temas provienen de las más variadas fuentes, la Biblia, historia, literatura, crónica periodística, ciencia, hechos de la vida vistos u oídos, a los cuales el autor recrea y les da un simbolismo o interpretación moderna y personal. Su *Confabulario total. 1941-1961* reúne la casi totalidad de sus escritos.

Mario Vargas Llosa es el novelista más reputado del Perú actual. Profesor de literatura, ha pasado una gran parte de su vida en Europa. Se

---

[39] **enajenarlo** to transport him
[40] **lo ha distorsionado por** he has distorted it with
[41] **simultaneidad...temporal** meddling of narrative planes, distortion of chronological development

[42] **escueto** sparse
[43] **sensibilidad** sensitivity
[44] **cautivante** spell-binding
[45] **juguetes** skits
[46] **glosas** commentaries

inició como cuentista pero su mayor mérito reside en las novelas. Es un narrador hábil y vigoroso, inspirado en hechos y experiencias reales de la vida, y en muchos casos en reminiscencias de su infancia y juventud. Tiene un concepto testimonial de la literatura. Su material artístico lo extrae del
5 Perú contemporáneo, sobre todo de la clase media de Lima, a la que denuncia y satiriza en sus valores y costumbres.

Lo escabroso[47] y lo sexual ocupa un lugar prominente en sus obras. En cuanto al estilo, Vargas Llosa revela una profunda preocupación por la estructura y las formas de la narración. Emplea los procedimientos estilísticos
10 más avanzados, dejando a cargo del lector la responsabilidad de reconstruir o completar el mundo que describe. La novela *La ciudad y los perros* es acaso la más osada y la mejor lograda de sus obras. Narra las aventuras de un grupo de cadetes del Colegio Militar Leoncio Prado del Perú, que cometen una serie complicada de delitos[48] en el instituto, donde no faltan la
15 muerte intencional de un cadete, la sensualidad, el juego, los amoríos, la mentira, la delación[49] y otros vicios. Se ha prestado esta obra a varias interpretaciones, pues mientras algunos ven en ella una crítica de la organización social del Perú, otros ven un alegato[50] contra el militarismo.

Carlos Fuentes es otro de los valores[51] de la narrativa. Despliega en
20 sus novelas una visión casi total de México, su país, con diversas técnicas experimentales. En el fondo, es un crítico de su tierra y desenmascara a las clases alta y media y a los aprovechados[52] de la Revolución Mexicana. Probablemente *La muerte de Artemio Cruz* sea su mejor novela. Trata de un hombre, don Artemio, que en el lecho[53] de muerte repasa mentalmente
25 su vida, en sentido retrospectivo, y por este mecanismo, se somete a crítica la historia de México en este siglo y de sus hombres.

Gabriel García Márquez

Este escritor colombiano es seguramente el mayor exponente de la nueva generación de narradores. Nació en un pueblecito colombiano, vivió en Bogotá y como periodista residió muchos años en Europa y recorrió diversos
30 países. Vivió también en los Estados Unidos, México y temporalmente en otros países iberoamericanos.

Cien años de soledad es la obra maestra de García Márquez, y según

---

[47] **escabroso** scandalous
[48] **delitos** crimes
[49] **juego…delación** gambling, trysts, lying, informing

[50] **alegato** allegation, indictment
[51] **valores** assets, outstanding persons
[52] **aprovechados** opportunists
[53] **lecho** bed

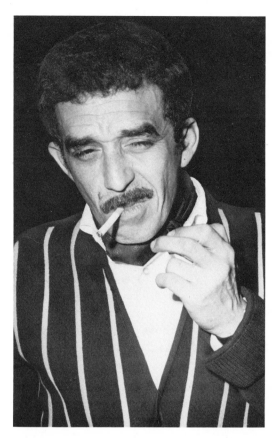

Gabriel García Márquez

la crítica más autorizada, la mejor novela en lengua española escrita en este siglo. Es una obra cíclica que transcurre en el pueblo imaginario de Macondo, pobre, castigado por un calor insoportable, poblado de un mundo de seres divididos por el odio político y las luchas civiles, y propenso a la sensualidad, el chismorreo [54] y otros vicios, individuales y sociales. Entre su fundación   5
miserable y la decadencia final, tuvo un período de prosperidad, en épocas de la Primera Guerra Mundial, cuando se estableció allí la explotación del banano. En Macondo se suceden los hechos más desaforados [55] e inimaginables: una peste [56] del olvido que hace olvidar a los contagiados el nombre

---

[54] **chismorreo** gossip
[55] **desaforados** outrageous

[56] **peste** plague, epidemic

de las cosas; las llegadas de una tribu de gitanos portadores [57] de los primeros inventos; revoluciones y huelgas [58] que culminan en matanzas; alfombras que vuelan; una lluvia que dura años; sequías, [59] ascensiones al cielo, invenciones absurdas, negocios ridículos, personajes centenarios, lluvias de flores o pájaros, y así otros más.

Es como un lugar mágico, que si bien se apoya en datos reales, se transforma en ideal por la fantasía del autor. No es una mera novela de tesis o de denuncia social y política, sino una verdadera y legítima creación imaginaria donde la fantasía y la historia se combinan para lograr un excelente producto artístico. Esta combinación de lo real y lo imaginario se repite en los personajes y en los sucesos, como en las novelas de caballería, [60] de las cuales proviene una gran parte de la inspiración. La psicología de los personajes es en todos los casos excepcional y profunda: fatalismo, locura, codicia, sexualidad, obsesiones, apariciones, furia destructiva, misticismo, crimen, virginidad, soledad, son las características más llamativas de esos seres casi mitológicos. Dos estirpes, [61] la de los Buendía y la de los Aurelianos, componentes de una misma familia, ocupan la trama de toda una historia de cien años de duración. En general, unos son impulsivos y trágicos, y otros retraídos [62] y lúcidos. Se ha acusado al escritor colombiano de plagiar en *Cien años de soledad* la obra de Balzac titulada *La búsqueda de lo absoluto,* pero la comparación crítica de ambas obras no permite legítimamente llegar a esa conclusión.

García Márquez ha escrito además varias novelas cortas y cuentos, todos sobre los mismos personajes y lugares. Según las propias palabras del autor, tuvo la idea central de su obra maestra a los dieciséis años, pero como tenía dificultades técnicas para escribirla, trabajó en esos otros libros para aprender a escribir.

OTROS MOVIMIENTOS Y AUTORES

El panorama literario actual es sumamente variado y complejo, por lo cual resulta casi imposible sistematizar a los autores y obras en categorías estéticas. Uno de los movimientos más deslumbrantes [63] es el denominado *rea-*

---

[57] **portadores** bearers
[58] **huelgas** strikes
[59] **sequías** droughts
[60] **caballería** chivalry

[61] **estirpes** family lines
[62] **retraídos** withdrawn
[63] **deslumbrantes** dazzling

lismo mágico, constituido en los últimos años, y que se caracteriza por una combinación de la realidad y la fantasía. En modo general se distingue por la mezcla de un hecho real que sirve de trama o argumento, con un ingrediente ilusorio o fantasioso que el autor agrega [64] de su propia imaginación: un encuadre [65] americano y regional del tema o asunto, los personajes y demás contenidos; el origen histórico o legendario de la materia artística; la preferencia por los asuntos relativos a la magia, la superstición, la delincuencia, la subversión política, el amor ilícito, el primitivismo cultural, la ignorancia, la ensoñación, [66] el crimen, la inmoralidad, es decir, asuntos que reflejan el estado primitivo del ser humano. Las obras revelan un perfeccionamiento de la técnica narrativa, una despersonalización total del autor y una gran deuda con los grandes maestros de la narrativa del siglo XX, en especial Poe, Melville, Kafka, Dostoievski y otros.

Entre los más destacados [67] escritores de este movimiento puede citarse a Miguel Ángel Asturias, Lino Novás Calvo, Alejo Carpentier, Julio Lezama y otros.

Un famoso escritor fuera de determinado movimiento es el argentino Eduardo Mallea (1903-   ). Fundamentalmente es un indagador [68] del alma argentina, sobre todo del hombre urbano y capitalino. [69] En su primera etapa literaria, Mallea practicó con preferencia la autobiografía y el análisis de la Argentina. En la segunda, aunque mantuvo una identidad de estilo, se consagró a la novela. Las novelas de Mallea son psicológicas antes que de acción, e intelectuales antes que sentimentales. Todo sucede casi siempre en la Argentina y los personajes son argentinos o extranjeros radicados en ese país. Y son también hombres de este siglo. Pero el análisis del país y sus hombres no se agota [70] en lo nacional, pues los conflictos humanos de los argentinos aparecen insertados dentro de los conflictos de valores de toda la humanidad. Esta universalidad de enfoque [71] es lo que ha despertado el interés de los lectores extranjeros por Mallea. Sin embargo, Mallea no es un escritor filosófico ni metafísico. Es ante todo un narrador de historias, dotado de una sensible receptividad [72] para lo humano. Todo en los libros de Mallea es Mallea, ha dicho con acierto un crítico. Escribe con intensidad y lentitud, y sus novelas se desarrollan en una aparente morosidad [73] y tran-

---

[64] **agrega** adds
[65] **encuadre** setting
[66] **ensoñación** dreaming
[67] **destacados** outstanding
[68] **indagador** investigator, researcher
[69] **capitalino** resident in the capital

(Buenos Aires)
[70] **no se agota en** is not limited to
[71] **enfoque** focus
[72] **dotado...receptividad** gifted with a sensitive receptivity
[73] **morosidad** slowness

Jorge Luis Borges

quilidad externa, sin alardes [74] escandalosos. Es, incuestionablemente, un maestro de la ficción contemporánea.

Jorge Luis Borges

Es el autor argentino que goza de mayor fama internacional en estos momentos. Nació en Buenos Aires, hizo sus estudios secundarios en Suiza [75]
5   y se radicó definitivamente en su ciudad natal, donde se inició como poeta. Su extensa fama la debe en la actualidad a sus cuentos y ensayos. Ha obtenido hasta el presente numerosos premios internacionales.

Se ha dicho que nadie en lengua española ha creado un estilo "tan estilo". En efecto, su personalidad artística se apoya [76] no sólo en la temática,
10   muy novedosa, sino también en una técnica literaria muy elaborada. Sus temas son por lo general de procedencia libresca, [77] pero el autor les da una perspectiva y una derivación siempre original, convirtiendo así esa materia

---

[74] **alardes**   displays
[75] **Suiza**   Switzerland

[76] **se apoya**   rests
[77] **libresca**   bookish

JORGE LUIS BORGES

UN PATIO

Con la tarde
se cansaron los dos o tres colores del patio.
Esta noche, la luna, el claro círculo,
no domina su espacio.
Patio, cielo encauzado.
El patio es el declive
por el cual se derrama el cielo en la casa.
Serena,
la eternidad espera en la encrucijada de estrellas.
Grato es vivir en la amistad oscura
de un zaguán, de una parra y de un aljibe.

Fervor de Buenos Aires (1923, 1969)

---

cielo encauzado channeled sky or
  heaven
declive slope
se derrama is poured
encrucijada crossroads

zaguán entry passage
parra arbor
aljibe well; ornamental pond resembling
  a well

erudita y muerta, en asuntos de vitalidad e interés actual. Hay un trasfondo[78] filosófico en todos sus cuentos y ensayos, que reflejan una concepción peculiar del tiempo, el espacio, la muerte, el infinito, la existencia humana y el mundo.

Borges toma el mundo existente y real como si fuera una alucinación dentro de la cual vivimos, sin darnos cuenta. La muerte es para él la clave[79] de la vida y cada uno tiene su muerte personal. El destino humano es incomprensible y la vida se repite simétricamente en cada uno de nosotros, en un inextricable laberinto de destinos: el destino es como otra persona que llevamos dentro de nosotros mismos. Es dudoso para Borges que el mundo tenga sentido. Por eso hay algo de policial[80] en la vida de los seres humanos, en cuanto resulta[81] imposible atraparlos[82] dentro de una lógica. El tiempo es un eterno retorno, un regreso hacia el infinito que se repite constantemente. Aun en los casos en que Borges se inspira para sus cuentos en temas argentinos o de la vida porteña,[83] los conecta siempre con una interpretación filosófica extraída de sus creencias.

El sofisticado y teórico mundo de los cuentos de Borges ha llegado a causar cierta admiración en Europa y en los Estados Unidos, y ha sorprendido a la crítica con una intelectualización de la realidad que no se esperaba de una literatura considerada hasta entonces como inspirada sólo en lo primitivo, lo bárbaro y lo natural. Entre sus numerosas obras, pueden citarse *Historia universal de la infamia, Ficciones, El Aleph*[84] e *Inquisiciones*.

LA POESÍA

La poesía contemporánea de Hispanoamérica sigue varios rumbos,[85] al punto que resulta por el momento muy difícil sistematizarla. Las dos grandes figuras de la actualidad son el mexicano Octavio Paz (1914-   ) y el chileno Pablo Neruda (1904-1973).

Octavio Paz es el caso de una vida consagrada a la literatura y a la diplomacia. Sus obras, esparcidas[86] en varios libros, periódicos y revistas, o inéditas hasta hace poco tiempo, fueron recogidas por el autor en un volumen

---

[78] **trasfondo** background
[79] **clave** key
[80] **algo de policial** a detective-story element
[81] **en cuanto resulta** so that it becomes
[82] **atraparlos** to trap them

[83] **porteña** of Buenos Aires
[84] The *aleph* is the first letter of the Hebrew alphabet.
[85] **rumbos** directions
[86] **esparcidas** scattered

titulado *Libertad bajo palabra*. Como tantos otros escritores, ha pasado por diversas etapas [87] ideológicas y maneras poéticas: superrealismo, marxismo, budismo y panteísmo. Cultivó inicialmente la poesía de intención social, aunque luego la dejó aparte para consagrarse a temas permanentes y universales, como el amor, el odio, la libertad, la muerte, el paisaje, la solidaridad y el recuerdo. Para Paz la imagen es la esencia misma de la poesía. Le otorga a ella el carácter de síntesis del pensamiento y de estética de cada época. Son características en él, por ejemplo, las imágenes de la lira [88] y de la flecha; [89] la primera para expresar al hombre en su necesidad de cantar, y la segunda, para simbolizarlo en sus ansias de ir más allá de sí mismo.

Algunas de sus composiciones son consideradas como "experimentos poéticos": suele suprimir, [90] por ejemplo, las mayúsculas y los signos de puntuación, con el objeto de expresar más apropiadamente el fluir libre de la conciencia. Sus poemas son de los mejores logrados [91] por la lírica hispanoamericana, junto a los del peruano César Vallejo y de Neruda. Se ha dicho que este poeta ha llegado ya a la madurez [92] y que ha perfeccionado hasta el límite de sus posibilidades la creación poética.

Pablo Neruda

Su verdadero nombre era Neftalí Ricardo Reyes y obtuvo el Premio Nobel de Literatura en 1971. Nació en el sur de Chile (1904), en el seno [93] de un humilde hogar [94] de trabajadores. Se inició como periodista, estudió en la capital de su país en el Instituto Pedagógico y se incorporó más tarde a la diplomacia y a la política. Residió por razón de sus diversos cargos en varias partes del mundo. En Septiembre 1973 murió en su patria.

Neruda fue quizás el mayor poeta hispanoamericano y uno de los más potentes y originales escritores del siglo actual. Se ha revelado sobre todo como un innovador de la poesía. Su renovación ha alcanzado [95] los metros, las combinaciones estróficas, [96] la rima, el vocabulario, las imágenes, los temas, la inspiración y el tono. Las imágenes de Neruda son brillantes y fuertes, y casi siempre inesperadas. En sus primeros tiempos cultivó una poesía de tonalidad romántica (*Veinte poemas de amor y una canción desesperada*); luego se inclinó por una temática más sustantiva, especialmente

---

[87] **etapas** stages
[88] **lira** lyre
[89] **flecha** arrow
[90] **suele suprimir** he often omits
[91] **logrados** achieved

[92] **madurez** maturity
[93] **seno** bosom, heart
[94] **hogar** home, family
[95] **ha alcanzado** has included
[96] **estróficas** stanzaic

por la angustia, el amor y la muerte del hombre (*Residencia en la tierra*), y finalmente, en sus últimos tiempos, mostró un sometimiento[97] a su ideología marxista, con lo que su arte sufrió cierto menoscabo[98] estético. Sin embargo, a pesar de ello, es patente en Neruda un ansia de tipo metafísico por desentrañar[99] el misterio del destino humano. Habría sido difícil para un espíritu tan personalista, desprenderse[100] de su subjetividad y entregarse llenamente[101] a la poesía social. Su libro *Canto general,* junto a las *Odas elementales,* ha concitado[102] el asombro de los lectores.

LA PINTURA

La pintura iberoamericana actual está al lado de las mejores del mundo. Tanto en la pintura de caballete[103] como en la pintura mural, los artistas han realizado obras de gran calidad que se encuentran en los principales museos, colecciones privadas y edificios del mundo.

En cuanto a los temas, algunos artistas son regionalistas y pintan sobre aspectos típicos de sus países, mientras otros se han consagrado a la pintura abstracta o pintura contemporánea. Pero en uno y otro caso, la técnica es completamente moderna. El dibujo, la composición y los colores no guardan relación con el neoclasicismo o el romanticismo del siglo pasado.

En la Argentina, los tres grandes maestros del momento son Emilio Pettoruti, Lineo Eneas Spilimbergo y Miguel Carlos Victorica. El país ha carecido[104] de una tradición fuerte hispánica o indígena, y su pintura es de raíces europeas. Pettoruti se caracteriza por sus formas geométricas, de gran perfección y abstracción. Spilimbergo ha creado un mundo nuevo con figuras que recuerdan al Renacimiento, y Victorica da énfasis particular al sentido trágico de la vida cotidiana[105] en sus retratos y grupos.

En el Perú, José Sabogal ha creado una pintura indigenista que glorifica los factores étnicos, geográficos y culturales del país, mientras que Fernando de Szyszlo marcha a la cabeza de la pintura de vanguardia nacional.

Los venezolanos Armando Reverón, Alejandro Otero y Jesús Soto gozan de fama internacional. El primero es impresionista, inspirado en los maestros franceses. Otero es el creador de los "colorritmos",[106] ejecutados en pa-

---

[97] **sometimiento** submission	[102] **concitado** stirred up
[98] **menoscabo** decline	[103] **caballete** easel
[99] **desentrañar** to unravel	[104] **ha carecido de** has lacked
[100] **desprenderse** to rid himself	[105] **cotidiana** daily
[101] **llenamente** fully	[106] **colorritmos** color rhythms

neles rectangulares de madera con aerógrafo [107] y pintura *duco,* que tienen por finalidad crear el efecto de espacio multidimensional. Jesús Soto, de renombre internacional, trabaja con hojas de *plexiglass* y otros fondos, [108] tratando de representar los problemas del movimiento en el espacio, las tensiones, la vibración de la luz y la noción del tiempo. Usa para ello procedimientos propios y materiales como hierro, acero, y alambre. [109]

Un lugar importante en la pintura mundial ocupan también el uruguayo Pedro Figari; los ecuatorianos Osvaldo Guayasamín y Manuel Rendón; los cubanos Amelia Peláez, René Portocarrero y Wilfredo Lam.

En la actualidad se considera que la pintura iberoamericana ha llegado a su mayoría de edad. Han desaparecido las fronteras regionales, se han creado formas y escuelas originales y el arte ha pasado a un estilo internacional.

Es imposible generalizar las características del extraordinario número de artistas y plásticos, [110] cada uno de los cuales debe ser analizado y apreciado en su propia individualidad. Pero uno de los rasgos [111] más salientes de todos ellos es la confluencia de los estilos nativos con los de Europa occidental y de los Estados Unidos. Las fuentes [112] precolombinas aparecen combinadas, modernizadas e internacionalizadas junto a las más variadas corrientes del arte actual, incluso el arte *pop.*

Otro de los aspectos característicos es la relación del arte con los factores sociológicos, ya que el artista aparece muy ligado [113] a la sátira social, el "retorno a las raíces", la protesta política, el patrocinio [114] gubernamental, la reconquista del pasado tradicional, el interés por la difusión popular de las obras artísticas, y el acceso del público a la comprensión y goce [115] del placer estético. Hay una colaboración entre las artes para la creación de "un arte original abierto al mundo".

Los muralistas mexicanos

Al término de la Revolución Mexicana, el gobierno invitó a pintores del país a decorar edificios públicos, y de esta manera comenzó a revelarse un grupo de excelentes pintores muralistas. Diego Rivera (1887-1957), José Clemente Orozco (1883-1949), David Alfaro Siqueiros (1898-), y un poco más

---

[107] **aerógrafo** spray brush
[108] **fondos** background materials
[109] **alambre** wire
[110] **plásticos** sculptors
[111] **rasgos** characteristics

[112] **fuentes** sources
[113] **ligado** attached, linked
[114] **patrocinio** sponsorship
[115] **goce** enjoyment

tarde, Rufino Tamayo (1899-   ). En general, los tres primeros se han preocupado principalmente de representar la historia de México, mezclando en cierto sentido el arte con la política. El problema de las razas, la tierra, la conquista española, las oligarquías conservadoras, motivan muchos murales.
5 Tamayo, un poco menos conocido que los otros, se ha interesado más por el indigenismo y debe bastante inspiración a las artes populares.

El movimiento de los muralistas mexicanos es el acontecimiento más importante en el mundo pictórico hispanoamericano de los tiempos contemporáneos.

LA ARQUITECTURA

10 La arquitectura se ha renovado también en Iberoamérica, pero donde mejores exponentes de las nuevas tendencias se han logrado, es en México y en Brasil. Brasilia revela un estilo sumamente avanzado, mientras que la Ciudad Universitaria de México muestra un ejemplo típico de la combinación de elementos modernos e indígenas.

15 La arquitectura iberoamericana ha sabido aprovechar las experiencias y enseñanzas de los grandes maestros contemporáneos, los europeos Le Corbusier, Gropius y Van der Rohe, y el norteamericano Frank Lloyd Wright. Estos provechosos ejemplos no fueron sin embargo servilmente copiados. Se combinaron con los movimientos del nacionalismo cultural debido a que los
20 arquitectos locales habían logrado ya una conciencia propia, en el sentido de obtener una arquitectura moderna, pero al mismo tiempo peculiar y expresiva del espíritu de la raza.

La arquitectura ha desempeñado un papel muy importante en la expresión del alma iberoamericana y de los ideales del pueblo. Por esta razón, es
25 posible advertir que el idealismo y la emoción estética han sido muchas veces más fuertes que la funcionalidad o los aspectos económicos de las obras arquitectónicas de la región. En otras palabras, la arquitectura se concibe todavía más como un arte que como una técnica.

Esta aspiración idealista de los arquitectos explica que al lado de casas
30 pobres y aun miserables, se levanten viviendas o construcciones de sorprendente belleza y esplendor. Explica también la grandiosidad de las "ciudades universitarias" que se construyen en casi todas las urbes [116] importantes, con derroche [117] de recursos, como en México, Caracas o Río de Janeiro. Otro

---

[116] **urbes** metropolises   [117] **derroche** outpouring

ejemplo de este idealismo se observa en las reconstrucciones de edificios y monumentos indígenas o coloniales, de gran costo para la situación económica de algunos países.

Los arquitectos de Iberoamérica emplean técnicas modernas y recursos estilísticos muy variados para adaptar sus obras a las condiciones geográficas 5 o climáticas de la región. Aplican en sus construcciones parasoles o dispositivos [118] para protegerlas contra los efectos del sol, varios tipos de cerámica para aminorar [119] los efectos de las lluvias y el polvo, además de otros elementos decorativos, como los azulejos [120] y los vidrios multicolores o los jardines, tan característicos de México, Brasil y Venezuela. Los especialistas 10 han opinado [121] que esta arquitectura tendrá con el tiempo una gran influencia en todo el mundo.

LA ESCULTURA

La escultura, como las otras artes, se ha lanzado por nuevas vías. Famoso es el escultor peruano Joaquín Roca Rey, que trabaja particularmente con metales, produciendo conjuntos dinámicos, muy decorativos y de encantadora 15 armonía. En cuanto al argentino Rogelio Yrurtia, más clásico en su concepción, es autor de varios monumentos de la ciudad de Buenos Aires.

LA MÚSICA

Iberoamérica es un continente sumamente rico en música popular, canciones y danzas, en que se combinan los elementos indígena, negro y europeo (principalmente español y portugués): el *joropo,* en Venezuela; la *marinera,* 20 en Perú; la *cueca,* en Chile; la *chacarera,* el *tango* y la *milonga,* en la Argentina; el *pericón,* en la Argentina y el Uruguay; la *polca* y la *galopa,* en Paraguay; el *huaino,* en Bolivia, el *son, el bolero,* la *conga* y la *rumba,* en Cuba; el *huapango,* el *jarabe* y el *corrido,* en México; el *tamborito,* en Panamá; el *sanjuanito,* en Ecuador; el *bambuco,* en Colombia, y muchas 25 otras danzas y canciones. La música del Brasil es quizás la más variada y rica de todo el continente americano.

Existe una gran actividad musical en el orden folklórico y popular, y

---

[118] **dispositivos** devices
[119] **aminorar** to lessen
[120] **azulejos** glazed colored tiles

[121] **han opinado** h a v e expressed the opinion

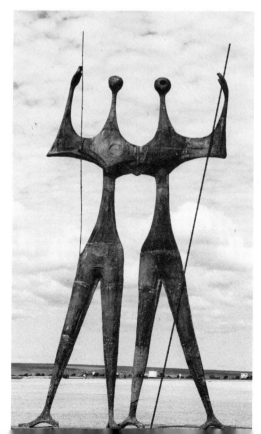

Página opuesta, arriba: Detalle del altar mayor de la Iglesia de San Francisco en Belo Horizonte, Brasil, por Cándido Portinari. *Página opuesta, abajo:* Arte folklórico de México. *Arriba:* "La Edad de Oro," sección de un mural por José Clemente Orozco en la Baker Library, Dartmouth College. *Izquierda:* "Los Guerreros", estatua por Bruno Giorgi en la Plaza de los Tres Poderes en Brasilia.

muchos compositores han logrado fama internacional por sus cantos y piezas para baile. En cada país, esta música depende en grado principal de su tradición.

Entre los compositores, existen tres tendencias. Primero, los que siguen el antiguo nacionalismo y emplean estilos derivados del romanticismo del siglo pasado o del impresionismo actual. Segundo, los compositores que buscan asimilar los elementos tradicionales del folklore en formas cosmopolitas y actuales. Por último, los que no tienen interés por el folklore ni por los motivos nacionales, y tratan de expresarse en formas totalmente nuevas, derivadas de la investigación teórica y de la experimentación.[122] Carlos Chávez es quizás el compositor hispanoamericano de mayor fama en estos momentos.

En la ópera, la figura más prominente es el argentino Alberto Ginastera, cuyos temas preferidos son el sexo, la violencia y la alucinación. Es un compositor ecléctico y pragmático, inclinado a utilizar todos los medios posibles para mejorar su obra, como por ejemplo la mezcla de ópera y cine. Sus obras han sido muchas veces representadas en los Estados Unidos.

CINE, RADIO Y TELEVISIÓN

Estas tres formas del arte contemporáneo están bastante difundidas en Iberoamérica. Los dos centros cinematográficos más importantes son México y Buenos Aires, que han logrado producir algunas películas[123] de interés internacional. Las películas mexicanas insisten más sobre los aspectos nacionales de la civilización, mientras que las argentinas tratan de aproximarse a las europeas, después de un período anterior de tendencia nacional. En Mar del Plata (Argentina) y en Acapulco (México) se realizan certámenes[124] internacionales de cine. Últimamente se ha comenzado a trabajar en Hispanoamérica en coproducciones internacionales.

La radiodifusión cuenta en Iberoamérica con la mitad aproximadamente de las estaciones existentes en los Estados Unidos.

En todos los países hay estaciones de televisión, que irradian programas propios[125] o importados de los Estados Unidos en cintas grabadas y dobladas al español.[126] En general, los programas iberoamericanos dan gran importancia al teatro, las ideas, los actos públicos y los debates.

---

[122] *Music of Latin America,* 3rd ed. (Washington, D.C.: Pan American Union, 1960), p. 12.
[123] **películas** films
[124] **certámenes** contests
[125] **propios** their own
[126] **cintas…español** tapes recorded and dubbed into Spanish

CUESTIONARIO

1. ¿Dónde buscan su inspiración actualmente los escritores iberoamericanos? 2. ¿Qué es una novela de protesta social? 3. ¿De qué trata *El Señor Presidente* de Miguel Ángel Asturias? 4. ¿A qué se denomina el *boom* actual de la literatura hispanoamericana? 5. ¿Por qué se caracteriza la narrativa de Julio Cortázar? 6. ¿Cuál es el novelista más reputado del Perú actual? 7. ¿En qué lugar imaginario se desarrolla la novela *Cien años de soledad*? 8. ¿Qué se entiende por "realismo mágico"? 9. ¿Cuáles son algunas de las ideas del argentino Jorge Luis Borges? 10. ¿Cómo es la poesía de Pablo Neruda? 11. ¿Qué tendencias se notan en la pintura del siglo xx? 12. ¿Quiénes son los muralistas mexicanos más famosos? 13. ¿Cuáles son algunas de las principales características de la pintura iberoamericana? 14. ¿Qué famoso arquitecto norteamericano ha influido en Latinoamérica? 15. ¿Qué dos principales cualidades caracterizan a la arquitectura iberoamericana? 16. ¿En qué se puede apreciar el idealismo de los arquitectos iberoamericanos? 17. ¿Qué es una ciudad universitaria? 18. ¿En qué tres ciudades son notables las construcciones universitarias? 19. ¿Cuáles son algunos de los recursos empleados por los arquitectos iberoamericanos para adaptar las construcciones a las condiciones climáticas y geográficas? 20. ¿Cuáles son los temas preferidos de las óperas de Alberto Ginastera?

TEMAS ESPECIALES DE COMPOSICIÓN Y CONVERSACIÓN

1. La narrativa actual.
2. *Cien años de soledad* de Gabriel García Márquez.
3. Jorge Luis Borges y su literatura.
4. La música iberoamericana.
5. La arquitectura iberoamericana.

QUINCE
EL BRASIL EN LOS
SIGLOS XIX Y XX

DON JUAN, REY DE PORTUGAL Y DEL BRASIL

Napoleón Bonaparte, después de invadir España, se aprestó [1] a ocupar Portugal en 1807. El príncipe regente Don Juan emigró entonces con toda la corte de los Braganza al Brasil, adonde llegó en 1808, desembarcando en Bahía. Inmediatamente declaró abierto el comercio de los puertos del Brasil a las naciones amigas, y se embarcó hacia Río de Janeiro.   5

Era el primer soberano de Europa que se trasladaba al continente americano. Gobernó con tolerancia, asistido por un gabinete [2] progresista, y dictó leyes que favorecieron la economía y la cultura del país. Fundó el Jardín Botánico, la Biblioteca Nacional, la Imprenta Regia, la Academia de Bellas Artes y el primer Banco del Brasil. En 1815, el Brasil fue elevado a la cate-   10
goría de reino unido a Portugal.

---

[1] **se aprestó** got ready

[2] **gabinete** cabinet

A la muerte de su madre, la reina, Don Juan fue proclamado rey de Portugal y Brasil. Hubo algunas resistencias republicanas, sobre todo en Pernambuco, pero fueron sofocadas. [3] En materia de política exterior, ocupó la Guayana Francesa (1809), como represalia [4] contra Francia, y el Uruguay (1821) que siete años más tarde proclamó su independencia con el nombre de República Oriental del Uruguay.

En 1821 decidió volver a Portugal, llamado por las Cortes [5] de Lisboa, y esto a pesar de que brasileños y portugueses le instaron repetidamente a quedarse. Al partir, dejó a su hijo Don Pedro como regente del país. [6]

Al año siguiente, en 1822, se dio orden desde Portugal a Don Pedro para que regresase, y se le enviaron los nombramientos de los nuevos gobernadores, con lo cual se hacía volver [7] al Brasil al régimen colonial.

El presidente del Senado, acompañado del pueblo, se dirigió entonces al palacio del príncipe y le requirió [8] que se quedara en el país, desoyendo [9] las instrucciones de Portugal.

Después de escuchar el discurso, el príncipe Don Pedro contestó categóricamente que se quedaba, por cuanto se trataba del bien [10] del pueblo y la felicidad de la nación. Este día se hizo célebre con el nombre de "Día do Fico", por la respuesta del príncipe: "Fico" (*Me quedo*).

A Don Pedro se le concedió el título de "Defensor Perpetuo" del Brasil.

EL GRITO DE IPIRANGA:
DON PEDRO I, EMPERADOR

Don Pedro había dado con su actitud los primeros pasos hacia la independencia. A los pocos meses, encontrándose a orillas del pequeño río de Ipiranga, entre San Pablo y Santos, declaró la separación absoluta del Brasil y Portugal (7 de septiembre de 1822), [11] con el famoso grito de "¡Independencia o muerte!" Días después, Don Pedro fue proclamado y coronado emperador del Brasil en Río de Janeiro. Poco después, una asamblea consti-

---

[3] **sofocadas** quelled
[4] **represalia** reprisal
[5] **Cortes** the Portuguese parliament
[6] " 'Peter, if Brazil must be separated from Portugal, as it is clear that it will be, you take the crown before anyone else can seize it,' Don Juan must have said to his son." Carlos Navarro y Lamarca, *Compendio de la historia general de América* (Buenos Aires: Ángel Estrada y Cía., 1910-

1913), p. 779.
[7] **se hacía volver** was made to return
[8] **requirió** requested firmly
[9] **desoyendo** disregarding
[10] **por cuanto...bien** since it was a matter of the good
[11] The prince tore the insignia of Portugal from his cap and fixed on his arm the colors of his new country: green for its luxuriant forests, and yellow for its gold and mineral wealth. When

tuyente redactaba [12] la constitución, y quedaba así constituido el Imperio del Brasil.

El gran inspirador del movimiento de independencia fue un gran patriota y hombre de ciencia, el popularísimo don José Bonifacio de Andrada e Silva, que ocupó un ministerio y fue director espiritual del naciente país. Este preclaro [13] hombre, poeta y sabio, es el patriarca de la independencia brasileña.

El emperador constitucional Don Pedro I, llamado el Rey Caballero por uno de sus biógrafos, tuvo una vida activísima, y por momentos, romántica, y realizó un gobierno ilustrado, patriótico y honrado. Portugal, por mediación de Inglaterra, reconoció la independencia del Brasil en 1825.

DON PEDRO II

Sin embargo, ciertos fracasos en la política exterior, su relación estrecha con los portugueses, y el desagrado [14] de algunos miembros del gabinete obligaron al monarca a abdicar (1831) y dejar el gobierno a su hijo de cinco años, bajo la tutela [15] de José Bonifacio de Andrada e Silva.

Después de cuatro regencias, asumió el gobierno ya mayor de edad, con el nombre de Pedro II, en momentos en que comenzaban a extenderse las ideas republicanas y liberales. [16]

Don Pedro II fue un gobernante honesto, apasionado por las ciencias y las artes, de una bondad patriarcal y una gran reputación internacional. Viajó varias veces por el mundo y llegó a ser una de las figuras más respetadas en Europa y América. Desarrolló la industria y el comercio y favoreció la inmigración. En su época se colonizó bastante el país y comenzó la explotación del caucho. [17] Abolió la esclavitud, en contra de los intereses de los *fazendeiros* o dueños de explotaciones agrícola-ganaderas.

LA REPÚBLICA

En 1889, el mariscal [18] Deodoro de Fonseca, apoyado por fuerzas militares, se hizo eco de [19] algunas protestas contra el gobierno y, sobre todo, de la

---

his father died in Portugal (1826), Don Pedro was acclaimed king of Portugal, but he abdicated in favor of his daughter.
[12] **redactaba** composed
[13] **preclaro** illustrious
[14] **desagrado** discontent
[15] **tutela** guardianship

[16] Brazil was the only country in the world which, in addition to the three customary governmental divisions of executive, legislative, and judicial, had a fourth one, the "Moderating Power".
[17] **caucho** rubber
[18] **mariscal** marshall
[19] **se hizo eco de** took cognizance of

difusión de las ideas positivistas [20] que desde la Escuela Militar difundía el profesor de Matemáticas y filósofo Benjamín Constant, adoctrinador [21] de los republicanos. Declaró depuesto [22] al emperador, desfiló [23] con sus tropas por las calles en medio de aclamaciones y fiestas, y organizó un gobierno provisional, presidido por él mismo, que gobernó hasta 1891. El Brasil se había convertido en República. Se inició luego la serie de gobiernos civiles. [24]

LA REVOLUCIÓN DE 1930: GETULIO VARGAS

En octubre de 1930 estalló un movimiento revolucionario presidido por el doctor Getulio Vargas, gobernador del estado de Río Grande del Sur y candidato a la presidencia de la nación. El movimiento triunfó y asumió el poder una junta provisional, que luego pasó el gobierno a Vargas. Una asamblea constituyente lo eligió más tarde presidente por el período 1934-1938. La revolución, que tenía profundas raíces sociales y económicas, estableció un gobierno favorable a las clases pobres, y promulgó leyes de trabajo [25] y bienestar social. [26]

BRASILIA, NUEVA CAPITAL

En 1960 Río de Janeiro dejó de ser la capital del Brasil, y fue reemplazada por Brasilia, construida a 600 millas de la costa, en el corazón mismo de un *sertão* [27] inculto. De esta manera se cumplió un antiguo sueño de muchos estadistas [28] que deseaban una capital interior para promover un desarrollo más igual del país, ya que su historia había sido eminentemente litoral. [29]

---

[20] Positivism was a philosophy which accepted only proven facts, rejecting a priori principles.
[21] **adoctrinador** teacher
[22] **depuesto** deposed
[23] **desfiló** he marched
[24] During the years from 1891-1930 Brazil strengthened its institutions, and the modern period began. Its territory was increased by means of peaceful treaties with neighboring nations. A certain feeling of reserve between Brazil and the Spanish American countries was replaced by one of reciprocal confidence and friendliness.
[25] **leyes de trabajo** labor laws
[26] In 1942 Brazil declared war on the Axis powers, and sent an expeditionary force to Italy. In 1950 Vargas was elected to the presidency, but in 1954 he committed suicide. The following year Juscelino Kubitschek, who announced a five-year plan for economic development and the creation of Brasilia as the capital, was elected president.
[27] **sertão** a Portuguese word meaning *hinterland*
[28] **estadistas** statesmen
[29] **litoral** coastal

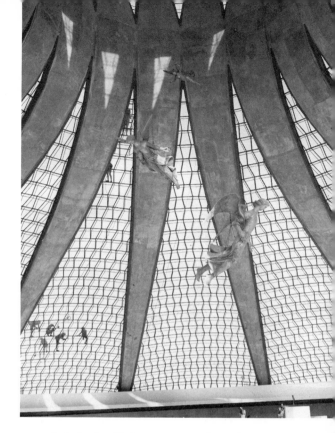

La Catedral de Brasilia,
diseñada por el arquitecto
Oscar Niemeyer.

La construcción de la nueva ciudad significó un tremendo esfuerzo
para el país y sus habitantes, por el gasto de dinero, la falta de buenas
comunicaciones, y el alejamiento [30] de las comodidades de la espléndida Río
de Janeiro. En Brasilia reside el gobierno y la administración nacional, y
por su construcción, es la capital más moderna del mundo. El arquitecto   5
Oscar Niemeyer ha tenido una importante participación en las obras de
esta ciudad.

LA OPERACIÓN PANAMERICANA: KUBITSCHEK

En 1958, el presidente Juscelino Kubitschek propuso un plan de desarrollo
económico y financiero de la América ibérica, y una política de efectiva
ayuda norteamericana a los países. El proyecto se denominó "Operación   10

---

[30] **alejamiento**   removal, withdrawal

Panamericana" y fue uno de los antecedentes del plan "Alianza para el Progreso" de los Estados Unidos.

La administración de Kubitschek fue cuestionada de corrupción y, además, castigada por una inflación de hasta el 80% anual por causa de la costosa construcción de Brasilia y la política de "marcha hacia el oeste", o sea la incorporación al dominio efectivo del país de las vastas zonas alejadas de la costa. Por otra parte, aumentó enormemente el endeudamiento [31] del Brasil con los acreedores extranjeros.

Asumió más tarde (1960) el gobierno Janio Quadros, un profesor de portugués y ex gobernador del estado de San Pablo, que usó como símbolo de su programa político una escoba [32] y prometió limpiar la vida pública brasileña de sus vicios. Pero debió renunciar antes de cumplir un año de presidencia. Lo sucedió el vicepresidente João Goulart, o "Jango", bastante hostil a los Estados Unidos, con simpatías ostensibles hacia Cuba, al punto de entregar la más alta condecoración del Brasil a Ernesto "Che" Guevara. Fue destituido [33] (1964) por una revolución militar y así comenzó el actual régimen político del Brasil.

EL RÉGIMEN MILITAR ACTUAL

El gobierno está desde 1964 en manos de las fuerzas armadas, que se han atribuido a sí mismas el carácter de "guardián de la constitución", y tienen su centro de operaciones en la Escuela Superior de Guerra, a la que el pueblo denomina La Sorbona [34] por sus actividades intelectuales. Allí se han efectuado y se siguen efectuando estudios sobre el desarrollo y la seguridad nacional, y las teorías elaboradas por ese grupo de oficiales superiores, asistido por técnicos civiles, son puestas en práctica y controladas por el gobierno. Gran número de políticos e intelectuales de la vieja tradición han tenido que desterrarse, [35] entre ellos Kubitschek.

El general Humberto Castelo Branco asumió la presidencia con el golpe militar y los partidos políticos fueron disueltos. El gobierno favoreció abiertamente más tarde la formación de dos únicos partidos, el oficialista, la Alianza Renovadora Nacional (ARENA), y el Movimiento Democrático Brasileño (MDB), opositor. Se realizaron nuevas elecciones (1967) y ganó

---

[31] **endeudamiento** indebtedness
[32] **escoba** broom
[33] **destituido** dismissed from office

[34] **La Sorbona** The Sorbonne, the prestigious French university
[35] **desterrarse** to go into exile

Izquierda: La planta Hidro-eléctrica de Furnas en Río Grande, Minas Gerais, Brasil, el proyecto más ambicioso de este tipo jamás realizado en Iberoamérica. *Abajo:* La futura carretera transamazónica paso por la selva.

Derecha: Agricultura en la región semi-árida del noreste del Brasil. *Página opuesta:* Población a orillas del Amazonas en el interior del Brasil. Los ríos son medio importante de comunicación pero también causan inundaciones.

el candidato oficialista, el general Arturo da Costa e Silva, que instauró [36] una política conservadora, consolidó el valor de la moneda, disminuyó el ritmo [37] de inflación, liquidó la autonomía universitaria, controló las actividades de los políticos y comenzó a aplicar las teorías económicas y sociales de la Escuela Superior de Guerra. Arturo da Costa e Silva murió inesperadamente de una hemiplejía [38] (1969) y asumió entonces el mando el general Emilio Garrastazú Médici.

EL "MILAGRO BRASILEÑO"

El gobierno militar brasileño ha dejado prácticamente la política aparte y se ha comprometido [39] en un amplio y meditado plan de desarrollo económico. Los negocios [40] han aumentado en forma notable, la industria se encuentra en un profundo proceso de expansión, la confianza de los brasileños en su propio país ha renacido, y los inversionistas [41] extranjeros han inver-

---

[36] **instauró** reestablished
[37] **ritmo** pace
[38] **hemiplejía** hemiplegia (paralysis of one side of the body)

[39] **se ha comprometido** has engaged
[40] **los negocios** business
[41] **inversionistas** investors

tido [42] elevadas sumas de capital en empresas de todo tipo. En los últimos años el producto bruto nacional [43] ha crecido sin interrupción a una tasa anual superior al 10%, con lo cual se ha puesto en un ritmo de desarrollo a la par del Japón.

Al mismo tiempo, el gobierno está introduciendo sustanciales mejoras sociales y el pueblo brasileño ha recuperado el optimismo y ha comenzado a elevar su nivel de bienestar. [44] El Brasil ha adquirido así una nueva importancia internacional y su influencia política y económica está haciéndose sentir [45] ya en los países limítrofes, [46] particularmente Paraguay, Bolivia y Uruguay, en América y en el resto del mundo, pese a [47] la competencia argentina. A este proceso de recuperación se le ha llegado a denominar en la prensa el "milagro brasileño".

Sin embargo, algunos observadores políticos le reprochan [48] al gobierno la persecución policial de los opositores; el elevado costo social que implica este enfoque del desarrollo, puesto que todavía no ha beneficiado a las cla-

---

[42] **invertido** invested
[43] **producto bruto nacional** gross national product
[44] **nivel de bienestar** standard of living
[45] **está haciéndose sentir** is making itself felt
[46] **limítrofes** bordering
[47] **pese a** despite
[48] **reprochan** blame on

ses más pobres; el endeudamiento exterior, y además, el sometimiento a la política y economía norteamericanas, que son en gran medida los apoyos [49] de esta expansión, sobre todo a partir de la administración del presidente Nixon, a quien se atribuye haber declarado que donde vaya el Brasil, irá
5 el resto de Iberoamérica. La ayuda de los Estados Unidos al Brasil excede a toda la ayuda prestada a los demás países del continente juntos.

LA LITERATURA DEL SIGLO XIX

El Brasil, como los demás países de Iberoamérica, tuvo una etapa románti-ca en su literatura, de imitación europea, aunque integrada con varios ele-mentos regionales: el sentimiento nacionalista, la incorporación de la natu-
10 raleza americana y el indianismo. El más alto representante de la poesía romántica brasileña es Antonio Gonçalves Dias (1823-1864), cuyos temas preferidos fueron las tradiciones indígenas, la patria, el amor y la natura-leza del país.

En el mismo período sobresale José Martiniano de Alençar (1829-1877),
15 poeta y prosista famoso, sobre todo por ser el creador de la novela histórica con su obra *El guaraní*. Logró un gran dominio de la lengua y elevó el tema indígena a un excelente nivel.

De la generación siguiente es Euclides da Cunha (1866-1909), otro de los maestros de la prosa, que logró celebridad por su obra *El sertanero,* [50]
20 en la que narra la vida en el desierto brasileño, la lucha contra el salva-jismo [51] de la naturaleza y la historia de un misterioso personaje, Antonio Consejero, místico, fanático, primitivo y valiente.

Otro prosista de gran valor fue José Graça Aranha (1868-1931), autor de la conocida obra *Canaán,* de fondo social, en la que refleja el cho-
25 que de la mentalidad europea con la americana en la formación del Brasil del futuro.

Joaquim Machado de Assis

El novelista más importante del siglo pasado, y tal vez el más famoso es-critor de toda la literatura brasileña, es Joachim Machado de Assis (1839-1908). Está considerado por los críticos como el escritor de más perfecto

---

[49] **apoyos** support
[50] **sertanero** a Spanish word used to
describe a person of the **sertão**
[51] **salvajismo** savagery

Joachim María Machado de Assis

estilo. Cultivó con preferencia la novela, con un realismo teñido [52] de análisis psicológico y cierta ironía o pesimismo. Tres de sus novelas constituyen la trilogía máxima de la prosa brasileña: *Memorias póstumas de Blas Cubas, Quincas Borba* y *Don Casmurro*.

LA LITERATURA DEL SIGLO XX

En los tiempos actuales existe una gran actividad literaria en el Brasil, apoyada en el creciente desarrollo de la industria editorial, los periódicos y revistas literarias, la afición de la población por la lectura y la inquietud intelectual por las ideas.

    Entre los escritores más conocidos internacionalmente deben señalarse José Bento Monteiro Lobato (1882-1948), escritor de asuntos sociales y

5

10

---

[52] **teñido**   tinted

libros para niños; Alfonso Lima Barreto (1881-1922), considerado el creador de la novela urbana; Manuel Bandeira (1886-   ), gran poeta de vanguardia; Alceu Amoroso Lima (1893-   ) que escribe bajo el seudónimo de
"Tristán de Athayde", crítico y divulgador de la cultura de su país; Jorge
5 Amado (1912-   ), novelista muy traducido en estos tiempos, de tendencia
social; Jorge de Lima (1895-1953), notable poeta; José Lins do Rêgo (1901-
1957), novelista regional, defensor de los pobres y oprimidos; Erico Veris-
simo (1905-   ), novelista famoso traducido a varios idiomas; y Gilberto
Freyre (1900-   ), sociólogo y ensayista celebrado, que en su obra *Casa*
10 *grande y Senzala* hizo un magnífico cuadro de la vida en tiempos de la
esclavitud.

LA ARQUITECTURA

El Brasil ocupa un lugar de privilegio en la arquitectura mundial contemporánea, por la audacia de las formas y el empleo de nuevos recursos
técnicos.
15 Los brasileños han resuelto con originalidad y maestría el difícil problema de adaptar la moderna arquitectura al clima tórrido del país y han
desarrollado, además, en forma notable, el arte de los jardines como complemento de la construcción. Han logrado formas imposibles para la arquitectura clásica mediante el empleo del hierro, acero, aluminio, cemento y
20 vidrio, prestando especial atención a la iluminación y la ventilación. El problema del calor lo han resuelto con persianas [53] de los más diversos tipos,
y con otros recursos. Como ornamento han desarrollado la aplicación de
murales y azulejos. Un excelente ejemplo de construcción brasileña es el
edificio del Ministerio de Educación y Salud, en Río de Janeiro.

Oscar Niemeyer y Roberto Burle Marx

25 Gran cantidad de arquitectos brasileños trabajan actualmente dentro de
estas nuevas tendencias, pero el más famoso de todos es probablemente Oscar
Niemeyer, autor de magníficos proyectos, a veces en colaboración con otros
artistas. Se destacan entre sus obras el edificio citado anteriormente, reali-

---

[53] **persianas** Venetian blinds

zado en colaboración con Lucio Costa y Le Corbusier como consultor, y la iglesia de Pampulha, en Belo Horizonte, con la colaboración del pintor Cándido Portinari. El empleo del vidrio para muros, practicado en el Ministerio de Educación y Salud, es precursor de la técnica aplicada en el edificio de las Naciones Unidas en Nueva York, proyecto en el cual colaboró 5 también Niemeyer.

El nombre de este arquitecto está también íntimamente ligado a las obras de Brasilia, cuyo plan piloto fue realizado por el arquitecto Lucio Costa.

En el arte de los jardines, la figura sobresaliente es Roberto Burle 10 Marx, extraordinario caso de artista, autor también de óleos, diseños para telas y tapicería, botánico creador de especies vegetales híbridas y ceramista. El arte de los jardines no se practicaba en la arquitectura con la intensidad aplicada por los brasileños, desde los tiempos de las culturas asiáticas antiguas, o desde los árabes (durante su permanencia en España) 15 y el Renacimiento italiano.

LA PINTURA

La pintura brasileña es también una de las principales de América. Los artistas actuales del Brasil están reputados entre los mejores del mundo, sobre todo en lo que se denomina, de un modo genérico, "arte de vanguardia". 20

Varios centros artísticos se disputan en estos tiempos la primacía dentro del Brasil. Los pintores brasileños han expuesto colectivamente sus obras en Europa varias veces, y sus cuadros figuran en los grandes museos contemporáneos.

El Museo de Arte Moderno de San Pablo, creado en 1949, es uno de 25 los mejores del mundo en su tipo, comparable al New York Museum of Modern Art, que colaboró en su fundación. A los dos años de su creación, organizó una exposición internacional, que ha sido considerada la más grande aventura internacional en la historia del arte moderno del Brasil. A partir de entonces, las exposiciones bienales [54] de San Pablo tienen, en pin- 30 tura moderna, la misma importancia que las de Venecia y el Carnegie International.

---

[54] **bienales**   every two years

Página opuesta: São Paulo, capital industrial y metrópolis más importante del Brasil. *Arriba:* Escenas callejeras y vista aérea de Río de Janeiro, vibrante capital cultural del Brasil. En abril de 1960, la sede del gobierno nacional se trasladó de Río a Brasilia.

El Museo de Arte Moderno de Río de Janeiro fue fundado en 1948 y está colocado en importancia después del Museo de San Pablo.

Cándido Portinari y Emiliano di Cavalcanti

Cándido Portinari (1903-1962) está considerado como uno de los más grandes dibujantes del siglo. Sus murales se encuentran en varios sitios del Brasil
5 y del exterior. Son famosos sus estudios para varios paneles del edificio de las Naciones Unidas.

Sus trabajos son analíticos, pero dotados de una emoción particular. [55] Analiza con cuidado los planos, la composición, el dibujo, la luz y los colores, y esta técnica es inmediatamente perceptible en sus cuadros. Gran
10 cantidad de sus obras se encuentran en colecciones privadas, museos e instituciones de varios países, incluso los Estados Unidos. Muy elogiados [56] son sus murales para el edificio del Ministerio de Educación y Salud de Río de Janeiro. Es el más conocido internacionalmente de los pintores brasileños.

Emiliano di Cavalcanti (1897-   ) es otro de los grandes pintores. Sus
15 temas son más brasileños que los de Portinari, destacándose su técnica y el gran colorido. [57]

LA MÚSICA

Heitor Villa Lobos

Es el más sobresaliente de los músicos brasileños y uno de los creadores más grandes del mundo contemporáneo occidental. Sus composiciones superan el número de 1.400 y se escalonan [58] desde simples melodías folklóri-
20 cas hasta piezas orquestales. En algunas de ellas, emplea exóticos instrumentos de procedencia indígena, principalmente amazónica. Se distingue por su gran amor a la cultura nacional, que ha contribuido a formar en gran parte.

---

[55] **particular** distinctive
[56] **elogiados** praised
[57] Other modern Brazilian artists are: Alfredo Volpi, Aldemir Martins, Marcelo Grassman, Lasar Segall, Roberto Burle Marx, and Manabu Mabe.
[58] **se escalonan** range

CUESTIONARIO

1. ¿Por qué se trasladó la corte portuguesa al Brasil en 1807?   2. ¿Cómo fue la obra del rey Don Juan en el Brasil?   3. ¿A quién dejó el gobierno cuando decidió regresar a Portugal?   4. ¿Qué es el "Día do Fico"? 5. ¿A qué se llama en la historia brasileña "Grito de Ipiranga"?   6. ¿Quién fue el inspirador de la independencia?   7. ¿Quién fue el primer emperador constitucional del Brasil?   8. ¿Quién fue Don Pedro II? 9. ¿Cuándo se fundó la república?   10. ¿Quién dirigió la revolución de 1930?   11. ¿Qué es Brasilia, y por qué se fundó la nueva capital?   12. ¿Qué es la Escuela Superior de Guerra?   13. ¿Cómo fue el movimiento romántico en la literatura brasileña?   14. ¿Quién es el novelista más importante de toda la literatura del Brasil?   15. ¿Cuáles son las tres más importantes obras de Machado de Assis?   16. ¿Qué nombres recuerda de la literatura brasileña del siglo XX?   17. ¿Qué arquitecto brasileño goza actualmente de fama internacional?   18. ¿Cuáles son los dos pintores brasileños más famosos de la actualidad?   19. ¿De dónde proviene la fama artística de la ciudad de San Pablo?   20. ¿Quién es el más reputado músico brasileño actual?

TEMAS ESPECIALES DE COMPOSICIÓN Y CONVERSACIÓN

1. Los emperadores brasileños Don Pedro I y Don Pedro II.
2. Brasilia, nueva capital del Brasil.
3. La literatura brasileña del siglo XIX.
4. Las principales obras en prosa de las letras brasileñas.
5. El arte contemporáneo en el Brasil.

DIECISÉIS
PUNTOS DE VISTA

Iberoamérica, considerada como una totalidad homogénea, no existe, porque es un conjunto de realidades históricas diferentes, aunque con algunos elementos comunes. * Tampoco fue única en sus culturas aborígenes, ni en el proceso del descubrimiento, la conquista y la colonización, ni lo es tampoco ahora en su desarrollo, su política o sus expectativas de futuro. Tomarla como unidad es una herencia de la época colonial, y también, un punto de vista principalmente norteamericano, y en menor grado, europeo occidental.

5

* There is no such thing as a single, unanimous Iberoamerican point of view. The ideas expressed in this chapter are not those of all Latin Americans, nor necessarily those of the authors, but they do represent the thinking of many Latin Americans, especially the younger generation, and as such they merit the consideration of everyone concerned with the future of both North and South America.

A pesar de todo, los latinoamericanos actuales tienen un evidente y declarado interés en convertirse en una unidad económica, primero, y política, en segundo término, como una forma de hacer frente al creciente imperialismo económico y ahora tecnológico de las grandes potencias mundiales. Pero dentro de este objetivo común, llamado de "integración latinoamericana", y que no es tan unánime como se dice, cada país y cada pueblo trata de conservar y resguardar[1] su propia individualidad nacional.

Iberoamérica ha tomado conciencia de sí misma y de su destino futuro, como conjunto de pueblos integrantes de una comunidad histórica con intereses muy similares, y el latinoamericano aparece como una nueva teoría frente al antiguo panamericanismo. Muy pocos países, sobre todo el Brasil con su actual régimen militar, se mantienen por ahora dentro de la línea norteamericanista. Argentina lo estuvo también bajo su gobierno militar, pero seguramente ésta no habrá de ser su actitud con el creciente triunfo del justicialismo.

El hombre latinoamericano no es hostil por sí a los Estados Unidos: oscila históricamente en una polaridad ambivalente. Admira el adelanto científico y tecnológico del país del norte, tiene simpatías por su régimen democrático, su creativa vida universitaria, su alto nivel de vida, su pujante[2] fuerza económica e industrial y la sencillez y bondad del pueblo norteamericano. Pero rechaza su política económica en relación con la América Latina, los excesos del capitalismo de sus empresas así como también su irrespetuosa intromisión[3] en los asuntos extranjeros; la retórica de sus gobernantes que predican[4] la hermandad e igualdad de los pueblos de América y que desmienten con realidades[5] que no se cumplen nunca o se cumplen con irritantes condiciones, o que protegen a ultranza[6] a sus empresas imperialistas, con políticas[7] agresivas y coercitivas, además de su cambiante[8] política latinoamericana y mundial.

Los intelectuales latinoamericanos distinguen claramente, cuando aluden a los Estados Unidos, entre el pueblo, el gobierno y las empresas norteamericanas, ahora denominadas "multinacionales". Respetan y hasta admiran al pueblo norteamericano, a sus turistas, a sus intelectuales, académicos, profesores e investigadores, pero repudian a los empresarios y políticos, en términos generales, por supuesto.

---

[1] **resguardar** protect
[2] **pujante** powerful
[3] **irrespetuosa intromisión** disrespectful interference
[4] **predican** preach, proclaim

[5] **realidades** realities, truths
[6] **a ultranza** to the death
[7] **políticas** policies
[8] **cambiante** changing

Los gobiernos norteamericanos han ejercido presión y hasta fuerza militar para impedir las relaciones de Latinoamérica con los países comunistas, pero ahora los Estados Unidos han restablecido sus relaciones con China continental, han firmado acuerdos [9] comerciales e industriales con Rusia y los países del bloque soviético, y no ven con buenos ojos [10] que las naciones de la América Latina hagan lo mismo. Han propugnado [11] la libertad económica y el libre cambio [12] como exigencia [13] para sus relaciones comerciales y financieras con los países del sud, pero han establecido barreras aduaneras [14] a la importación, han devaluado el dólar, han fijado salarios por decreto, han establecido precios máximos, [15] son proteccionistas y limitan sus compras en el exterior para mantener el equilibrio comercial, [16] precisamente lo que critican a los latinoamericanos y exigen que no hagan ellos para otorgarles préstamos [17] o efectuar inversiones. [18] Obviamente, la teoría liberal norteamericana en materia económica o no es apta para el mundo actual o es insincera. Además, gastan muchos más dólares en ayuda militar que en ayuda para el desarrollo. Decir que los norteamericanos son pragmáticos [19] y realistas, y que los latinoamericanos son idealistas y teóricos, es sólo una cuestión académica pero no una solución.

En esta década se ha quebrado la división bipolar del mundo, y los países latinoamericanos están conscientes de que pueden optar entre varias alternativas en defensa de su progreso y de su bienestar: los Estados Unidos, el bloque soviético, el Mercado Común Europeo, Japón y China continental. Los Estados Unidos parecen haber ideado [20] una nueva estrategia, la creación de un eje [21] Estados Unidos-Brasil-Japón, y si es cierto esto, será un nuevo factor de perturbación en la unidad panamericana. La influencia de los Estados Unidos está ahora en competencia con otros intereses en el mundo.

Iberoamérica sigue con sus tradicionales problemas de analfabetismo, pobreza, mala distribución de la riqueza, gobiernos dudosos [22] e ineficaces, falta de viviendas, escasez de medios de comunicación, rebelión estudiantil, violencia política y guerrillas, desmedido poder [23] de las fuerzas

---

[9] **acuerdos** agreements
[10] **no ven...ojos** they do not approve
[11] **propugnado** advocated
[12] **libre cambio** free trade
[13] **exigencia** necessary conditions
[14] **barreras aduaneras** customs barriers
[15] **precios máximos** ceiling prices
[16] **equilibrio comercial** balance of trade
[17] **otorgarles préstamos** to grant them

loans
[18] **efectuar inversiones** to make investments
[19] **pragmáticos** pragmatic, practical
[20] **ideado** devised
[21] **eje** axis
[22] **dudosos** dubious
[23] **desmedido poder** excessive power

armadas, minorías [24] privilegiadas, poca movilidad social ascendente, instituciones y legislación anticuadas para hacer frente [25] a los nuevos problemas, burocracia estatal, inflación, déficit en su comercio internacional, y deficientes condiciones sanitarias. Pero hasta ahora los Estados Unidos no se han preocupado seriamente por ayudar a resolver estos problemas, sino más bien por asegurar su hegemonía [26] política, garantizar sus inversiones obteniendo altas ganancias, y frenar militarmente la intromisión marxista. Europa, por su parte, ha permanecido prácticamente indiferente ante estos problemas.

En los últimos quince años Iberoamérica ha comenzado la búsqueda de soluciones autónomas: el comunismo castrista en Cuba, el gobierno militar socializante en Perú, el marxismo electivo en Chile, el militarismo como partido político en Brasil, imitado y fracasado [27] en la Argentina, la democracia social con partido único en México, el pacto alternativo de dos partidos opositores en Colombia, y el más reciente ejemplo original del Uruguay, consistente en la presión de las fuerzas armadas sobre las autoridades democráticamente elegidas, sin llegar a la revolución y a la ruptura de la continuidad constitucional. Queda por verse la nueva solución que pueda aportar el justicialismo peronista en la Argentina, recientemente triunfante por amplísima mayoría en elecciones libres. En términos generales, es muy probable que el nacionalismo sea la actitud básica triunfante en cuanto a política en el continente —denominada de "liberación nacional"—, con matices de grado [28] según los países.

Sin embargo, en lo económico y social no hay que engañarse con respecto a Iberoamérica. A pesar de los factores señalados, el continente no es tan pobre ni atrasado como pudiera desprenderse [29] de un examen superficial de origen periodístico. En la clasificación actual del mundo entre países ricos y países pobres, Iberoamérica es mucho más rica que Asia y África, considerados como conjuntos continentales. El estancamiento, [30] el analfabetismo, la falta de sanidad y el atraso industrial de Asia y África no ocurre en la misma dimensión en Latinoamérica. Aunque la tasa de crecimiento de su población sea la más alta del mundo, la América Latina es todavía una región despoblada en comparación con Asia y África. Pocos países de estos dos continentes —excepto Japón, Sudáfrica y acaso China continental— pueden considerarse países industriales, mientras que en la América Latina varios países como México, Brasil, Argentina y Venezuela

---

tienen ya una estructura industrial muy respetable y el sector humano dedicado a la agricultura es mínimo.

Un importante indicador del desarrollo económico, el ingreso anual medio [31] por habitante, es tres veces más grande en Latinoamérica considerada en su totalidad, que en Asia y África. Aun los países más pobres — Bolivia, Paraguay y Haití — tienen un ingreso superior al de la India y Tanzania. Los países más ricos, Venezuela, Argentina, Chile, Costa Rica, México, Panamá y Uruguay, tienen ingresos por habitante superiores a los de Grecia y España. Argentina tiene una tasa de alfabetismo (92%) casi igual a la de los Estados Unidos (97%), y con la sola excepción de Haití, todos superan a la India. Esto muestra la riqueza total del continente, por más que la repartición de esa riqueza sea arbitraria entre los habitantes. En este sentido, la diferencia entre los habitantes ricos y los pobres, es tal vez mayor en Latinoamérica que en cualquier otra parte del mundo. Este hecho es acaso el más explicativo de todos [32] en cuanto al continente sur, en la actualidad.

De aquí surge fundamentalmente la explosiva situación social de la América Latina y la violencia desatada. [33] En otras palabras, no es un problema de falta de riqueza, sino un problema de mala distribución. A esta injusticia distributiva — agravada por malos gobiernos en los últimos tiempos — se le ha agregado la ampliación y elevación del nivel cultural de los habitantes, particularmente de los jóvenes, que crece a un ritmo bastante acelerado. Un tercer factor es la acción de los medios de comunicación masivos, que han cambiado la actitud del hombre iberoamericano frente a la injusticia. Se ha terminado la época de la resignación, fruto de la ignorancia, y se reclama ahora una pronta reparación de la desigualdad económica, política y social. Es la llamada "revolución de las expectativas nacientes". [34]

En lo cultural, Iberoamérica crece sin cesar día a día. Su cultura se ahonda [35] y se extiende, y sus artes son cada vez más originales y universales. Seguramente es el resultado de la extraordinaria capacidad de asimilación que revelan los iberoamericanos y de su insobornable afán [36] de saber, educarse y crear. En lo religioso, no hay indicios de que Iberoamérica deje de ser fundamentalmente católica, sobre todo a partir de la transformación de la iglesia decretada por el Concilio Vaticano y de la modernización

---

[31] **ingreso anual medio** average annual income
[32] **es acaso ... de todos** perhaps explains more than any other
[33] **desatada** unleashed
[34] **expectativas nacientes** rising hopes, expectations
[35] **se ahonda** deepens
[36] **insobornable afán** unquenchable desire

y socialización comenzada por los papas Juan XXIII y Pablo VI.

Frente a este desafío del cambio,[37] algunos analistas se muestran optimistas y otros pesimistas. No puede negarse que el continente progresa año tras año y es difícil precisar[38] la celeridad con que ocurrirá el proceso. Si se logran romper las presiones económicas, internas y externas, y mejora la honestidad y eficiencia de los gobiernos, Iberoamérica surgirá antes del año 2000 como una poderosa unidad o bloque internacional. La relación de los Estados Unidos con este futuro continente dependerá principalmente de la visión de los gobernantes norteamericanos. Y de este debate tan crucial no pueden desentenderse[39] los estudiantes y profesores de la universidad norteamericana; un tema de tanta magnitud e importancia para el destino de toda América no puede dejarse en manos exclusivamente de los empresarios y los políticos.

TEMAS ESPECIALES DE COMPOSICIÓN Y CONVERSACIÓN

1. La política del gobierno norteamericano hacia Iberoamérica.
2. La responsabilidad social de las empresas multinacionales.
3. La actitud iberoamericana para con los Estados Unidos.
4. El papel de los intelectuales norteamericanos en el desarrollo de mejores relaciones entre los Estados Unidos e Ibeoamérica.

---

[37] **desafío del cambio** challenge of change

[38] **precisar** pinpoint

[39] **desentenderse** not participate

APÉNDICE

FECHAS IMPORTANTES

2000-1500 a. de C.	Establecimiento de los mayas en Centroamérica.
200 a. de C.-1200 d. de C.	Toltecas en el valle de México.
317-889 d. de C.	Época clásica de los mayas.
400-1000 d. de C.	Civilización mochica en el norte del Perú.
Siglo XI d. de C.	Aparición de los incas en el valle del Cuzco.
1000-1300 d. de C.	Cultura de Tiahuanaco en el Perú y Bolivia.
Siglo XIII d. de C.	Llegada de los aztecas al valle central de México.
1312 d. de C.	Los aztecas fundan la ciudad de Tenochtitlán en una isla del lago Texcoco.

ÉPOCA DEL DESCUBRIMIENTO,
DE LA CONQUISTA, Y DE LA COLONIZACIÓN

1492	Descubrimiento de América por Colón.
1494	Fundación por Colón de la primera ciudad americana, la Isabela, en la isla Hispaniola.
1497	Llegada de Juan Caboto a Norte América.
1498	Vasco de Gama descubre el Cabo de Buena Esperanza y llega a la India.
1500	Descubrimiento del Brasil por Pedro Alvares Cabral.
1513	Descubrimiento del Pacífico por Núñez de Balboa.
1513	Descubrimiento de la Florida por Ponce de León.
1519	Entrada de Cortés en Tenochtitlán.
1520	Fernando de Magallanes descubre el Estrecho que lleva su nombre, entre el Atlántico y el Pacífico.
1522	Elcano termina la primera vuelta al mundo.
1534	División del Brasil en quince capitanías generales.
1535	Establecimiento del Virreinato de Nueva España (México).
1535	Fundación por Pizarro de la "Ciudad de los Reyes" (Lima).
1536	Introducción de la imprenta en México.
1536	Fundación de la ciudad de Santa María de los Buenos Aires por Pedro de Mendoza.
1536	El conquistador Jiménez de Quesada lucha con los indios chibchas de Colombia.
1538	Fundación de Santa Fe de Bogotá.
1538	Creación de la primera universidad del continente, Santo Tomás de Aquino, en Santo Domingo.
1540-1541	Valdivia lucha con los araucanos, o *aucas,* de Chile.
1541	Fundación de la ciudad de Santiago de Chile.
1541	Hernando de Soto descubre el Misisipí.
1544	Establecimiento del Virreinato del Perú.
1549	Nombramiento de Tomé de Souza como gobernador del Brasil.
1553	Fundación de las Universidades de México y de San Marcos de Lima.
1717	Establecimiento del Virreinato de Nueva Granada.
1776	Establecimiento del Virreinato del Río de la Plata.
1789	"Inconfidencia Mineira", en Brasil.

ÉPOCA DE LUCHAS POR LA INDEPENDENCIA

1776	Independencia de los Estados Unidos de América.
1780-1781	Rebelión de Tupac Amarú en el Perú.
1789	Revolución Francesa.
1797	Fundación de la "Logia Americana" en Londres.
1806	Tentativa fracasada de Miranda por lograr la independencia de su país (Venezuela).
1807	Invasión de España y Portugal por Napoleón.
1808	Don Juan, príncipe regente de Portugal, llega al Brasil.
1813	Independencia de México.
1813	Independencia del Paraguay.
1815	El Brasil se convierte en reino unido a Portugal.
1816	Independencia de las Provincias Unidas del Río de la Plata.
1817	Independencia de Chile.
1821	Independencia del Perú.
1821	Independencia de Santo Domingo.
1821	Formación de la Gran Colombia (Venezuela, Colombia, Ecuador).
1821	Don Pedro, hijo de don Juan, es declarado regente del Brasil.
1822	Don Pedro I declara la independencia del Brasil.
1822	Agustín de Iturbide se proclama emperador de México.
1825	Independencia de Bolivia.

ÉPOCA POSTERIOR A LA INDEPENDENCIA

1829	El Uruguay se separa de las Provincias Unidas y proclama su independencia.
1829-1830	El Ecuador, Colombia y Venezuela se separan de la Gran Colombia.
1831	Abdicación de don Pedro I en favor de su hijo de cinco años, más tarde coronado con el nombre de Pedro II.
1845	Texas se separa de México.
1848	Tratado de Guadalupe Hidalgo, por el cual México

	cede a los Estados Unidos la mayor parte de Arizona, Nuevo México, y Alta California.
1852	Caída del dictador Rosas en la Argentina.
1853-1886	Período de la Organización Nacional en la Argentina.
1856	La Ley Lerdo de Tejada en México.
1858-1860	Guerra de la Reforma en México.
1864-1867	Maximiliano de Austria, emperador de México.
1865-1870	Guerra de la Triple Alianza entre el Brasil, el Uruguay y la Argentina por un lado, y el Paraguay por otro.
1876-1911	Período de Porfirio Díaz en México.
1879-1883	Guerra del Pacífico entre el Perú y Bolivia.
1889	El Brasil se convierte en República.
1889-1890	Primera Conferencia Internacional de los Estados Americanos en Washington, D.C.
1898	España pierde sus últimas colonias (Cuba, Puerto Rico y las Filipinas).

SIGLO XX

1903	El Panamá se separa de Colombia.
1910-1920	Revolución Mexicana.
1924	Fundación en el Perú de la Alianza Popular Revolucionaria Americana (A.P.R.A.).
1930	Movimiento revolucionario dirigido por Getulio Vargas en el Brasil.
1933	El presidente Franklin D. Roosevelt proclama la política del Buen Vecino.
1933-1938	Guerra del Chaco entre Bolivia y el Paraguay.
1934-1938	Presidencia de Getulio Vargas en el Brasil.
1943-1955	Período del peronismo o "justicialismo" en la Argentina.
1952	Victoria en Bolivia del Movimiento Nacionalista Revolucionario (M.N.R.).
1958	"Operación Panamericana" propuesta por el presidente Juscelino Kubitschek del Brasil.
1959	Triunfo en Cuba de la revolución marxista y acceso al poder de Fidel Castro.

1960	La capital del Brasil se traslada de Río de Janeiro a Brasilia en el interior del país.
1961	Plan de Alianza para el Progreso del presidente John F. Kennedy.
1967	Encíclica *Populorum Progressio* del Papa Pablo VI.
1968	Revolución militar peruana y gobierno del general Juan Velasco Alvarado.
1969	Gobierno militar del general Emilio Garrastazu Médici en el Brasil.
1970	Gobierno marxista de Salvador Allende en Chile, surgido de elecciones democráticas.
1973	Renacimiento y acceso al poder nuevamente del justicialismo peronista, en elecciones libres, en la Argentina. El doctor Héctor J. Cámpora es elegido presidente. Pocos meses después Cámpora dimite y Perón es elegido.
1973	Caída del gobierno de Allende en Chile, seguida por la muerte de él.
1973	Reacción solidaria de varios países latinoamericanos en favor de Panamá.

BIBLIOGRAFÍA SUMARIA

HISTORIAS GENERALES

Bailey, Helen M., y Nasatir, Abraham P.
Latin America: The Development of Its Civilization. 2nd ed. Englewood Cliffs, N.J., Prentice-Hall, Inc., 1968.
Herring, Hubert
A History of Latin America from the Beginnings to the Present. 3rd. ed. New York, Alfred A. Knopf, 1968.
Rippy, J. Fred
Latin America: A Modern History. Rev. ed. Ann Arbor, The University of Michigan Press, 1968.

HISTORIAS CULTURALES Y LITERARIAS

Anderson Imbert, Enrique
Historia de la literatura hispanoamericana. 3ra. ed. México, Fondo de Cultura Económica, 1961, 2 v.

Castro, Americo
Iberoamérica: Su historia y su cultura. 4ta. ed. New York, Holt, Rinehart & Winston, 1971.

Englekirk, John E., *et al.*
An Outline History of Spanish American Literature. 3rd ed. New York, Appleton-Century-Crofts, Inc., 1965.

Henríquez Ureña, Pedro
Historia de la cultura en la América Hispana. México-Buenos Aires, Fondo de Cultura Económica, 1947.

Henríquez Ureña, Pedro
Las corrientes literarias en la América Hispánica. México, Fondo de Cultura Económica, 1954.

Torres-Ríoseco, Arturo
Nueva historia de la gran literatura iberoamericana. 3ra. ed. Buenos Aires, Emecé, 1960.

CAPÍTULO I

Collier, John
Indians of the Americas: The Long Hope. 7th. ed. New York, The New American Library.

James, Preston E.
Latin America. 3rd. ed. New York, The Odyssey Press, 1959.

Kubler, George
Art and Architecture of Ancient America. Baltimore, Md., Penguin Books, 1961.

Steward, Julian H., ed.
Handbook of South American Indians. New York, Cooper Square, 1957, 7 vols.

Wissler, Clark
The American Indian: An Introduction to the Anthropology of the New World. 2d. ed. New York, Oxford University Press, 1922.

CAPÍTULO II

Alva Ixtlilxochitl, Fernando de
Obras históricas. México, Oficina Tip. de la Secretaría de Fomento, 1891.

Arias-Larreta, Abraham
Literaturas aborígenes: Azteca, incaica, maya-quiché. 8va. ed. Los Angeles, The New World Library, 1962.

Baudin, Louis
Socialist Empire: The Incas of Peru. Van Nostrand-Reinhold, 1961.

Baudizzone, Luis M.
Poesía, música y danza inca. Buenos Aires, Nova, 1943.

Campos, Ruben M.
La producción literaria de los aztecas. México, Secretaría de Educación Pública, 1936.

Caso, Alfonso
El pueblo del Sol. México, Fondo de Cultura Económica, 1953.

Chavero, Alfredo
Los azteca o mexica: Fundación de la ciudad de México-Tenochtitlan. México, Libro Mex, 1955.

Garcilaso de la Vega, el Inca
Comentarios reales de los incas. Buenos Aires, Emecé, 1943, 2 v.

Garibay K., Ángel María
Historia de la literatura náhuatl. México, Porrúa, 1953, 2 v.

Landa, Fray Diego de
Relación de las cosas de Yucatán. 7ma. ed. México, Editorial Pedro Robredo, 1938.

Lara, Jesús
La poesía quechua. México, Fondo de Cultura Económica, 1943.

Libro de Chilam Balam de Chumayel.
Prólogo y traducción al castellano del idioma maya por Antonio Mediz Bolio. México, Universidad Nacional Autónoma, 1941.

Márquez Miranda, Fernando
Los aborígenes de América del Sur. (En: *Historia de América*, dirigida por Ricardo Levene, tomo IV. Buenos Aires, W. M. Jackson, Inc., 1947.)

Mason, J. Alden
The Ancient Civilizations of Peru. Rev. ed. Harmondsworth, Middlesex, A Pelican Book, 1964.

Means, Philip A.
  Ancient Civilization of the Andes. New York, Gordian, 1964.
*Memorial de Sololá: Anales de los cakchiqueles. Título de los señores de
  Totonicapán.*
  Edición de Adrián Recinos. México, Fondo de Cultura Económica,
  1950.
Morley, Sylvanus Griswold
  The Ancient Maya. 3rd ed. rev. Brainerd, George W. (ed.). Stanford,
  Calif., Stanford University Press, 1956.
Ollantay
  Drama en verso quechua del tiempo de los Incas, traducido de la
  lengua quechua al francés y comentado por Gabino Pacheco Zegarra.
  Versión española por G. Madrid, Campuzano, 1886.
Popol Vuh, Las antiguas historias del Quiché.
  Traducción del texto original con introducción y notas de Adrián
  Recinos. 4ta. ed. México, Fondo de Cultura Económica, 1960.
Sahagún, Fray Bernardino de
  Historia general de las cosas de la Nueva España. México, Imprenta
  del Ciudadano Alejandro Valdés, 1829, 3 v.
Stephens, John L.
  Incidents of Travel in Central America, Chiapas and Yucatan. Pred-
  more, Richard L. (ed.). New Brunswick, N. J., Rutgers University
  Press, 1956.
Stephens, John L.
  Incidents of Travel in Yucatan. Von Hagen, Victor W. (ed.). Nor-
  man, Oklahoma, University of Oklahoma Press, 1971, 2 vols.
Thompson, John E.
  The Rise and Fall of Maya Civilization. 2nd ed. Norman, Oklahoma,
  University of Oklahoma Press, 1970.
Torquemada, Fray Juan de
  Monarquía indiana. México, S. Chávez Hayhoe, 1943-1944, 3 v.
Vaillant, George C.
  The Aztecs of Mexico: Origin, Rise and Fall of the Aztec Nation.
  Rev. ed. by Vaillant, Suzannah B., Harmondsworth, Middlesex, A
  Pelican Book, N.D.
Von Hagen, Victor W.
  The Aztec: Man and Tribe. New York, The New American Library,
  1958.
Von Hagen, Victor W.
  Realm of the Incas. New York, The New American Library, 1957.

Von Hagen, Victor W.
 World of the Maya. New York, The New American Library, 1960.

CAPÍTULO III

Acosta, Fray Joseph de
 Historia natural y moral de las Indias. Madrid, Ramón Anglés impresor, 1894, 2 v.
Cieza de León, Pedro de
 La crónica del Perú. Buenos Aires, Espasa-Calpe, 1945.
Cortés, Hernán
 Cartas de relación de la conquista de México. 4ta. ed. México, Espasa-Calpe, 1961.
Díaz del Castillo, Bernal
 Historia verdadera de la conquista de la Nueva España. México, Porrúa, 1962.
Fernández de Navarrete, Martín
 Viajes de Cristóbal Colón. Madrid, Calpe, 1922.
Hanke, Lewis
 The Spanish Struggle for Justice in the Conquest of America. Boston, Mass., Little, 1966.
The Journal of Christopher Columbus. Markham, Clements R. (ed.). New York, B. Franklin, 1964.
Kirkpatrick, F. A.
 Los conquistadores españoles. Traducción de Rafael Vázquez Zamora. Buenos Aires-México, Espasa-Calpe Argentina, S. A., 1940.
Las Casas, Fray Bartolomé de
 Historia de las Indias. México, Fondo de Cultura Económica, 1951, 3 v.
López de Gómara, Francisco
 Conquista de México. (En: *Historiadores primitivos de Indias,* t. I, págs. 294-455. Madrid, Biblioteca de Autores Españoles, 1852).
López de Gómara, Francisco
 Historia general de las Indias. Madrid, Espasa-Calpe, S. A., 1941, 2 v.
Lummis, Carlos F.
 Los exploradores españoles del siglo XVI: Vindicación de la acción colonizadora española en América. Traducción de Arturo Cuyás. Buenos Aires-México, Espasa-Calpe Argentina, S. A., 1945.

Pereyra, Carlos
   La obra de España en América. Madrid, Aguilar, 1930.
Prescott, William H.
   The Conquest of Mexico. New York, Modern Library, 1936.
Solís, Antonio de
   Historia de la conquista de Méjico. Paris, Editorial Garnier Frères
   S. A., 2 v.
Zárate, Agustín de
   Historia del descubrimiento y conquista de la provincia del Perú.
   (En: *Historiadores primitivos de Indias,* t. II, págs. 459-574. Ma-
   drid, Biblioteca de Autores Españoles, 1862).

CAPÍTULO IV

Ayarragaray, Lucas
   *La iglesia en América y la dominación española: Estudio de la época
   colonial.* Buenos Aires, L. J. Rosso, 1935.
Benítez, Fernando
   La vida criolla en el siglo XVI. México, El Colegio de México, 1953.
Carbia, Rómulo D.
   Historia de la leyenda negra hispanoamericana. Madrid, Consejo de
   la Hispanidad, 1944.
Francisco de Vitoria
   Relaciones sobre los indios y el derecho de guerra. Buenos Aires,
   Espasa-Calpe Argentina, 1946.
García, Juan Agustín
   La ciudad indiana. Buenos Aires, La Cultura Popular, 1937.
Gibson, Charles
   Spain in America. New York, Harper & Row, 1966.
Haring, C. H.
   The Spanish Empire in America. New York, Harcourt Brace Jova-
   novich, 1963.
Humboldt, Alexander von
   Ensayo político sobre el reino de la Nueva España. 6ta. ed. México,
   Robredo, 1941, 5 v.
La Condamine, Carlos María de
   Viaje a la América meridional. Traducción de Federico Ruiz Mor-
   cueno. Buenos Aires-México, Espasa-Calpe Argentina, S. A., 1945.

Las Casas, Fray Bartolomé de
  Doctrina. Prólogo y selección de Agustín Yáñez. 9na. ed. México, Universidad Nacional Autónoma, 1951.
Leonard, Irving A.
  Books of the Brave. New York, Gordian, 1964.
Moses, Bernard
  The Establishment of Spanish Rule in America: An Introduction to the History and Politics of Spanish America. New York, G. P. Putnam's Sons, 1907.
Ots, José María
  Instituciones sociales de la América Española en el período colonial. La Plata, Facultad de Humanidades y Ciencias de la Educación de la Universidad de La Plata, 1934.
Quesada, Vicente G.
  La vida intelectual en la América Española, durante los siglos XVI, XVII y XVIII. Buenos Aires, La Cultura Popular, 1917.
Sierra, Vicente D.
  Así se hizo América. Madrid, Ediciones Cultura Hispánica, 1955.
Sierra, Vicente D.
  Sentido misional de la conquista de América. Madrid, Consejo de la Hispanidad, 1944.
Torre Revello, José
  El libro, la imprenta y el periodismo en América durante la dominación española. Buenos Aires, Peuser 1940.
Torre Revello, José
  Orígenes de la imprenta en España y su desarrollo en América Española. Buenos Aires, Institución Cultural Española, 1940.
Turberville, A. S.
  The Spanish Inquisition. Hamden, Conn., Shoe String Press, 1968.

CAPÍTULO V

Kelemen, Pal
  Baroque and Rococo in Latin America. New York, Dover, 1967, 2 vols.
Kubler, George and Soria, Martin
  Art and Architecture in Spain and Portugal and their American Dominions, 1500-1800. Baltimore, Md., Penguin Books, 1969.

Moses, Bernard
  Spanish Colonial Literature in South America. New York, The Hispanic Society of America, 1922.
Picón-Salas, Mariano
  De la Conquista a la Independencia: Tres siglos de historia cultural hispanoamericana. 3ra. ed. México-Buenos Aires, Fondo de Cultura Económica, 1958.
Solá, Miguel
  Historia del arte hispano-americano: Arquitectura, escultura, pintura y artes menores en la América española durante los siglos XVI, XVII y XVIII. Barcelona, Editorial Labor, S. A., 1935.

CAPÍTULO VI

Azevedo, Fernando de
  Brazilian Culture: An Introduction to the Study of Culture in Brazil. Translated by William R. Crawford. New York, Hafner, 1971.
Bazin, Germain
  L'architecture religieuse baroque au Brésil. San Pablo, Museu de Arte, 1956-1958, 2 v.
Calmon, Pedro
  Historia de civilização brasileira. San Pablo, Companhia Editora Nacional, 1933.
Jofré Barroso, Haydée M.
  Esquema histórico de la literatura brasileña. Buenos Aires, Nova, 1959.
Mattos, Aníbal
  Historia da arte brasileira. Bello Horizonte, Bibliotheca Mineira de Cultura, 1937.
Mendoça, Renato de
  Breve historia del Brasil. Madrid, Ediciones Cultura Hispánica, 1950.
Pandiá Calogeras, João
  A History of Brazil. Translated by Percy Alvin Martin. Chapel Hill, The University of North Carolina Press, 1939.

CAPÍTULO VII

Gandia, Enrique de
  La independencia americana. Buenos Aires, Compañía General Editora, 1961.

Moses, Bernard

> *The Intellectual Background of the Revolution in South America: 1810-1824.* New York, Russell, 1966.

Moses, Bernard

> *South America on the Eve of Emancipation: The Southern Spanish Colonies in the Last Half-Century of their Dependence.* New York, G. P. Putnam's Sons, 1908.

Robertson, William S.

> *Rise of the Spanish-American Republics: As Told in the Lives of their Liberators.* New York, Free Press, 1965.

CAPÍTULO VIII

Blanco Fombona, Rufino

> *Grandes escritores de América (Siglo XIX).* Madrid, Renacimiento, 1917.

Carilla, Emilio

> *El romanticismo en la América Hispánica.* Madrid, Gredos, 1959.

Vitier, Medardo

> *Del ensayo americano.* México, Fondo de Cultura Económica, 1945.

Zea, Leopoldo

> *Dos etapas del pensamiento en Hispanoamérica: Del romanticismo al positivismo.* México, El Colegio de México, 1949.

Zea, Leopoldo

> *Esquema para una historia de las ideas en Iberoamérica.* México, Universidad Nacional Autónoma de México, 1956.

CAPÍTULO IX

Chang-Rodríguez, Eugenio

> *La literatura política de González Prada, Mariátegui y Haya de la Torre.* México, Ediciones De Andrea, 1957.

Henríquez Ureña, Max

> *Breve historia del modernismo.* México-Buenos Aires, Fondo de Cultura Económica, 1954.

Martínez Estrada, Ezequiel

> *Muerte y transfiguración del Martín Fierro.* México, Fondo de Cultura Económica, 1948, 2 v.

Nichols, Madeline Wallis
The Gaucho: Cattle Hunter, Cavalryman, Ideal of Romance. New York, Gordian, 1968.

Zum Felde, Alberto
Índice crítico de la literatura hispanoamericana: El ensayo y la crítica. México, Editorial Guarania, 1954.

CAPÍTULO X

Alegría, Fernando
Breve historia de la novela hispanoamericana. México, Ediciones De Andrea, 1959.

Morton, F. Rand
Los novelistas de la revolución mexicana. México, Editorial Cultura, 1949.

Sánchez, Luis Alberto
Proceso y contenido de la novela hispanoamericana. Madrid, Gredos, 1953.

Spell, Jefferson R.
Contemporary Spanish-American Fiction. New York: Biblo & Tannen, 1968.

CAPÍTULO XI

Alexander, Robert J.
Today's Latin America. Garden City, N.Y., Doubleday, 1962 (Anchor Books).

Berle, Adolf A.
Latin America: Diplomacy and Reality. New York, Harper & Row, 1962.

Blakemore, H.
The Modern World: Latin America. London, Oxford University Press, 1973.

Bourne, Richard
Political Leaders of Latin America. Harmondsworth, Middlesex, Penguin Books Ltd., 1970.

Gheerbrant, Alain
La Iglesia rebelde de América Latina. Traducción del francés, inglés

y portugués por Carlos Gerhard, Florentino M. Tourner y Claudio Colombiani. México, Siglo XXI Editores, 1970.

Hanke, Lewis
Modern Latin America: Continent in Ferment. 2nd ed. Van Nostrand-Reinhold, 1967, vol. 2.

Johnson, John J.
The Military and Society in Latin America. Stanford, Calif., Stanford University Press, 1964.

Lieuwen, Edwin
Arms and Politics in Latin America. Rev. ed. New York, Praeger, 1961.

Lindqvist, Sven
The Shadow: Latin America Faces the Seventies. Translated by Keith Bradfield. Harmondsworth, Middlesex, Penguin Books Ltd., 1972.

Matthews, Herbert L.
Fidel Castro. New York, Simon & Schuster, 1969.

Needler, Martin C.
Latin American Politics in Perspective. 2nd ed. New York, Van Nostrand-Reinhold, 1968.

Pablo VI
Carta encíclica Sobre el Desarrollo de los Pueblos. Traducción oficial al castellano por el Vaticano. Buenos Aires, Plus Ultra, 1967.

Ruiz García, Enrique
América Latina hoy: Anatomía de una revolución. Madrid, Ediciones Guadarrama, 1971, 2 v.

Suchlicki, Jaime
Cuba: From Columbus to Castro. New York, Scribners, 1974.

Tannenbaum, Frank
Ten Keys to Latin America. New York, Alfred A. Knopf, 1962.

CAPÍTULO XII

Baltra Cortés, Alberto
Problemas del subdesarrollo económico latino-americano. Buenos Aires, Editorial Universitaria de Buenos Aires, 1966.

Benham, F. and Holley, H. A.
A Short Introduction to the Economy of Latin America. London, Oxford University Press, 1960.

Frank, Andre Gunder

Capitalism and Underdevelopment in Latin America. Harmondsworth, Middlesex, Penguin Books Ltd., 1971.

Furtado, Celso

El poder económico: Estados Unidos y América Latina. Traducción de Rosa Cusminsky. Buenos Aires, Centro Editor de América Latina, 1971.

Furtado, Celso

Subdesarrollo y estancamiento en América Latina. Traducción de Samira Chuahy. Buenos Aires, Editorial Universitaria de Buenos Aires, 1966.

Hirschman, Albert O.

Journeys Toward Progress: Studies of Economic Policy-Making In Latin America. New York, The Twentieth Century Fund, 1963.

Hirschman, Albert O., ed.

Latin American Issues: Essays and Comments. New York, The Twentieth Century Fund, 1961.

Rostow, W. W.

The Stages of Economic Growth: A Non-Communist Manifesto. 2nd ed. New York, Cambridge University Press, 1971.

Servan-Schreiber, J.-J.

El desafío americano. Traducción de J. Ferrer Alen. Barcelona, Plaza y Janés, S. A., 1969.

CAPÍTULO XIII

Adams, Richard N. *et al.*

Social Change in Latin America Today. New York, Random House, 1960 (Vintage Books).

Clissold, Stephen

Latin America: A Cultural Outline. London, Hutchinson University Library, 1970.

Germani, Gino

Política y sociedad en una época de transición. Buenos Aires, Paidós, 1968.

Gracíarena, Jorge

Poder y clases en el desarrollo de América Latina. Buenos Aires, Paidós, 1967.

Seymour, Martin Lipset and Solari, Alda, eds.
Elites in Latin America. New York, Oxford University Press, 1967.
Siegfried, André
América Latina. Traducido y anotado por Luis Alberto Sánchez. Sgo. de Chile, Editorial Ercilla, 1935.
Smith, T. Lynn, ed.
Studies of Latin America Societies. Garden City, N.Y., Doubleday, 1970 (Anchor Books).

CAPÍTULO XIV

Arcieniegas, Germán
El continente de siete colores. Buenos Aires, Editorial Sudamericana, 1965.
Cohen, J. M.
Latin American Writing Today. Gloucester, Mass., Peter Smith, N. D.
Crawford, W. Rex
A Century of Latin-American Thought. Rev. ed. Cambridge, Mass., Harvard University Press, 1961.
Díaz-Plaja, Guillermo
Hispanoamérica en su literatura. Barcelona, Salvat Editores S. A., 1970.
Folk Songs and Dances of the Americas.
Washington, D. C., Pan American Union, 1963, 2 vols.
Franco, Jean
The Modern Culture of Latin America: Society and the Artist. Harmondsworth, Middlesex, Penguin Books Ltd., 1970 (Pelican Books).
Harss, Luis and Dohmann, Barbara
Into the Mainstream: Conversations with Latin-American Writers. New York, Harper & Row, 1969.
Loprete, Carlos A.
La narrativa actual. Buenos Aires, Plus Ultra, 1972.
Rodríguez Monegal, Emir
Narradores de esta América. Montevideo, Editorial Alfa, s. f.

CAPÍTULO XV

Burns, E. Bradford
A History of Brazil. New York, Columbia University Press, 1970.

Calmon, Pedro

Historia da civilização brasileira. San Pablo, Companhia Editora Nacional, 1933.

Freyre, Gilberto

Interpretación del Brasil. México, Fondo de Cultura Económica, 1945.

Jofré Barroso, Haydée M.

Esquema histórico de la literatura brasileña. Buenos Aires, Nova, 1959.

Pandiá Calogeras, João

A History of Brazil. Translated by Percy Alvin Martin. Chapel Hill, The University of North Carolina Press, 1939.

Sodre, Nelson Werneck

Evolución social y económica del Brasil. Traducción de Thomas Moro Simpson. Buenos Aires, Eudeba, 1964.

Worcester, Donald E.

Brazil: From Colony to World Power. New York, Scribners, 1973.

VOCABULARIO

The authors wish to express their thanks to Mr. Maynard T. Smith, Editorial Consultant for the Department of Spanish-Italian-Portuguese at the University of Southern California, for his valuable assistance in the preparation of this *Vocabulario*.

C. A. L.
D. Mc M.

The vocabulary is intended to contain words used in the text except the articles, some kinds of pronouns, possessive and demonstrative adjectives, and nouns and adjectives that have similar forms and meanings. The gender of masculine nouns ending in -o and the gender of feminine nouns ending in -a, -tad, -dad, -ión, and -ud are also not included. Some irregular past participles, irregular preterites, adverbs ending in -mente, and superlatives ending in -ísimo have been listed. Obvious cognates and some words generally known by second- and third-year students have been omitted.

Abbreviations

m	masculine	*imp.*	imperfect	*pret.*	preterite
f	feminine	*past part.*	past participle	*subj.*	subjunctive
pl	plural	*pres.*	present	*Port.*	Portuguese

A

a to, at, for, in, of

abajo down, below, a — downward

abandonar to abandon

abandono abandonment

abarcar to embrace, contain, include

abastecer to supply

abastecimiento provisioning, providing supplies

abertura aperture, opening

abiertamente openly

abierto, -a *past part. of* **abrir** open(ed)

abogado lawyer

abolición abolition; abrogation

abolir to abolish

aborígenes *m pl* aborigenes, oldest inhabitants of a country

abrumador, -a overwhelming

absolver (ue) to absolve

absuelto *past part. of* **absolver**

abusar to abuse; to impose

acabar to finish, end; — **con** to put an end to; — **de** to have just

académico, -a academic; *m* academician

acampar to encamp

acaso perhaps

acatar to revere, to respect

acaudillar to lead, direct, command

acelerar to accelerate

aceptación acceptance

acerca de about, concerning

acercarse to approach

acero steel

acierto skill; accuracy

aclamación acclaim, applause

acomodar to accommodate, arrange

acompañar to accompany

aconsejar to advise

acontecimiento event, happening

acosar to harass

acostumbrar to accustom

actitud attitude

activar to activate

activísimo, -a very active

acto act, action

actual present, present day, current

actualidad present times; **perder** — to be out of date

actualmente at the present time

actuar to act

acudir to come, to respond; to turn to, to resort

acuerdo agreement; memory; **de** — **con** in acordance with

aculturación acculturation, interchange of cultures

acumular to accumulate, gather; to store up

acusación accusation

acusar to accuse

achacar to attribute, impute; to blame

adaptar to adapt

adecuado, -a adequate, suitable

adelantado, -a progressive, advanced; *m* an official in newly conquered territory

adelantamiento progress

adelanto progress, step forward

además moreover, besides

adiestrar to train, teach

adivinatorio, -a divining, divinatory

adivino soothsayer, fortuneteller

adjudicar to adjudge; award

administración administration

administrador administrator; manager

administrativo, -a administrative

admiración admiration

admirar to admire; —**se de** to wonder at

adoctrinador *m* one who explains a doctrine, teacher

adonde where

adorar to adore

adquirir (ie, i) to acquire

aduana customhouse

aduanero, -a pertaining to customs duties

adulterio adultery

adúltero, -a adulterous

adversario adversary, opponent, enemy

aéreo, -a aerial

aerógrafo atomizer, spray brush

aeroplano airplane

afán *m* zeal, eagerness
afanoso, -a solicitous, painstaking
afecto fondness
afianzar to strengthen, back up; to guarantee
afición fondness, liking
afiliación affiliation
afirmar to affirm, assert
afrancesado, -a "Frenchified"; *m* Francophile
afrontar to confront
afuera out, outward
ágil agile
agitador *m* agitator
agitar to agitate; to incite to action
agotador, -a exhausting
agotar to exhaust
agradable pleasing, agreeable
agravar to aggravate, make worse
agravio grievance
agregar to add
agremiar to unionize
agrícola agricultural
agricultor *m* farmer; agriculturalist
agronomía agronomy, scientific agriculture
agrupar to form into a group, to group
agudo, -a sharp, penetrating
águila *f* eagle
agujero hole
ahijado godchild; protégé
ahondarse to deepen
ahorcar to hang
ahorrar to save; to spare
ahorro saving
airado, -a angry
aislamiento isolation
ajeno, -a strange, foreign
ají *m* chili
ajuar *m* furnishings, household goods
ajustar to adjust, adapt
ajuste *m* adjustment, fit
ajusticiar to execute, put to death
al = a + el to the; upon, when
alambre *m* wire
alarde *m* show, display
alarido noise, outcry

albergar to house, shelter
alcanzar to achieve, attain, reach
aldea village, town
aleación alloy
alegato allegation
alegórico, -a allegoric
alegría joy
alejamiento farness; removal
alejar to remove to a greater distance
alemán, -a German
Alemania Germany
alentador, -a encouraging
alentar (ie) to encourage; cheer
alfabetismo literacy
alfarería pottery making
alférez *m* subaltern, second lieutenant
alfombra carpet
algo something; somewhat
algodón *m* cotton
algún, alguno, -a some
aliado ally
alianza alliance
aliar to ally, join
aliento courage, spirit; breath
alimentación nutrition, nourishment
alimentar to feed, nourish
alimenticio, -a alimentary, nourishing
alimento nourishment, food
alivio alleviation, relief
alma soul
almirante *m* admiral
alojamiento lodging, room and board
alpaca a wool-bearing animal
Altiplano Andean Highlands or Plateau
alto, -a tall, high; **Alto Perú** *m* Bolivia
altura height, altitude
alucinante dazzling
aluminio aluminium
alzamiento raising; insurrection, uprising
allá there; **más — de** beyond
amalgama amalgam
amante *m and f* lover; **ser — de** to be fond of
amarillo, -a yellow
amarrar to moor, lash, tie up

amatorio, -a amatory, pertaining to love

amauta Inca word meaning a learned man

Amazonas *m* Amazon River; *f sing* amazon

amazónico, -a pertaining to the Amazon

ambicioso, -a ambitious

ambiente *m* atmosphere; environment

ambos, -as both

amigo friend; ser — de to be fond of

aminorar to lessen, decrease

amistad friendship

amo master

amoroso, -a amorous, pertaining to love

amparar to protect, shelter

ampliación amplification, enlargement

ampliar to amplify, enlarge

amplio, -a ample, broad, extensive

anales *m* annals

analfabetismo illiteracy

analfabeto, -a illiterate

ancho, -a wide, broad

andar to walk; to move; to be (as an auxiliary verb)

andino, -a Andean

anduvo *pret. of* andar

anestésico, -a anesthetic

anexión annexation

anexo, -a adjoining

anglofobia Anglophobia

anglosajón, -a Anglo-Saxon

angustia anguish

anhelo desire, longing

anillo ring

animalístico, -a animalistic, pertaining to animals

ánimo spirit, mind; courage

anónimo, -a anonymous

anotar to annotate

ansia anxiety

ante in front of, before

antecesor *m* predecessor; forefather

antepasado ancestor

antepecho breastwork, guardrail

anterior prior, previous

anterioridad priority; con — a prior to, earlier than

antes before; — (de) que before, rather

anticapitalismo anticapitalism

anticatólico, -a anti-Catholic

anticlericalismo anticlericalism

anticuado, -a antiquated; obsolete; old-fashioned

antigüedad antiquity, ancient times

antiguo, -a old, ancient; former

antihispanismo anti-Hispanism

antiimperialismo antiimperialism

antiintervencionismo antiinterventionism

antisemitismo anti-Semitism

antiyankismo anti-Yankeeism

antorcha torch

antropofagia cannibalism

antropólogo anthropologist

anulación annulment

anular to annul

apagar to extinguish, put out

aparato apparatus

aparecer to appear

aparición appearance

aparte apart

apasionado, -a passionate

apelación appeal

apenas hardly, scarcely

aplacar to placate, appease; to pacify, calm

aplicar to apply

apodar to nickname

apoderarse de to take possession of

apogeo apogee, highest point of development

apología apology; vindication

apologista *m* apologist

aportar to bring to, contribute

aporte *m* contribution

apóstol *m* apostle

apóstrofe *m* apostrophe; scolding

apoyar to support

apoyo support; backing

apreciar to appreciate; to appraise, to evaluate

apresar to seize; to capture

aprestar to prepare, ready

aprista pertaining to APRA (a political party in Peru)

aprobación approbation, consent

aprobar (ue) to approve

aprovechamiento beneficial use

aproximadamente approximately

apto, -a apt, suitable

apuro haste, urgency (American)

aquel, aquella that

árabe Arab; Arabic; m Arab

arabesco arabesque, whimsical adornment

arado plough

arahuaco Arahuacan Indian

araucano, -a Araucanian; m Araucanian Indian

arcaico, -a archaic

arcaísmo archaism

archiduque m archduke

archipiélago archipelago

archivo archive

arcilla clay

arco arc, arch; — de medio punto semicircular arch; — semicurvo curved arch

ardiente ardent

arduo, -a arduous, strenuous

arena sand; arena

arenoso, -a sandy

argentino, -a Argentinian

argucia subtlety; trick

argumento argument; thesis

aristócrata m aristocrat

Aristóteles Aristotle

aritmética arithmetic

arma arm, weapon; — de fuego firearm; carrera de —s military career

armonía harmony

aro hoop

aromático, -a aromatic, pleasant smelling

arqueológico, -a archaeological

arqueólogo archaeologist

arquitectónico, -a architectural

arraigar to root

arrastrar to drag

arremeter to assail, attack; — contra to rush upon, attack

arrendatario renter, tenant

arrojar to throw, cast, fling, hurl

arroz m rice

arruinar to ruin

arsenal m arsenal, repository of arms and ammunition

arte m or f art; bellas —s fine arts

artesanía craftsmanship

artesonado, -a ceiling adorned with sunken panels

asa handle

asalariado, -a wage-earning

asamblea assembly

ascender (ie) to ascend; — a to amount to

ascenso ascent

ascético, -a ascetic

asegurar to assure

asentar to set up housekeeping; to locate, place, seat

asesino, -a murderous; m murderer

asesoramiento m advising, counseling

así so, thus

asiento seat

asignar to assign

asilo asylum

asimilar to assimilate

asimismo likewise, in the same manner

asistencia attendance; aid, assistance

asistir to attend

asno jackass, donkey

asociar to associate

asombrar to astonish

asombroso, -a astonishing

aspecto aspect, appearance

astro star

astrolabio astrolabe

astronómico, -a astronomical, astronomic

astrónomo astronomer

astucia astuteness, cleverness, shrewdness

asumir to assume

asunto affair, matter

atacar to attack

ataque *m* attack
atemperado, -a moderate, temperate
atender (ie) to attend to, pay attention to, take care of
atento, -a attentive
atenuar to attenuate; to extenuate
atormentar to torment, torture
atractivo attraction
atractivo, -a attractive
atraer to attract
atrapar to trap, catch
atrás back, backwards; ago
atrasar to delay; to slow down
atraso backwardness; lag; delay
atreverse a to dare to
atrio entrance court
atrocidad atrocity
atropello upset; trampling; abuse; injustice
auca *m* Auca Indian
audacia audacity, boldness
audaz audacious, bold
Audiencia Audience, an official hearing body; a type of court
auge *m* boom, upsurge, vogue
aumentar to increase, augment
aumento increase
aun even
aún still, yet
aunque although, even if
ausencia absence
ausente absent
auténtico, -a authentic, genuine
auto a short religious play
autóctono, -a native of the country
autodidacto, -a self-educated
automóvil *m* automobile
autónomo, -a autonomous, independent
autor *m* author
autoridad authority
autoritario, -a authoritarian
autorizado, -a authoritative
autorizar to authorize
avance *m* advance
avanzada outpost
avanzar to advance
avena oats

aventura adventure
aventurero, -a adventurous; *m* adventurer
averiguación investigation
avestruz *m* ostrich
aviario aviary
avidez *f* avidity, greediness
aviso notification, news
avivar to enlighten; to awaken
ayllu an Incan word referring to a sort of clan
ayuda help, aid
ayuno fast
azar *m* hazard, chance
azote *m* lash
azteca *m* Aztec
azúcar *m* sugar
azul blue
azulejo glazed tile

B

bachillerato *m* baccalaureate; in Iberoamérica, the term used for a course of study of the college preparatory type
bahía bay
bailarín *m* dancer
baile *m* dance
baja reduction, lowering
bajar to descend, to lower
bajo under; *adjectivo* low
balaustrada balustrade, bannister
baldío, -a uncultivated, untilled
balsa raft, float; corkwood
banco bank; bench
banda band
bandera flag, banner
banderín *m* banner, pennant
bandido bandit
bando proclamation, edict
barato, -a cheap
barba beard
barbarie *f* barbarism
bárbaro barbarian
barco boat, vessel, ship, bark
bardo bard, poet
barrera barrier

barro clay; mud

barroco, -a baroque, heavily ornamented

basar to base

base *f* base, basis; a — de with a base of

básico, -a basic

bastón *m* cane

batalla battle; fight

batata sweet potato

bautismo baptism

beatificar to beatify

bebedor *m* drinker; toper

bebida beverage, drink

belga *m or f* Belgian

bélico, -a bellicose, warlike

belleza beauty

beneficencia welfare, benefit

beneficio benefit; exploitation (of mines); cultivation (of land)

Biblia Bible

bíblico, -a Biblical

biblioteca library

bien well; más — rather; *m* possession; good, welfare

bienal biennial, every two years

bienestar *m* well-being

bígamo bigamist

biógrafo biographer

blando, -a bland, soft

blasfemo blasphemer

bloque *m* block

bohemio, -a Bohemian, gypsy-like

boleadoras *f* stone weights in a slingshot used by the Indians and gauchos

bolsa purse, pocketbook; stock exchange

bonaerense pertaining to the Province and city of Buenos Aires

bondadoso, -a good, kind

bordo board (nautical); a — on board

borrar to erase; to eradicate

bosque *m* woods, forest

bosquejo sketch, outline

botánico, -a botanical; *m* botanist

bóveda arch, vault

brasil brazilwood

brasileño, -a Brazilian; *m* Brazilian

breve brief

breviario breviary; brief treatise

brillo brilliance, luster

brindar to afford, offer; to toast

británico, -a British

bronce *m* bronze

broquel *m* shield, buckler

brujo wizard, sorcerer

brújula compass; magnetic needle

brusco, -a gruff, brusk; sudden

bucanero buccaneer

bula papal bull or pronouncement

burlesco, -a burlesque

busca, search

C

caballete *m* easel; trestle

caballito little horse

cabaña cabin, hut

cabello hair

caber to fit, be contained in

cabida space, room, capacity; dar — to make room for

cabildo town governing body

cabo end; cape

Cabo de Hornos Cape Horn

cacería hunt

cacique *m* an Indian leader; political boss

cadena chain

cadera hip

caer to fall

caída fall

cajón *m* box; drawer

calabaza squash, pumpkin

calado, -a openwork

calculador, -a calculating

caldeo, -a Chaldean

calidad, quality; en — de in the role or category of

calificar to name as

calificativo name, classification

cáliz *m* chalice, cup

calor *m* heat
calvinista Calvinist
calzada causeway; *m* footwear
calzar to put on shoes, wear as shoes
callejero, -a street
cama bed
cámara room, chamber
cambio change, exchange; **en** — on the other hand
camello camel
camino road; way
camión *m* truck
camote *m* sweet potato
campaña, campaign
campeón *m* champion
campesino, -a country; peasant; *m* farmer; peasant
campo field; country, rural area
canción song
cancionero, anthology, collection of verse
candela candle, flare, taper, torch
canonizar to canonize
cansar to tire
cántaro jug
cantidad quantity
canto song
cantor *m* singer
caña cane, reed; — **de azúcar** sugarcane
caoba mahogany (tree or wood)
capa cape; layer
capaz capable
capitanía captaincy
capitulación agreement; capitulation
capricho caprice, whim
caprichoso, -a capricious
cara face
caracol *m* snail; shell
carácter *m* character, characteristic
característica characteristic
cárcel *f* jail, prison
carecer to lack, be lacking
carencia lack; defect
carente lacking
carga load, freight; burden; **animales de** — beasts of burden
cargamento cargo, shipload

cargar to load
cargo office, honor, position; **a** — **de** in charge of; **hacerse** — **de** to take charge of
caribe *m and f* Carib Indian
Caribe Caribbean
caridad charity
carne *f* meat
carnívoro a meat-eating animal
carrera career, profession; course of study; race
carretera, road, highway
carruaje *m* carriage
cartógrafo cartographer
casamiento marriage
casco cask; crown of a hat
caso case; example
casona large family home
castellano, -a Castilian
castigar to punish
catarata cataract, waterfall
catecismo catechism
cátedra professorship
catedrático professor
categóricamente categorically
cateo prospecting
catequesis *f* brief and simple explanation of a doctrine
catolicismo Catholicism
católico, -a Catholic
cauce *m* channel, riverbed
cauchero rubber worker
caucho rubber
caudillismo tendency to follow a *caudillo*, usually the leader of a relatively small faction
caudillo leader, chief
causa cause; **a** — **de** because of
cáustico, -a caustic
cautela caution; craft, cunning
cautivar to capture, captivate
cautivo, -a captive
caza hunting
cazador *m* hunter
cazar to hunt
cebada barley
ceder to cede, yield
celda cell

célebre famous, well known
celebridad celebrity, fame
celeridad celerity, speed
celeste celestial
celo zeal
celoso, -a zealous; jealous
cementerio cemetery
censura censure, adverse criticism; censorship
censurar to censure; to censor
centeno rye
centuria century
cera wax
cerámica ceramics
ceramista *m* ceramist
cerbatana blowgun, peashooter
cerca (de) near; nearly
cercar to surround; to fence; to besiege
cerdo pig
cerebro cerebrum; brain
cero zero
certamen *m* competition, contest
certeza certainty, assurance
césped *m* sod, turf, lawn
cestería basket weaving
ciclo cycle
ciego, -a blind
cielo sky, heaven; a dance of the gauchos
ciempiés *m* centipede
ciencia science
científico, -a scientific
cierto, -a certain
ciervo deer
cifra cipher, figure, number, amount
cinematográfico, -a, pertaining to motion pictures
cinta ribbon
cintura waist
cilíndrico, -a cylindrical
cima height, summit
cine *m* motion pictures, cinema
cinturón *m* belt, cordon
circular to circulate
círculo circle
circuncisión circumcision
circunstancia circumstance, occasion

cirujano surgeon
citar to cite, name
ciudadanía citizenship
ciudadano citizen
ciudadela fortress
clandestinamente clandestinely, secretly
clarín *m* clarion; a kind of trumpet
claro, -a clear, light; *m* clearing
clasicismo classicism
clasicista classicistic; *m* classicist
clavar to nail
clave *f* key (figurative)
clericalismo clericalism; participation by the clergy in secular government
clero clergy
clima *m* climate
coacción coercion, enforcement
cobre *m* copper
cobrizo, -a copperish, copper color
cocer (ue) to cook
cocina kitchen
coco coconut
cocotal *m* coconut grove
códice *m* codex
codicia avarice, greed
código code; codex
codo elbow
cohete *m* rocket
colaboración collaboration, help
colectivamente collectively
colectivista collectivist
colgar (ue) to hang, suspend
colibrí *m* hummingbird
colina hill
colocar to place, put, locate
colonizador *m* colonizer
colono colonist, colonizer, settler
colorear to color
colorido coloring
colorritmo color rhythm
coloso colossus
colla an Incan word meaning the principal wife of the Inca
collar *m* necklace
comando command
combate *m* combat, struggle
combatir to combat
comenzar (ie) to begin

comerciante *m* merchant, trader
comercio commerce, trade
cometer to commit
comienzo beginning
como as; like; **¿cómo?** how?
comodidad comfort
cómodo, -a comfortable
compañía company; **Compañía de Jesús** Jesuit Order
compás *m* compass
compenetrar to compenetrate; to understand thoroughly; to be convinced
compensar to compensate
competencia competence; competition
competir (i) to compete
compilar to compile
complejidad complexity
complejo, -a complex; *m* complex
complemento, complement
complexión constitution, temperament; habit, nature
complicar, to complicate
complicidad complicity
complot *m* plot, intrigue
componer to compose, make up
compositor *m* composer
comprador *m* buyer
comprender to comprise, include, contain; to understand
comprensión comprehension, understanding
comprobar (ue) to prove; to check, verify
comprometer to compromise; to commit
compromiso compromise; commitment
compuesto *past part. of* **componer**
compuso *pret. of* **componer**
cómputo computation
común common
comunero, -a popular (pertaining to the people); *m* commoner
comunicativo -a, communicative; talkative
comunitario, -a pertaining to the community; communal
con with, by

concepción conception, concept
concerniente concerning
concesionario concessionaire, dealer
conciencia conscience; consciousness
conciliar to conciliate; to reconcile
concluir to conclude; to end
concretar to make concrete, establish the details
concubina concubine
concurrir to concur; to gather together
concurso, contest, competition
conchilla small shell
conde *m* earl, count
condenar to condemn
condición circumstance, condition
cóndor *m* condor (a large vulture)
conducción conduct, leadership
conducir to lead, conduct
confeccionar to make, put together
conferencia lecture; conference
conferir (ie, i) to confer
confianza confidence; **de —** trusted
confiar to entrust, confide
conflagración conflagration, fire
congreso congress, convention
conjuntamente together
conjunto whole, aggregate; **en —** as a whole (group)
conjuración conspiracy
conmutar to commute
conocedor *m* expert, connoisseur
conocer to know, recognize; **dar a —** to make known
conocido, -a familiar; well-known
conquistar to conquer, win
consagración consecration
consagrar to devote wholly, to consecrate
conseguir (i) to achieve, succeed, attain
consejero adviser, counselor
consejo council; advice, counsel
conservador, -a conservative
conservadorismo conservatism
consigna watchword, banner
consigo with oneself, himself, themselves, etc.
consiguiente consequently; **por —** as, a result

consistente consistent; consisting
constar to consist
constituir to constitute, make up
constituyente constituent
constructor, -a building, constructing; *m* builder
consulado consulate; tribunal for cases concerning navigation and trade
consulta consultation
consultor *m* consultant
consumar to consummate, complete
consumo consumption
contabilidad accounting
contar (ue) to count; — **con** to count on
contenido content; the contained
continencia continence, restraint
contingente *m* contingent
continuar to continue
continuo, -a continual; continuous
contornear to outline, go around
contra against
contrabando contraband
contraproducente counterproductive
contrapunto counterpoint
contrario, -a contrary; opposed; **por el** — *or* **al** — on the contrary
contrato contract
convencer to convince
convenir (ie) to agree; to be suitable; to behoove
convento convent, monastery
converso, -a converted; *m* convert
convertir (ei, i) to convert
convivir to live together; — **con** to exist side by side
convocar, to convoke, call together
corazón *m* heart
cordel *m* string, cord
cordillera mountain range
corneta cornet, bugle
corona crown
coronar to crown
coronel *m* colonel
corredor *m* corridor; runner, messenger
corregidor *m* chief magistrate of a town

corregir (i) to correct
correo mail
correr to run
corresponder to correspond; to belong; to fall to the lot of
correspondiente corresponding
corresponsal *m* correspondent
corrido course, run; street ballad
corriente general, common; *f* current, a running stream; *m* current month; **al** — **de** currently informed
corromper to corrupt
cortar to cut
corte court; court-tribunal; **Cortes** Parliament
coser to sew
cósmico, -a cosmic
cosmogonía cosmogony
cosmógrafo cosmographer
cosmopolita cosmopolitan
cosmopolitismo cosmopolitanism
costado side
costear to pay the cost
costero, -a coastal
costo cost
costumbre *f* custom
costumbrista term to describe a type of literature emphasizing the presentation of customs in a given region
cotidiano, -a daily
cráneo skull
creacionista *m* name given in Chile to the literary movement and its followers which developed shortly after World War I
creador, -a creative; *m* creator
crear to create
crecer to grow; to increase
creciente growing, increasing
crecimiento *m* growth, increase
creer to believe
cremar to cremate
crepúsculo dusk
creyente believing, with faith
cría raising, breeding
crimen *m* crime
criollismo in Spanish American literature, a tendency to emphasize that

which is peculiar to a given country

criollo an offspring, born in America, of European parents

crisol *m* crucible; melting pot

cristianismo Christianity

cristiano, -a Christian; *m* Christian

criterio standard, criterion

crítica, criticism

crónica, chronicle

cronista *m* chronicler

cruce *m* crossing

crudamente crudely, roughly

crudo, -a crude; raw

crueldad cruelty

cruento, -a bloody

cruzar to cross

cuaderno notebook

cuadrado, -a square

cuadro picture; — al óleo oil painting

cuadrúpedo quadruped

cual which; el *or* la — which; ¿cuál? which, what?

cualquier, -a whatever

cuando when, ¿cuándo? when?

cuanto how much; as much as; en — a with respect to, regarding; por — inasmuch as

cuartel *m* military headquarters; sin — without quarter; unrelenting

cuarto, -a fourth, quarter; *m* room

cubierta, cover; deck

cubierto *past part. of* **cubrir** covered

cuchillo knife

cuello neck, collar

cuenca basin

cuenta account; bill; **darse** — de to realize

cuentista *m* short-story writer

cuento story

cuerno horn

cuero hide, leather

cuerpo body; corps

cuidado care

cultivo cultivation

culto, -a learned, cultured; *m* religious ceremonies

cumplimiento fulfillment, carrying out; compliance

cumplir to fulfill, carry out

cuna cradle

cundir to increase, spread

cuovade a custom among the Indians of Brazil of honoring the father after the birth of a child

cúpula cupola; dome

cura *m* curate; parish priest; *f* treatment, cure

curacas Incan word meaning lesser aristocracy

curandero medicine man, witch doctor

cursar to follow a course of studies

curvo, -a curved; *f* curve

cuyo, -a whose

CH

chasqui *m* Incan word referring to their runners or message bearers

chibcha *m* Chibcha Indian

chichimeca *m* Chichimec Indian

chile *m* chili

chileno, -a Chilean

chimenea chimney; fireplace

chinampa an Indian word meaning a type of floating garden

chino, -a Chinese

chiripá *m* a garment wrapped around the waist and legs

chismorreo gossip

choque *m* shock; collision

choza hut, cabin

chueca Indian name for a ball game played by the Araucanians

D

dadaísmo Dadaism

dados *m pl* dice

dama lady, woman

daño damage

dato datum; fact

debajo below

debatir to debate

deber to owe; ought; *m* duty, obligation

debido a que owing to the fact that

débil weak

decadencia decadence, decay

decretar to decree

decreto decree

dedicar to dedicate

dedo finger; toe

defecto, defect; shortage, lack, absence

defender (ie) to defend

defensa defense

defensor *m* defender

definir to define; to clarify one's political position

degollar to behead

dejar to leave; to let; — **de** to stop, cease

delación accusation

delantal *m* apron

delatar to accuse, denounce, inform on

delegado delegate

delegar to delegate

delgado, -a delicate, light, thin

delicadeza delicacy

delicado, -a delicate

delito crime

demagogia demagoguery

demás rest, other, remaining

democratismo belief in democracy

democratización democratization

demoledor, -ora demolishing

demonio devil, demon

demostrar (ue) to demonstrate

denegar (ie) to deny, refuse

denominación name, denomination

denominar to denominate, call, name

dentro within, inside

denunciar to denounce

depilar to remove hair from

deponer to depose; to put down

deporte *m* sport

depuesto *past part. of* **deponer** deposed

derecho right; law

derivar to derive

derribar to destroy, knock down

derrocar to overthrow

derrota defeat

derrotar to defeat, rout, put to flight

desafío challenge

desaforado, -a disorderly, outrageous; huge, colossal

desagrado harshness; discontent, displeasure

desagüe *m* sewer

desalentar (ie) to discourage

desaparecer to disappear

desarmonía lack of harmony

desarraigar uproot, stamp out

desarrollar to develop

desarrollo development

desarticular to disjoint, to break apart

desastroso, -a disastrous

desatar to untie, unleash

desatender not to attend to, to disregard

desbordamiento overflowing

desbordante overflowing; exuberant

desborde *m* overflow; outpouring

descamisado "have-not" (literally, someone without a shirt)

descender (ie) to descend

descendiente *m* descendant

desconfianza distrust

desconocer not to know; to be unacquainted with

desconocido, -a unknown

descubierto *past part. of* **descubrir** discovered

desechar to discard, throw out

desembarcadero pier, wharf, landing place

desembarcar to debark, disembark; to unload

desempeñar to discharge, carry out

desentenderse (ie) to not participate; to affect ignorance; — **de** to detach oneself from; to renounce

desfilar to parade, march

desgracia misfortune

deshabitado, -a uninhabited

deshonesto, -a lewd, unchaste; dishonest

deshumanizar to dehumanize

designar to designate, name, point out

desilusión disillusion, disappointment

desilusionar to disillusion; to disappoint

deslumbrante dazzling, brilliant

deslumbrar to dazzle; to shine brightly

desmembrar to dismember; to break up

desmoronar to decay, decline; to crumble away

desnudar to undress; to denude

desoír to pretend not to hear, to disregard

desorbitado, -a out of proportion, crazy

desorden *m* disorder

desordenar to disorder

despachar to dispatch, send

despacho dispatch

despedazar to dismember, tear to pieces

despegue *m* takeoff, beginning of a flight

desperdicio wast, castoff, residue

despertar (ie) to wake; to arouse

desplazamiento displacement; move, shift

desplazar to displace

desplegar (ie) to unfold, display

despoblación depopulation

despoblado unpopulated spot

despoblar (ue) to depopulate

despojar to strip, divest, despoil

desposeer to dispossess

desprecio scorn, contempt

desprender to detach; to liberate

desprestigiar to lose prestige; to discredit

después (de) afterward; after

destacado, -a outstanding

destacar to stand out

destierro exile

destino destiny; end, finish, outcome

destituir to deprive; to dismiss

destreza dexterity, ability

destruir to destroy

desusado, -a obsolete, out of date

desvalido, -a destitute, helpless, unprotected, incapacitated

deuda debt

devolver (ue) to return, give back

devorar to devour

día *m* day

diamante *m* diamond

dibujante *m* sketcher, illustrator

dibujo design, sketch

dictador *m* dictator

dictadura dictatorship

dictar to dictate; to pronounce with authority

dicho *past part. of* **decir** said, called; aforesaid

diera *past subj. of* **dar**

diestro, -a skillful

diezmo one tenth; tithe

diferencia difference; disagreement

diferenciar to differentiate

diferir (ie, i) to differ, disagree; to postpone, delay

difícilmente with difficulty; hardly

difundir to diffuse, extend; to divulge, publish

difusión diffusion, dispersion

dilucidar to elucidate, make clear, shed light on

dinastía dynasty

dintel *m* lintel, doorhead

dio *pret. of* **dar**

dirigente leading, ruling; *m* head, leader

dirigir to direct

discernible discernible, recognizable

discípulo pupil, follower

disconforme nonconforming, in disagreement

discordia discord, disagreement

discurso discourse, speech, lecture

discusión discussion; argument

discutir to discuss; to argue; to contradict

diseñar to sketch, design
diseño design; outline
disfrazar to disguise
disfrutar de to enjoy, derive pleasure from
disgustado, -a displeased
disminución diminution, decrease
disminuir, to diminish, become less
disolver (ue) to dissolve
dispensar to dispense
dispersar to disperse, scatter
disponer to dispose, make use of
disponible disposable, available
disposición disposition; order, command
dispositivo device, apparatus
dispuesto, -a *past part. of* disponer ready, prepared, disposed
disputa dispute, disagreement
distinguir to distinguish, cause to stand out, differentiate
distinto, -a different, distinct
disturbio disturbance
diversificar to diversify, vary
diverso, -a diverse, various, different
divinidad divinity, god
divinización divinization, deification
divisa currency
divisorio, -a dividing, divisive
divulgador, -a divulging; *m* divulger, revealer
divulgar to make widespread, divulge
doblado, -a dubbed
doblar to double, fold; to dub
doble double
doblegar to fold, bow, bend
docena dozen
docencia teaching
doctrina doctrine, teaching
dolo guile, fraud, deceit
dolor *m* pain, sorrow
dominico Dominican
dominio dominion, power, control, mastery
donatario donee
donativo gift, donation; fee
donde where; ¿dónde? where?
dorado, -a gilded, golden

dorar to gild
dormitorio bedroom; dormitory
dotar to endow, bestow
droga drug
dualista dualistic
dudoso, -a doubtful
dueño owner, master, possessor
duque duke
duramente harshly
durar to last, endure
duro, -a hard

E

ebanistería cabinet work; shop where such work is done
eclecticismo eclecticism
eclesiástico, -a ecclesiastical
eco echo; hacer — to do something notable; hacerse — de to realize
economía economy; economics; — dirigida controlled economy
ecuatoriano, -a Ecuadorian
ecuestre equestrian
echar to pour; to throw; to establish
educar to educate
educativo, -a educational
efectivo, -a real; actual; regular; effective
efectuar to effect; to bring about, put into practice; to carry out
eficaz effective, efficacious
efímero, -a ephemeral, short-lived
egipcio, -a Egyptian
egoísmo egoism
egoísta egoistic; *m* egoist
eje *m* axis
ejecutar to execute
ejecutor *m* executor
ejemplar exemplary, worthy of serving as an example; *m* copy (of a printed work)
ejercer to exercise, wield
ejército army
ejido common, publicly owned land
elaborar to elaborate, work out, bring to completion

electivo, -a elective
elegía elegy
elegir (i) to elect
elogiar to praise
elogio eulogy, praise
eludir to elude, avoid
emanar to emanate, proceed from
embajador *m* ambassador
embarcarse to embark; to go on board
embargo prohibition; **sin —** nevertheless
emborracharse to get drunk
embriaguez *f* intoxication
emigrar to emigrate; to migrate
eminente eminent, high, lofty; conspicuous
eminentemente eminently, conspicuously
empalizada stockade, fence, palisade
emparentado, -a related; related by marriage
empeñar to insist upon
emperador *m* emperor
empezar (ie) to begin
empleado employee
emplear to employ, use
empleo employment, use; job
emplumado, -a feathered, plumed
empotrar to embed, implant; to fix in a wall
emprender to undertake
empresa enterprise, undertaking
empresario proprietor, owner (of an enterprise); entrepreneur
enajenar to alienate, transfer, give away
enamorarse de to fall in love with
encabezar to head, direct
encarcelar to jail, incarcerate
encarnar to incarnate, embody
enceguecer to blind
encender (ie) to light, ignite
encerrar (ie) to enclose
enciclopedista encyclopedist
encima over, above, on top
enclaustrar to cloister, enclose
encomendar (ie) to recommend, commend; to commit; to charge, entrust

encomendero person who had a large assignment of Indians
encomienda commission, charge; land and Indians entrusted to the care of Spanish colonists
encontrar (ue) to encounter, find; **—se** to be
endeudamiento debt, indebtedness
enemistad enmity
énfasis *m* emphasis
enfermedad sickness
enfoque *m* focus, approach (to a problem)
enfrentamiento confrontation; opposition
enfrentar to face; confront
enloquecer to become crazy
enmienda amendment
enorgullecerse de to take pride in
enredadera vine, climbing plant
enriquecer to enrich
enriquecimiento enrichment
ensalzar to extol, praise
ensanchamiento enlargement
ensanchar to widen, enlarge; **—se** to affect grandeur and dignity
ensayar to attempt
ensayista *m* essayist
ensayo essay
enseñanza teaching, instruction
enseñar to teach
ensoñación dreaming
entender (ie) to understand; **— en** to deal with
enterar to inform
enterrar (ie) to bury
entierro burial
entintar to ink; to dye
entonar to intone, chant
entrada entry
entraña entrail
entrecruzar to intercross
entrega delivery, handing over
entregar to hand over, give
entrelazar to interweave
entremezclar to intermingle
entrenar to train
entronizar to enthrone

entusiasmar to enthuse
entusiasmo enthusiasm
envenenar to poison
enviar to send
envolver (ue) to wrap; to involve
equilibrio equilibrium, balance
equipo team
equitativo, -a equitable
equivaler to be equivalent to
equivocado, -a mistaken, wrong
erguir (i) to erect, raise
erigir to erect, build; to establish
erróneo, -a erroneous, mistaken
erudición erudition, learning
erudito, -a erudite, learned; *m* scholar
escalinata staircase (in front of a building)
escalonar to place at intervals; to range
escándalo scandal
escapismo escapism
escasez *f* scarcity, lack
escaso, -a scarce, lacking
escepticismo skepticism
escisión schism, division
esclavo, -a slave
esclavitud slavery
esclavizar to enslave
escoba broom
escolástico, -a scholastic; *f* scholasticism
escoltar to escort, convoy, guard
esconder to hide; **a escondidas** secretly, clandestinely
escrito *past part. of* **escribir**; *m* writing
escritura writing
escrúpulo scruple
escuadra square; squadron
escuchar to listen, hear
escudo shield; coat-of-arms
escudriñar to scrutinize
escuela school; — **maternal** nursery school; — **de artes u oficios** vocational schools
escueto, -a sparse, scanty, bare
esculpido sculpturing
escultórico, -a sculptural

escultura sculpture
esfuerzo effort
esmerado, -a careful, painstaking; **educación —a** broad education
esmeralda emerald
esotérico, -a esoteric, hidden, obscure, mysterious
español, -a Spanish; *m* Spanish language; Spaniard
españolizante Hispanicized (made Spanish in use, customs, etc.)
especia spice
especialidad specialty
especie *f* species; a kind, sort
esperanza hope
espiritualista spiritualistic
esplín *m* melancholy
espolvorear to dust; to sprinkle dust on
espontáneamente spontaneously
espontaneidad spontaneity
espontáneo, -a spontaneous
esquilar to shear
estabilidad stability
estable stable, permanent
establecer to establish, set up
establecimiento establishment
estacada stake
estadista *m* statesman, politician
estadística statistics
estadístico, -a statistical
estallar to break out, erupt
estampa stamp, seal
estancamiento stagnation; deadlock
estaño tin
estatal pertaining to the state
estatua statue
estatura stature
este *m* east
esterilidad sterility
estética aesthetics
estético, -a aesthetic
estilista *m* stylist
estilizado, -a stylized
estilo style
estimar to estimate; to esteem
estimular to stimulate, incite; to encourage

estímulo   stimulus
estipular   to stipulate
estirpe *f*   stock, family line
estofado, **-a**   coloring on a gold or silver foil on wood
estratégico, **-a**   strategic
estrechez *f*   want, poverty; narrowness
estrecho, **-a**   narrow; *m* strait
estrella   star
estribillo   refrain, chorus
estribo   arch, pillar; stirrup
estridentista *m*   name given in Mexico to the literary movement and its followers which came into vogue after World War I
estructura   structure
estuco   stucco
estudiantil   pertaining to students
etapa   stage, state of development
eterno, **-a**   eternal
ético, **-a**   ethical; *f* ethics
étnico, **-a**   ethnic
etnografía   ethnography
europeización   Europeanization
europeo, **-a**   European
evangelizar   to evangelize
evitar   to avoid, evade
evolucionar   to evolve, develop
exaltado, **-a**   exalted; extreme
excavar   to excavate, dig
excedente *m*   excess, surplus
exceder   to exceed
excitación   excitation, excitement
excluir   to exclude
exigencia   need; demand
exigir   to demand; to require
exilar   to exile
exilio   exile
éxito   success
exitoso, **-a**   successful
expandir   to expand
experimentar   to experience; to experiment
explicación   explanation
explotación   exploitation; development
explotar   to exploit, develop; to explode

exponente *m*   exponent
exponer   to expose; to expound; to show
exportación   export
exposición   exposition; exhibition
expresionismo   expressionism
expuesto   *past part. of* **exponer**
expulsar   to expel, drive out
expulsión   expulsion; ejection
extender (**ie**)   to extend
extensión   extension, extent of space
extenso, **-a**   extensive
exterminio   extermination
extirpar   to extirpate, stamp out
extraer   to extract, take out
extranjero, **-a**   foreign; *m* foreigner
extraño, **-a**   strange, rare; foreign
extremo   extreme, end

F

fábrica   factory
fabricar   to make, manufacture, fabricate
factoría   trading post
factura   manufacture
facturación   billing, invoice
facultad   faculty, power to do something
Facultad   school (in the sense of School of Medicine, Law, etc.)
faena   task, work
falta   lack
faltar   to be lacking
fallar   to fail, miss
fallecer   to die, to be deceased
familiar   pertaining to the family; *m* member of one's family
fanático, **-a**   fanatical; *m* fanatic
fanatismo   fanaticism
farsa   farce
fascinante   fascinating
favorecer   to favor
faz   face; **de doble —** on both sides
fe *f*   faith; fidelity
febril   feverish
fecundo, **-a**   fecund, fertile, productive
fecha   date

felicitación congratulation

feligrés *m* parishioner, church member

felino, -a feline

fenómeno phenomenon

ferocidad ferocity, fierceness

feroz ferocious

ferrocarril *m* railroad

ferroviario, -a pertaining to the railroad

festejar to entertain, honor, fete

festividad festivity; celebration

feudalista feudalistic

fibra fibre

figurar to figure, to appear

fijar to fix, set

filibustero filibusterer, freebooter

filólogo philologist

fin *m* end; purpose; **hacia —es** toward the end; **a —es de** at the end of

finalidad end, purpose; finality

financiar to finance

financiero, -a financial

fingir to feign, pretend; to fancy, imagine

firmar to sign

físicamente physically

físico, -a physical; *f* physics

fisiólogo physiologist

fisonomía physiognomy; appearance

flanquear to flank

flauta flute

flecha arrow

flor *f* flower; compliment

florecer to flourish, flower

flota fleet

flotante floating

fogón *m* cooking stove; firebox

fogosidad fire, dash, spirit

folklórico, -a pertaining to folklore

folleto pamphlet, booklet

fomentar to foment, encourage, promote

fomento encouragement

fondo bottom; depth; background; **en el —** at the bottom

foráneo, -a foreign, strange

formular to formulate

fortalecer to fortify, strengthen

fortaleza fort, stronghold

fortificar to fortify; to strengthen

fortín *m* small fort

forzar (ue) to overpower by strength; to force

forzoso, -a necessary, obligatory

fósil fossil (dug out of the earth)

fracasar to fail

fracaso failure

fraccionamiento breaking up, fragmentation

fraile *m* priest; friar

francotirador sniper

franquicia franchise; tax exemption; legal privilege

frase *f* phrase; sentence

fraudulento, -a fraudulent

frecuencia frequency

frenar to brake; to restrain

freno brake; restraint

frente *f* forehead; front; *m* front rank; **— a** in front of, opposite

fresco, -a fresh, cool; *m* fresco

frialdad coolness

frijol *m* bean

friso frieze, border

frontera border, frontier

fructífero, -a fruitful, productive

frustrar to frustrate

fruta, fruto fruit

fue *pret. of* **ser, ir** was; went

fuego fire; **—s de artificio** fireworks

fuente *f* fountain; fount, source

fuera *past part. of* **ser, ir** outside; except

fueron *pret. of* **ser, ir**

fuerte strong; *m* fort

fuerza strength, force

fugarse to flee, run away

función function; office, position

funcionario functionary, minor official

fundador *m* founder

fundamento foundation

fundar to found, establish
fundición founding, smelting
fundir to found (metal); to fuse, mix
fundo country property
funerario, -a pertaining to a funeral
funesto, -a fatal, ill-fated; baneful
furia fury
fusilamiento shooting, execution
fútbol *m* football, soccer
futuro, -a future; *m* future

G

gabinete *m* cabinet
gaceta gazette, newspaper
galeón *m* galleon (an armed cargo ship)
gallina hen
gallo rooster
gamonal *m* political boss; landlord
ganadería cattle industry
ganadero, -a pertaining to cattle; *m* cattleman
ganado cattle; livestock
ganancia earnings, profit
ganar to gain, win, earn
garrote *m* iron collar used to strangulate; cudgel
garza crane
gastar to spend; to pass time
gasto expenditure
gauchesco, -a gauchesque (pertaining to the Argentinian gauchos)
gaucho name given to a class of cowboy in Argentina and Uruguay
ge *m* Ge Indian
genealogía genealogy
genérico, -a generic (pertaining to a class); comprehensive
género genre; class
genial inspired, brilliant; pleasant, cheerful
genio genius, talent; temperament
genovés *m* Genoese
gentilhombre *m* gentleman
gerente *m* manager, agent
germano, -a Germanic, German

gesto expression, aspect
gigantesco, -a gigantic
gigantismo gigantism, giantism
girar to revolve; to rotate; to cash
giratorio, -a revolving, gyrating
gobernador *m* governor
gobernante ruling; *m* ruler
gobernar (ie) to govern
gobierno government
goce *m* enjoyment, pleasure
golfo gulf
golpe *m* blow; coup
goma gum, rubber
gorra cap
gótico, -a Gothic
gozar to enjoy
grabado engraving
grabar to engrave; to record (a sound)
gracia grace; wit
grada step
grado degree; **de buen —** willingly, gladly
graduar to graduate
grandeza grandeur; greatness
grandioso, -a grand, magnificent; imposing
grano grain
grasiento sticky, greasy
gratuito, -a free, gratis
gravitar to gravitate; to press
grecorromano, -a Greco-Roman
gremial pertaining to a trade union
gremialismo trade unionism
gremio guild; trade union
griego, -a Greek
grito shout, cry
grueso, -a thick, heavy
guanaco an animal similar to the llama or alpaca
guardar to keep, preserve; to watch over, guard
guarnecer to trim; to bind, edge
guatemalteco, -a Guatemalan
gubernamental governmental
guerra war
guerrero, -a warlike, military
guerrilla guerilla warfare
güeso popular variant of **hueso**

guiar to guide
gusto taste; pleasure

H

haber to have (as an auxiliary verb); to be (as a principal verb)
hábil able, apt
habilidad ability
habilitado, -a able, with ability
habilitar to qualify; to equip
habitable livable
habla speech
hacendado owner of an estate
hacer to do, make; — *plus an infinitive* to cause; — de serve as
hacienda ranch; ranch house; property; treasury
hacha axe
halcón *m* falcon
hallazgo find
hamaca hammock
haravec an Incan word meaning professional singer
harina flour
hasta as far as; until; even
hastiar to bore
hatunruna Incan word meaning common people
hazaña deed, feat, accomplishment
hechicero, -a magic, bewitching
hecho *past part. of* hacer; *m* deed, fact, act
hegemonía *f* hegemony, political supremacy
hereje *m* heretic
herencia inheritance
herético, -a heretic
herrería ironwork
heterogéneo, -a heterogeneous
híbrido, -a hybrid; *m* hybrid
hielo ice
hierático, -a hieratic, sacred, consecrated
hierro iron
hilandería spinning
hilo thread

himno hymn
hipotecar to mortgage
hipótesis *f* hypothesis, supposition
historiador *m* historian
hogar *m* hearth; home
hoguera bonfire
hoja leaf; sheet; — volante broadside
Holanda Holland
holandés, -a Dutch
homenaje *m* homage, respect
homérico, -a Homeric
homicidio homicide, murder
honda slingshot
hondo, -a deep
honesto, -a decent, fair, just; upright; chaste
honorífico, -a honorary
honra honor
honrado, -a honorable
honrar to honor
horadar to pierce, drill, bore
horizontalidad quality of being horizontal
hubo *pret. of* haber there was, there were
huelga strike
huérfano orphan
huerto garden, orchard
hueso bone
huésped *m* guest
huir to flee
humanitario, -a humanitarian, humanistic
humilde humble

I

ibérico, -a Iberian
idealista idealistic; *m* idealist
idear to invent
ideográfico, -a ideographic, representing ideas by symbols independently of sounds
ideología ideology
ideológico, -a ideological
idílico, -a idyllic, pastoral

idioma *m* language
idiomático, -a idiomatic; linguistic
idolatría idolatry
idolátrico, -a idolatrous
ídolo idol
ignorar to be unaware of, not to know; to ignore
igual equal, same; **por —** equally, to the same degree; **— que** same as
igualar to equalize; to match
igualdad equality
iletrado, -a illiterate
ilícito, -a illicit, unlawful
ilimitado, -a limitless, unlimited
ilógico, -a illogical
ilumista pertaining to Illuminism, a sect established by the Bavarian Weishaupt in 1776
ilustración illustration; enlightenment; learning
ilustrar to illustrate; to make clear; to enlighten
ilustre illustrious
imagen *f* image
impartir to impart; to transmit
impedimento impediment, obstacle
impedir (i) to impede, block, prevent
imperar to reign, govern, hold sway
imperio empire
imperiosamente imperiously
imperioso, -a imperious
impetuoso, -a impetuous
implantación *f* introduction, adoption
implantar to implant; to introduce
imponente imposing, impressive
imponer to impose, enforce
importar to be important, matter; to import
impotente impotent, unable
imprenta printing; printing press; **libertad de —** freedom of the press
impresionante impressive
impresionar to impress
impresionismo impressionism (a form of art or literature which seeks to suggest the immediate impression evoked by objects without further elaboration of detail)
impresionista *m* impressionist

impreso, -a printed
impresor *m* printer
imprevisto, -a unforeseen
imprimir to print, imprint
impropiedad lack of propriety; inappropriateness
improvisar to improvise
impuesto *past part. of* **imponer;** *m* tax
impulsar to impel; to drive
impulso impulse
inamistoso, -a unfriendly
inaudito, -a unheard of
incaico, -a Incan
incapacidad incapacity; inability
incapaz incapable, unable, incompetent
incendio fire, burning
incensario incense burner
incesto incest
inciso, -a incised, cut
inclemencia inclemency
incluir to include
incluso, -a including
incomprensión lack of understanding
inconfidencia distrust
incorporar to incorporate, to unite in one mass or body
incrustación incrustation; inlay
inculto, -a uneducated; uncultivated
indagador, -a *m or f* investigator, researcher
independizar to free, emancipate
indescifrado, -a undeciphered, not figured out
indiano, -a pertaining to the Indies
Indias *f pl* Indies
indicar to indicate, show
indicio indication
indígena indigenous, native to; *m* native
indigenismo emphasis on the indigenous
indigenista indigenist; name given to literary movement dealing with the Indians or Afro-Cubans; *m* one who writes such literature; one who favors the native elements
indignar to anger, irritate

indio, -a Indian
indisoluble indissolvable, indissoluble
individuo individual
industria industry; — liviana light industry; — pesada heavy industry
industrialista industrial; *m* industrialist
ineptitud inaptitude, ineptitude
inestabilidad instability
inexistente nonexistent
infeccioso, -a infectious
inferior inferior, lower
infierno Hell, inferno
infinito, -a infinite
influir to influence
influjo influence
informe *m* report, account
ingeniería engineering
ingeniero engineer
ingenio talent; apparatus; sugar mill
ingenioso, -a ingenious
ingenuo, -a ingenuous
ingerir (ie) to consume, ingest, eat
Inglaterra England
ingresar to enter, come in
ingreso entry; income
inhospitalario, -a inhospitable
iniciador *m* originator, one who initiates
inicial initial, beginning, first
iniciar to initiate, begin
iniciativa initiative
injerencia interference, intervention
injusto, -a unjust
inmigratorio, -a immigratory
inmolar to immolate, kill as a sacrificial victim
inmortalidad immortality
innovador, -a innovating; *m* innovator
inquietud disquiet; uneasiness; concern
insaciable insatiable
inspeccionar to inspect
inspirador, -a inspiring; *m* inspirer
instancia instance; en última — as a last resort
instar, to press, urge
instaurar to restore; to reestablish

instruir to instruct
íntegramente integrally; wholly, completely
integrar to make up a whole; to form a part of
íntegro, -a integral, whole, complete
intelectualista intellectualist
intendencia a sort of mayoralty
intendente *m* a sort of mayor
intentar to try, make an attempt
intento attempt
intercambiar to exchange, interchange
interés *m* interest; self-interest
interesar to interest; —se por to take an interest in
internamente internally
internar to go or send inland; to hide; to pierce, penetrate
interno, -a internal
interponer to interpose; to intercede; to appoint as mediator
intérprete *m or f* interpreter
interpuso *pret. of* interponer
intervenir (ie) to intervene
íntimamente intimately
íntimo, -a intimate
introducir to introduce, bring in
intromisión intrusion
inundación inundation, flood
invasor *m* invader
inverosímil unlikely, improbable
inversión investment
inversionista *m and f* investor
investigator *m* person engaged in research; investigator
irlandés, -a Irish; *m* Irishman
irradiar to radiate; to broadcast
isabelino, -a pertaining to Queen Isabella; used in the same way in which *Elizabethan* is used in English
isla *f* island
islote *m* small island
istmo *m* isthmus
izar to raise, hoist

J

jamás never
japonés, -a Japanese

jardín *m* garden; — **de infantes** kindergarten

jefe *m* chief, leader

jerarquía hierarchy; **de** — of importance, prominence

jeroglífico, -a hieroglyphic; *m* hieroglyphic, rebus

jesuita *m* Jesuit

jornada a day's march or journey; act of a play

joya jewel

joyero jewel worker

judío Jew

juego game; gambling

juez *m* judge

jugador *m* player

juicio judgment; o p i n i o n, common sense, prudence

junco reed

junta council; juncture; joint

junto, -a together

juramento oath, affirmation

jurídico, -a juridical, pertaining to law

jurisconsulto jurisconsult, one learned in civil law

justicialismo term used by Perón and his followers to describe their program

justiciero, -a just; stern; righteous

juventud youth

juzgar to judge

K

kilómetro kilometer

L

labio lip; — **plegado hacia afuera** a rim curving outward

laborar to cultivate, work

labrado, -a worked, wrought, fashioned; *m* act of working or fashioning; cultivated field

labranza tilled land; agriculture; working of the land

labriego agricultural worker

lado side

ladrillo brick

ladrón *m* robber, thief

lago lake

laguna lake; lagoon

laico, -a laic (not under professional religious auspiçes)

lámina, lamina, sheet, strip

lanza lance

lanzar to hurl, fling, launch; to throw; —**se** to rush, dart off; — **a la carrera** at full speed

largo, -a long; **a lo** — **de** along

latifundio *m* large, often underdeveloped holding of land

latín *m* Latin

latino, -a Latin

leccionista *m* tutor

lecho bed

lector, -a reader

lectura reading

legado legacy, inheritance

legalista legalistic

legua league (a measure of distance; the Spanish league was almost four miles long)

legumbre *f* vegetable, legume

lejos far; — **de** far from

lema *m* slogan

lengua language; tongue

lenguaje *m* language

lento, -a slow

leño piece of firewood

lepra Hansen's disease (leprosy)

letra letter (of an alphabet); *pl* letters, literature

levantamiento uprising

levantar to raise, erect; build; —**se** to arise, get up

leve light, slight

ley *f* law

leyenda legend

libanés, -a Lebanese

liberar to free, liberate

libertad liberty, freedom; — **de imprenta** *or* **prensa** freedom of the press; — **de palabra** freedom of speech; — **de culto** freedom of worship

libertador, -a liberating; *m* liberator

librar to free

libresco, -a pertaining to books

licencia license, permission

liebre *f* hare, rabbit

liga league

ligar to tie together, join; to bind

limítrofe limiting, bordering

limo, slime, mud

lírico, -a lyric; *m* lyric poet

lirismo lyricism

Lisboa *f* Lisbon

lisiado, -a maimed, crippled

lisiar to hurt, cripple, maim

liviano, -a light, frivolous

local *m* place, site

localizar to locate, situate, settle

locura insanity; folly, madness

logia lodge

lógicamente logically

lógico, -a logical; *f* logic

lograr to succeed, achieve, attain

Londres London

longitud length; longitude

lote *m* lot

luchador *m* fighter

luchar to fight, struggle

luego then, next, immediately; — **de** after

lugar *m* place, site, time, occasion

lugarteniente *m* lieutenant

lujo luxury

lujoso, -a luxurious

luterano Lutheran

LL

llama flame; *m or f* a cameloid used as a beast of burden in the Andes

llamar to call; — **se** to be named

llano plain

llanto crying, weeping

llanura plain

llegada arrival

llegar to arrive; to reach; — **a ser** to become

llevar to carry; to take; to wear

lluvia rain

M

madera wood

madurez *f* maturity

maestría mastery, domination

maestro teacher; master

magistrado magistrate, judge

magistral masterly; magistral

magistratura magistracy

magnificente magnificent

maíz *m* maize, Indian corn

majestuoso, -a majestic

mal *m* evil

malayo, -a Malayan

maldad evil, wickedness

malo (mal), -a bad

maloca Indian name for the collective houses of the Tupí-Guaraní Indians

malón *m* Indian raid

malversación malversation; embezzlement; misuse of funds

mameluco word used in Brazil to refer to a person of European and Indian extraction

mampara screen, shelter

manchar to stain, spot

mandar to order, command; to send

mandioca manioc, a plant which yields tapioca

mando command, authority

manejo handling, management

manera manner, way, mode; **de — que** so that; **de esta —** in this way

maní *m* peanut

manifestación manifestation, showing, indication

manifestar (ie) to manifest, show

mano *f* hand; — **de obra** labor

manta mantle, cloak

mantener (ie) to maintain, support

mantenimiento maintenance

manufacturero, -a manufacturing

mar *m or f* sea, ocean

maraña thicket; "mess"

maravilla marvel, wonder
marca mark, brand, stamp
marcar to mark, indicate
marcial martial
marco archetype, model; frame
marcha march; **en** — underway
marfil *m* ivory
margarita daisy
margen *m or f* margin; **al** — **de** aside from, along with
marido husband
marino, -a pertaining to the sea; *m* sailor; marine
mariscal *m* marshal
marítimo, -a maritime
marqués *m* marquis (a member of the nobility)
marquesa marquise, marchioness
martillo *m* hammer
Martinica Martinique
martirio martyrdom
marxismo Marxism
mas but
más more, most; plus
masa mass, multitude
masticación mastication, chewing
mástil *m* mast
matadero slaughterhouse
matanza slaughter, killing
matemáticas *f pl* mathematics
matemático mathematician
materia matter; —**s primas** raw materials; primary resources
materialista materialistic; *m* materialist
materno, -a maternal
matiz *m* hue, shade, nuance
matricular to matriculate, register, enroll
matrimonio *m* marriage
máximo, -a maximum; *m* maximum; **al** — to the utmost
maya Mayan; *m* Maya
mayor larger, largest; older, oldest; greater, greatest
mayoría majority; most part; major portion

maza mace (weapon)
mazorca ear (of corn); **La Mazorca** police used by the Argentinian dictator Rosas
mecanicista mechanistic; *m* mechanic
mecánico, -a mechanical; *m* mechanic
mediados: hacia — toward the middle
medianero middleman, intermediary
mediante by means of
médico, -a medical; *m* doctor; — **brujo** witch doctor
medida measure; moderation; **a** — **que** as
medio, -a half; *m* means; way; **en** — in the center
medir (i) to measure
meditación meditation
megalomanía megalomania; exaggerated idea of ones' own importance
mejoramiento improvement
mejorar to improve
melodía melody, tune
mellizo twin
menester *m* need
menos less, except
menoscabo decline, diminution
mensaje *m* message
mensajero messenger
mentalidad mentality; way of thinking
mente *f* mind
mentir (ie, i) to lie
mentira lie
mentiroso, -a lying; *m* liar
menudo, -a small; **a** — often, frequently
mercader *m* merchant
mercadería merchandise
mercado market
mercante mercantile; *m* merchant
mercantilista *m* mercantilist
merced *f* grace, privilege, gift
merecer to merit, deserve
meridiano meridian

meritorio, -a meritorious, deserving of praise

meseta plateau

mesón *m* inn

mestizaje *m* crossbreeding; aggregate of *mestizos*

mestizo descendant of the white and Indian races

mesura restraint, moderation; gravity

metafísica metaphysics

metáfora metaphor

metalurgia metallurgy

metódico, -a methodic

método method

métrica metrics, art of composing metrical verse

metro meter (unit of measure = 39.37 inches)

mezcla *f* mixture

mezclar to mix; to mingle

miembro member

mientras while, during

milicia militia; soldiery

militar military; *m* military officer

milpa corn field

milla mile

millares *m* thousands

mimar to pet

mimo mime, mimic

minería mining

minero, -a pertaining to mining; *m* miner

ministerio ministry

minoría minority

minucioso, -a minute, small; detailed

miseria poverty, misery, wretchedness

mística mysticism

misticismo mysticism

místico, -a mystic, mystical; *m* mystic

mita an Incan word meaning a tax paid through service

mitad *f* half

mitimae *m* an Incan word used to denote an Indian assigned to labor in a newly conquered territory or military installation

mitayo *m* an Incan word used to denote an Indian assigned to work for the Spaniards by the week or month

mito myth

mitología mythology

mitológico mythological

mixto, -a mixed

mochica *m* Mochic Indian

modelo model, standard, pattern

moderado, -a moderate

modernismo modernism (a movement in Spanish American literature which had widespread influence)

modificar to modify, change

modo mode, way, manner; **al — de** like, in the manner of

molde *m* mold; form, cast, frame

mole *f* bulk; something of great size

molusco mollusk

momificar to mummify

monarquía monarchy

monárquico, -a monarchic

moneda money; mint

monja nun

mono monkey

monolito monolith; monument consisting of a single stone

monopolio monopoly

monstruo monster

montañoso, -a mountainous

monto total, sum

morador *m* inhabitant

moral moral; *f* morality

moralismo moralism

morbidez *f* softness of tint

morisco, -a Moorish; *m* a Moor living in Spanish territory

moro, -a Moorish; *m* Moor

mortero, mortar

mostrar (ue) to show, demonstrate

motín *m* riot, uprising, mutiny

motivo motive, reason; motif; **con — de** because of, on account of

mover (ue) to move

móvil mobile, movable

mudéjar Spanish Moorish

mueble *m* a piece of furniture; — **s** *m* furniture

muerte *f* death; **a** — to the death

mula mule

mulato mulatto (offspring of a white and a black parent)

multitud multitude, many

mundano, -a mundane, worldly

mundial world, worldwide

municipalidad *f* municipality

municipio, municipality; town council

muralista *m* one who paints murals

muralla wall

muro wall

musa Muse

músico musician

musulmán *m* Mussulman (a Mohammedan or Moslem)

mutuo, -a mutual

N

nácar *m* mother-of-pearl

nacer to be born

naciente · incipient, recent, rising

nacimiento birth

nacionalizar to nationalize

nadie nobody, no one

naides gauchesque word for **nadie**

napoleónico, -a Napoleonic

nariguera nose ring

nariz *f* nose

narrar to narrate

narrativo, -a narrative; *f* narrative

natural *m* native

naturaleza nature

naturalismo naturalism, a literary movement of the last century based largely on positivist theories

naturalista naturalistic; *m* naturalist

naufragio shipwreck

náutica, navigation

náutico, -a nautical

nave *f* ship

navegante *m* navigator

Navidad Christmas

navío ship, vessel

necesitado, -a needy, poor; *m* needy person

negar (ie) to deny; —**se a** to refuse

negativo, -a negative

negocio business; negotiation

negrero slave dealer in Negroes

neoclasicismo neoclassicism

neolítico, -a neolithic (pertaining to the period of human advancement following the paleolithic period, denoted by the beginning of agriculture

neotrascendentalismo neotranscendentalism (a form of philosophy based on the vague or the mysterious)

neoyorquino, -a pertaining to New York

nervadura network

neto, -a pure, clear, clean

neutralismo neutralism

nicaragüense Nicaraguan

nicho niche

nieve *f* snow

ningún, ninguno, -a none, no

niñez *f* childhood

nitrato nitrate

nivel *m* level

nobiliario, -a pertaining to the nobility

nobleza nobility

Nochebuena Christmas Eve

nómada nomadic, wandering

nombradía fame, renown, reputation

nombramiento appointment

nombrar to name; to appoint

norma norm, standard

noroeste northwest

norteño, -a northern

notoriamente notoriously

notorio, -a notorious, well-known; evident

novedad novelty; something new

novedoso -a novel, innovating

noviciado novitiate

novio fiancé, sweetheart

núcleo nucleus

nudo knot

nuevo, -a new

numeración counting, enumeration
numérico, -a numerical
numeroso, -a numerous
nupcial nuptial, pertaining to marriage

O

obedecer to obey
obispado bishopric
obispo bishop
objetivo objective
objeto object; purpose, end
obligatoriamente obligatorily
obligatorio, -a obligatory
obra work
obrero, -a working; *m* worker
observador, -a observing; *m* observer
obsidiana obsidian (a mineral)
obstaculizar to obstruct
obstante: no — nevertheless, notwithstanding
obtener (ie) to obtain, get
ocasión occasion; opportunity
occidental occidental, west, western
ocio idleness, free time, leisure
oda ode
odiar to hate
oeste *m* west
oficial official; *m* official, officer
oficina office
oficio office, job, trade; service
ofrecer to offer
ofrecimiento offering
ojiva pointed arch
oleada surge, wave
oleaginoso, -a oily
óleo oil; oil painting
oligarquía oligarchy
olvidar to forget
olvido oblivion, forgetfulness
olla clay pot
ombligo navel, umbilicus
ómnibus *m* bus
omnipotente omnipotent, all powerful
oponente opposing; *m* opponent

oponer to oppose
oportunista opportunist
oportuno, -a opportune
oprimir to oppress
optimista optimistic; *m or f* optimist
oración prayer; speech; sentence, oration
orador *m* orator
oratorio oratory, a private place for prayer
orden *m* order, orderliness; *f* order, command; religious order
ordenanza order; law, statute
ordenar to order, instruct; to put in order
ordeñar to milk
oreja ear
orfebrería delicate gold or silver working
organismo organism; organ
organizador *m* organizer
oriental oriental, east, eastern
orientar to orient, give direction to
originario, -a original
orilla bank, shore; a —s de on the shores of
ornato ornate; *m* adornment, ornamentation
orquesta orchestra
orquestal orchestral
ortiga nettle
oscilar to oscillate; to waver, hesitate
oscuro, -a dark, obscure
ostentar to show, display; to show off, boast
otorgamiento grant, license
otorgar to grant, give; to stipulate; to cede
ovino, -a pertaining to sheep

P

pacificar to pacify, make peaceful
pacífico, -a pacific, peaceful
pago payment
paisaje *m* landscape
paisajista pertaining to the landscape

palaciego **-a** pertaining to a palace
paleolítico, -a paleolithic (pertaining to a period of human advancement preceding the beginning of agriculture)
paleta palette
palmera palm tree
palo stick; — **Brasil** Brazilwood
palla an Incan word meaning one of the lesser wives of the Inca
pampa *m* Pampa Indian; *f* plain, pampa, extensive plain
pampeano, -a pertaining to the pampas
panamericano, -a Pan American
panegírico, -a praising, laudatory; *m* panegyric; eulogy
panfleto pamphlet
panificable capable of producing bread
papa *m* pope
papagayo parrot
papel *m* paper; role
par *m* pair, couple; peer
para for, in order to, to, toward; — **que** in order that, so that
paraguayo, -a Paraguayan
paralelo, -a parallel
páramo paramo, a cold, windy place
parapeto parapet
parecer to seem, appear; **al** — apparently; *m* opinion
parecido, -a similar, resembling; *m* resemblance
pared *f* wall
pareja pair, couple
parentesco *m* relationship
paria *m* pariah; outcast
pariente *m* relative
parlamentarismo parliamentarianism
parlamento *m* parliament
parte *f* part; **en gran** — to a great extent; **por otra** — on the other hand
particular private; particular; *m* individual
particularizar to particularize; to differentiate

partidario supporter, advocate, partisan
partido party, faction
partir to leave, depart; to divide, share; **a** — **de** starting in, beginning with
pasaje *m* passage
pasar to pass, happen, occur
paso step, pace; pass
pasto pasture; food for cattle
pastoreo pasture lands
pata paw; foot or hoof of an animal
patagón *m* Patagonian Indian
patear to kick
patente *m* patent, privilege
paternalista paternalistic
patológico, -a pathological
patria native country; fatherland
patriarca *m* patriarch
patricio patrician
patrimonio patrimony
patrio, -a pertaining to one's native land
patrocinio favor, sponsorship
patrón *m* sponsor; owner; boss
patronato patronship; foundation of a charitable or religious organization
paulatino, -a slow, gradual
pavimentar to pave
pavimento pavement
payada poetic contest among gauchos
payador *m* term used to refer to the gaucho who composed and recited poetry
pecaminoso, -a sinful
peculiaridad peculiarity, uniqueness
pecho breast, chest
pedagógico, -a pedagogic, pertaining to teaching
pediatría pediatrics
pedido request; **a** — **de** at the request of
pedir (i) to ask, request
película film
peligro danger
pelota ball
peluca wig

pena penalty, punishment; pain, hardship

penacho plume

pender to hang, suspend

penitencia penance

penoso, -a painful; hard, difficult

pensador *m* thinker

pensamiento *m* thought

pensar (ie) to think; to intend

pequeñez *f* smallness

percibir to collect, receive; to perceive, comprehend

perder (ie) to lose

perdición perdition, loss, destruction

perdurar to last a long time

peregrinación pilgrimage, trip, journey

peregrinaje *m* pilgrimage; wandering

peregrino pilgrim

perforar to perforate

pergamino parchment

periférico, -a peripheral

peripecia vicissitude, change

periódico newspaper

periodismo journalism

periodístico, -a journalistic

período period; time of revolution of a planet

perla pearl

permanecer to remain

permiso permission

peronismo Peronism, name given to the movement in Argentina organized by Juan D. Perón

perpetuo, -a perpetual

perseguir (i) to pursue; to persecute

persiana Venetian blind

personaje *m* personage, person; character in a literary work

personal personal; *m* personnel

personalismo self-centeredness, selfishness; personality

personalista selfish, self-seeking

pertenecer to belong

perteneciente belonging

perturbar to perturb; to disturb

peruano, -a Peruvian

pesar *m* sorrow, regret; **a — de** in spite of; *verbo* to weigh; **pese a** in spite of

pesca fishing

pescado fish

pescador *m* fisherman

pesimismo pessimism

pesimista pessimistic; *m or f* pessimist

peso weight

pesquería fishery

peste *f* plague, epidemic

pesudo, -a heavy; boring

petróleo petroleum

petrolero, -a pertaining to petroleum

pica pike (weapon)

picaresco, -a picaresque (a form of literature in which the principal character is a rogue rather than a hero)

pico peak

pictografía pictograph, picture writing

pictórico, -a pictorial

pie *m* foot; **sin —s ni cabeza** "without heads or tail"

piedra stone

piel *f* skin, hide

pierna leg

pieza piece; room in a house

pigmeo pygmy

pilar *m* pillar

pintar to paint

pintor *m* painter

pintura painting

pinzas *f pl* pincers, tweezers

piña pineapple

pirámide *f* pyramid

piratería piracy

pirca an Incan word meaning stone wall

pito whistle

planchuela a small plate

plano, -a level, smooth; straight; *m* plan, map, plane

plantear to state, to set forth as a basis; to plan, attempt, try

plasmar to mold, shape
plata silver
platear to coat with silver
plateresco, -a plateresque (pertaining to fanciful ornamentation in architecture)
platería silverwork
platero silversmith
playa beach
plaza plaza, square
plazo term, time; **a largo —** long range
plebeyo, -a plebeian
plegar (ie) to fold, plait
pleito lawsuit
pleno, -a full, complete
plomada plummet; plumb bob
plomo lead
población population; town, village
poblador *m* populator, founder; inhabitant
pobreza poverty, want
poco, -a litle; few; **— a —** gradually; **a — de** shortly after
poder (ue) to be able; *m* power
poderoso, -a powerful
poesía poetry
poeta *m* poet
poetisa poetess
polaco, -a Polish; *m* Pole
polémica polemics, controversy
polemista *m* polemist, one who writes or speaks on a controversial subject
policía police, police functions
policial police
policromado, -a polychrome, of many colors
polinesio, -a Polynesian
politeísta polytheistic, pertaining to many gods
política politics; policy
político, -a political; *m* politician
politiquería dishonest politics, "wheeling and dealing"
polvo dust; powder
pólvora powder, gundpowder
pómulo cheekbone

poncho poncho, a sort of blanket worn on the body
pontífice *m* pontiff, pope
pontificio, -a pontifical
por for, by, of, as, during, through, over, because of
porcentaje *m* percentage
pormenor *m* detail
porque because; so that; **¿por qué?** why?
portador, -a bearer, carrier
portentoso, -a portentous, extraordinary
portolano geographic chart
portugués, -a Portuguese; *m* Portuguese language
porvenir *m* future
poseedor *m* possessor, owner
poseer to possess
positivista pertaining to positivism, a movement which rejected all *a priori* concepts of the universal or the absolute
posmodernista postmodernist
posromanticismo *m* postromanticism
posta post
posterioridad: con — later on
posteriormente later
postguerra postwar
póstumo, -a posthumous
postura posture, position
pote *m* pot, jug
potencia power
práctica practice
prácticamente practically; in practice
practicar to practice, perform, do
práctico, -a practical
pragmatismo pragmatism
precario, -a precarious
precipicio precipice
preciso, -a precise, exact
preclaro, -a illustrious, eminent
precocidad precocity, early development
precolombino, -a pre-Columbian, i.e., prior to the discovery by Christopher Columbus

predecir (i) to predict
prédica preaching
predicar to preach; to base on
predijo *pret. of* **predecir**
predio landed property, farm
predominar to predominate
predominio predominance
preferentemente preferably; chiefly
preferido, -a preferred, favorite
preferir (ie, i) to prefer
preguntar to ask
prejuicio prejudice
prelado prelate, an ecclesiastic of high rank
premiar to reward, to give a prize
premio prize
prenda garment; household article; jewel
prendedor *m* brooch
prender to catch or set fire
preocupar to preoccupy, concern, worry about
preponderancia preponderance
preponderante preponderant; overwhelming, predominant
prerrogativa prerogative, right, privilege
prescindencia act of refraining
prescindir to do without
presenciar to witness, be present at
presidir to preside; to preside over
presión pressure
presionar to exert pressure
preso, -a imprisoned; *m* prisoner
préstamo loan
prestar to lend
prestigio prestige
presumible presumable
presumir to presume; to suppose
presuponer to presuppose
presupuestario, -a budgetary
presupuesto budget
pretexto pretext, excuse
prevalecer to prevail
prever to foresee, foreknow
previo, -a previous, prior
primacía primacy, first place

primario, -a primary
primer, -o, -a first
primitivismo primitivism
primitivo, -a primitive, original
primo cousin
primogénito firstborn son
príncipe *m* prince
principio beginning; principle
prisionero prisoner
privado, -a private; secret
privar to deprive
privilegiar to privilege
privilegio privilege
probar (ue) to prove, to test; to taste
probidad probity, integrity
procedencia origin, source
procedente proceeding, coming from
procedimiento procedure
procesar to indict; to sue
proceso process, procedure; lawsuit
proclama proclamation; manifesto
procurar to strive, try to
prodigioso, -a prodigious; excellent
producir to produce
productor *m* producer
produjeron *pret. of* **producir**
proeza feat, achievement
profano, -a profane, worldly
profecía prophecy
profeta *m* prophet
profetizar to prophesy, foretell
profundidad depth, profundity
profundo, -a profound, deep
progresista progressive
progresivo, -a progressive
prójimo neighbor, fellow man
proletario, -a proletarian; *m* proletariat
promedio average, mean
prometer to promise
promisión promise
promover (ue) to promote, further; to advance
promulgar to promulgate, to proclaim; to publish
pronosticar to prognosticate; to prophesy, foretell

propiamente strictly speaking
propiciatorio, -a propitiatory
propicio, -a propitious, suitable
propiedad propriety; property
propietario proprietor, owner
propio, -a proper; own, characteristic
proponer to propose, suggest
proporcionar to proportion
propósito purpose, intention
propuesto *past part. of* **proponer**
propugnar to advocate
prosa prose
proscripto, -a exiled
proscrito, -a forbidden
prosista *m* prose writer
prosperar to prosper, grow
protagonista *m* protagonist
proteccionismo protectionism
protector, -a protective, protecting; *m* protector
proteger to protect
protestantismo Protestantism
prototipo prototype
proveniente coming from
provenir (ie) to come from
provincia province
provinciano, -a provincial
provocar to provocate, bring about, provoke
próximo, -a close, near, next
proyectar to project; to plan
proyecto project; plan
prueba trial, proof
psicología psychology
psicológico, -a psychological
psíquicamente psychically
pudieron *pret. of* **poder**
pueblerino, -a pertaining to a small town
pueblo people; town
puelche *m* Puelche, another name for the Pampa Indian
puerco pig
puerta door, entrance, gate
puerto *m* port; harbor
pues for, because
puesto place, position
pugna fight, struggle

pujante mighty, vigorous
pulir to polish
púlpito pulpit
pulsera bracelet
puma *m* puma, American panther or cougar
punta point, tip
punto point, dot
pureza purity
purismo purism

Q

quebrar to break
quedar (se) to remain; stay on
quemar to burn
querer (ie) to want; to wish; to like
quillango Indian word referring to a mantle made from the hide of a vicuña or guanaco, both of which are wool-bearing Andean animals
química chemistry
quinta country house; garden
quinto, -a fifth; *m* a levy of 20 % imposed by the Spanish crown on mineral wealth, etc.
quipu Incan word referring to an arrangement of strings for recording events
quirúrgico, -a surgical
quiso *pret. of* **querer**
quitar to take away; to deprive of; —**se** to take off
quiteño, -a pertaining to Quito
quizá(s) perhaps

R

racional rational, reasonable
radicar to root, plant firmly
radiodifusión radio broadcasting
radiografía radiograph; X-ray; (figuratively, a description)
radiotransmisor, -a radio transmitter
raíz *f* root
rama branch
rango rank; range

rapar to shave; to scrape
rapidez *f* rapidity
rapto abduction, kidnapping
rascacielos *m* skyscraper
rasgar to scratch, tear lightly
rasgo feature, characteristic
raya ray, dash
razón *f* reason; **tener —** to be right;
   a — de at the rate of
reagrupar to regroup
real royal; real
realeza royalty
realidad reality; truth
realismo realism
realista realistic; royalistic; *m* realist; royalist
realizar to realize, put into execution;
   por — to be carried out
rebajar to reduce, lower; to lessen
rebelde *m* rebel
rebeldía rebellion
rebuscado, -a affected, unnatural
recargado, -a ornate
recelo distrust, suspicion
recién recently
reciente recent
recinto area, region; enclosure
reclamación demand, claim; objection, complaint
reclamar to claim, demand
recoger to gather, pick up, collect; to
   write down (as notes)
recolector *m* gatherer, collector
recomendar (ie) to recommend
reconciliar to reconcile
reconocer to recognize legally, formally; to reconnoiter, scout
reconquistar to reconquer
reconstruir to reconstruct, rebuild
recopilación abridgement, summary;
   compilation
recordar (ue) to record; to remember;
   to call to mind
recorrer to run over, examine, survey
recorrido trip, run, path
recto, -a erect, right, straight
recuperar to recuperate, recover
recurrir to resort

recurso resource; recourse
rechazar to reject; cast out
rechazo rejection
red *f* net, network
redactar to edit; to write up
redescubrir to rediscover
redimir to redeem
redondeado, -a round, rounded
reducto redoubt, military position
reemplazar to replace
reemplazo replacement
referencia reference, allusion
referente referring; relating
referir (ie, i) to refer, relate, report;
   —se a to refer to, have relation to
refirmar to strengthen
reflejar to reflect
reforma *f* reform; reformation; correction
reformador *m* reformer
reformista reformist
refractario, -a refractory, rebellious
refuerzo reinforcement
refugiarse to take refuge
regalía rights of the crown; perquisite
regalo gift
regencia regency
regente ruling, governing; regent, *m*
   regent
régimen regimen, management, rule;
   régime
regio, -a regal
regionalista regionalist
regir (i) to rule, govern; to control;
   to be in force
registro, register, list
regla rule; regulation
reglamentación regulation
reglamentar to regulate
regresar to return
regreso return
regular to regulate
rehuir to flee; to avoid, shun
reinar to reign
reino kingdom; reign
reivindicación claim; recovery
rejuvenecer to rejuvenate, to make
   younger

relacionar to relate; to be connected with; to report

relámpago flash of lightning

relativista *m* relativist (one who is interested in relationships rather than the absolute)

relato story; report; recital

religiosidad religiosity

religioso, -a religious; *m* member of a religious order

rellenar to stuff, fill

remanente *m* remnant, remainder

remero rower

remesa remittance; shipment

reminiscencia reminiscence; memory

remitir to remit, send

remoto, -a remote, distant

remunerar to remunerate, reward

renacimiento *m* rebirth, renaissance;

rendimiento yield, surrender; output, performance

rendir (i) to render

renombre *m* renown, fame

renovación renovation, renewal

renovador, -a renewing; *m* renovator

renovar (ue) to renovate, renew

renta income

rentable yielding income or profit

renunciar to renounce

repartimiento *m* distribution; share, allotment; — **de indios** an allotment of Indians entrusted to Spaniards who were responsible for their welfare and religious instruction, and for making them work

repartir to distribute

repatriar to repatriate

repertorio repertory

repetidamente repeatedly

repetir (i) to repeat

represalia reprisal

representación representation; presentation

representante *m* representative

reprimir to repress

reprobar (ue) to reprove

repudiar to repudiate

repudio repudiation

repulsa rejection; reprimand

reputar to repute

requerir (ie, i) to demand, to require; to request; to investigate, examine

rescatar to rescue; to ransom, redeem

resentimiento resentment

reservar to reserve; to put aside

resguardar to protect, to safeguard

resguardo defense, protection

residir to reside

resolver (ue) to resolve; to solve; to determine

respecto respect; **al** — with reference to this

respetar to respect

respeto respect

responder to respond, to answer; — **a** to correspond to

responsabilizar to make responsible

restablecer to reestablish

restante remaining

restar to remain

resto remainder, rest, residue

resuelto *past part. of* **resolver**

resultado result

resultar to result, turn out, prove to be

resumen *m* résumé, summary

resumir to sum up, summarize

retirar to retire, withdraw

retórico, -a rhetorical; *f* rhetoric

retornar to return; to give back; to twist again

retraso delay; slowness; backwardness

retratar to portray, picture

retrato portrait

reunir to assemble, gather together

revelar to reveal, show

reverenciar to revere, respect

revés *m* back, reverse

revisar to examine; to revise

revista magazine, journal

revolucionar to revolutionize

revolucionario, -a revolutionary; *m* revolutionist

revuelta revolt

rezo prayer, act of praying

ridiculez *f* ridiculousness, absurdity
riesgo risk
rigidez *f* rigidity; sternness
riguroso, -a rigorous, strict
rincón *m* corner
riña fight, scuffle; — **de gallos** cock-fight
riqueza wealth, riches
riquísimo, -a very rich
risible laughable
rivalidad rivalry
robo robbery, theft, stealing
roca rock, large stone
rodear to surround
rodillo roller
romanticismo romanticism
romper to break; tear
ropaje *m* clothing
rosca coil, spring
rostro face
rotativamente in rotation
rotundo, -a round, rotund; sonorous; peremptory
ruca Indian name for the collective dwellings of the Araucanians
rudimentario, -a rudimentary
rueda wheel
rumbo direction
ruta route

S

sabandija bug, insect, worm
saber to know; to know how; *m* knowledge
sabiduría wisdom
sabio, -a wise, learned; *m* wise man, sage
sabotaje *m* sabotage
sacamuelas *m* "toothpuller" (colloquial expression for dentist)
sacar to take out
sacerdocio priesthood
sacerdote *m* priest
saciar to satiate; to satisfy to repletion
sacro, -a sacred
sagaz sagacious, wise

sagrado, -a sacred
sal *f* salt
sala living room, hall
salario salary
salida exit; departure
saliente protruding; outstanding
salir to go out; to leave; to come out; — **a luz** to come out, to be published
salitre *m* saltpeter
saludable healthful
salutación salutation, greeting
salvaje savage, wild; *m* savage
salvajismo savagery
salvo except
sanatorio, -a sanitary
sancionar to sanction; to impose a sanction
sandalia sandal
sangre *f* blood
sangriento, -a bloody
sanidad *f* health; sanitation
sano, -a healthy; sane; healthful
saquear to ransack, plunder, pillage
satírico, -a satiric
sea *pres. subj. of* **ser**
sea(n) that is to say
secadero dryer
secar to dry
seco, -a dry
sectario sectarian
secuaz *m* follower
secuela sequel, result, outcome
secularizar, to secularize, to put under lay rather than religious control
sede *f* seat (of a governing body)
sedentario, -a sedentary
seguida, continuation; **e n** — **imme-** diately, following
seguir (i) to follow; to continue
según according to; depending on circumstances
seguridad security; safety
seguro, -a sure, certain, safe
seleccionar to select, choose
selva jungle, forest
selvático, -a wild, undeveloped
sello stamp

sembrar to sow, plant
semejante similar
semejanza resemblance
semilla seed
seminaturalista seminaturalistic
seminola *m* Seminole Indian
senador *m* senator
sencillez *f* simplicity
sencillo, -a simple
seno bosom, heart (figurative)
sensibilidad sensitivity
sensible sensitive, perceptive
sensualidad sensuality
sentar (ie) to seat; to establish
sentencioso, -a sententious, terse
sentido sense
sentimentalismo sentimentalism, sentimentality
sentimiento sentiment, feeling
señal *f* sign, mark, indication
señalar to point out, indicate
sepa *pres. subj. of* saber
separar to separate; to dismiss, discharge
sepultar to bury
sequía draught
ser to be; *m* being
serie *f* series
serio, -a serious
sertão *Port.* a Brazilian word referring to a hinterland
servidumbre *f* servants
servir (i) to serve
seudónimo pseudonym, pen name
si if, whether; — bien con if although
siderurgia iron and steel industry
siglo century
significar to signify, mean
signo sign, symbol
siguiente following; next
silencioso, -a silent
silva a type of poem consisting of 11 and 7 syllable lines
silvicultura forestry
simetría symmetry
simultáneo, -a simultaneous, at the same time

sindical syndical
sindicalismo trade unionism
sindicalista syndicalist
sindicalizar to unionize
sindicato syndicate; labor union
sino but, rather
sintéticamente synthetically
sirio, -a Syrian
situar to situate, locate
soberanía sovereignty
soberano, -a sovereign; *m* sovereign, ruler
soberbio, -a proud, haughty; majestic, superb
sobre over, above; based on
sobrellevar to survive
sobremanera especially
sobrenombre *m* nickname
sobreponer to impose; to overlay
sobreprecio surcharge, extra charge
sobresaliente outstanding
sobresalir to stand out
sobrevenir (ie) to happen, take place; to supervene
sobreviviente *m* survivor
sobrevivir to survive, remain
sobriedad sobriety
sobrina niece
sobrino nephew
sobrio, -a sober, serious
socialismo socialism
sociología sociology
sociólogo sociologist
sofocar to quell, stifle, choke; to extinguish, quench
sol *m* sun
solar *m* building lot; family home
soldado soldier
soldadura solder
soler (ue) to be in the habit of; to be accustomed to
solicitar to solicit, ask for
solicitud solicitude; formal request
solidaridad solidarity
solo, -a only, single, one
sólo only
soltero, -a single, unmarried
sombra shadow; shade

someter to submit, subject
sometimiento submission, subjection
son *m* sound, rhythm
sonar (ue) to sound; to ring
sonido sound
soñador, -a dreamy; *m* dreamer
soñar (ue) to dream; — **con** to dream of
soportar to put up with, endure
soporte *m* support, upright, post
sorprendente surprising
sorprender to surprise
sorpresa surprise
sorpresivo, -a surprising, sudden
sospecha suspicion
sostén *m* support
sostenedor, -a proponent, supporter
sostener (ie) to sustain, support
sostuvo *pret. of* **sostener**
subdesarrollo underdevelopment
súbdito subject, citizen
subir to go up; to raise, elevate
sublevación *f* uprising; revolt
subsanar to correct, repair
subsistir to subsist
subvencionar to subsidize
subyugar to subjugate
suceder to happen, take place; to succeed, follow
sucesivamente successively
sucesivo, -a successive, following
sucesor *m* successor, follower
sucumbir to succumb
sud *m* south
sudeste *m* southeast
sudoeste *m* southwest
suelo soil, earth, ground; floor
sueño dream; drowsiness; sleep
suerte *f* luck; fate
sufragio suffrage, right to vote
sufrimiento suffering
sufrir to suffer
sugerir (ie, i) to suggest, propose
suicidarse to commit suicide
suicidio suicide
Suiza Switzerland
suizo, -a Swiss
suma sum, whole

sumamente extremely
sumar to add, total; —**se a** to join
sumisión submission
sumo, -a highest
suntuoso, -a sumptuous
superar to overcome, surpass; to conquer; to exceed
superávit *m* surplus
superficie *f* surface, area
superponer to superimpose
superpuesto *past part. of* **superponer**
superrealismo surrealism
supersticioso, -a superstitious
suplantar to supplant
suponer to suppose
supresión suppression, elimination
suprimir to suppress
sur *m* south
surgir to spout, spurt; to appear; to arise, surge, develop
susceptibilidad susceptibility; touchiness
susceptible susceptible; touchy
sustancia substance
sustancial substantial
sustituir to substitute; to replace
sustituto substitute
sutil subtle
suyu Incan word for part or section of the Inca Empire

T

tabaco tobacco
Tahuantinsuyo the Inca Empire
tal such; such a; — **vez** perhaps
talla raised work cut in wood or stone
tallar to cut, carve
taller *m* workshop; studio
tamaño size
también also, too, likewise
tambor *m* drum
tampoco neither, not either
tampu an Incan word referring to a type of inn and supply station along their roads
tanto, -a so much, as much; **por lo** — therefore, for that reason

tapicería tapestries; upholstery

tarde late; f afternoon

tardíamente late

tardío, -a late, slow

tarea task

tatuar to tattoo

teatral theatrical

técnica f technique, way of doing things

técnico, -a technical; m technician

tecnificación conversion to technology

tecnología technology

tecnológico, -a technological

techo roof

tehuelche m Tehuelche (another name for the Patagonian Indians)

tejedor m weaver

tejeduría weaving; textile making

tejido textile; something woven

tejuelo small tile

tela cloth

telar m loom, frame

tema m theme

temascal Aztec word meaning a steam bath

temer to fear

templo temple

temporario, -a temporary

tenacillas f pl tweezers, tongs

tender (ie) to spread out; to lay down (as a cable or road)

tendido something which is laid out

tenencia, holding, possession

tener to have; to hold

tentar to try; to tempt

teñir (i) to tint, dye

teocrático, -a theocratic

teocratismo belief in theocracy

teoría theory

teórico, -a theoretic; m theoretician

terminar to end, finish, terminate; — con to put an end to

término term; en segundo — secondarily

terrateniente m landholder

terraza terrace

terremoto earthquake

terreno land

terrestre terrestrial, pertaining to the earth

tertulia an informal social gathering

tesis f thesis

testamento testament, will

testigo witness

testimonio testimony

tiaquiz Aztec word meaning market

tiempo time; weather

tintóreo, -a tinctorial, having to do with hues or colors

tío uncle

tira strip

tirano tyrant

tirantez f strain, tenseness

tiro throw; shot; animal de — a dray animal

tiroteo shooting

titular to title; to entitle

tlacalecutli Aztec word meaning a type of king

tlachtli An Aztec type of ball game

tocar to touch; to play (an instrument)

todavía still, yet

todo, -a all, every

toldo awning; a sort of tent

tolerar to tolerate

tolteca m Toltec Indian

tonelada ton

torbellino whirlwind

torneo tourney, contest

torno turn, revolution; en — a around

toro bull; corrida de —s bullfight

torre f tower

tortilla a cornmeal pancake

torturar to torture

tostar to toast; to tan

totalitario, -a totalitarian

totémico, -a totemic, pertaining to the distinguishing symbol of a clan

trabajador m worker

tracción traction; act of pulling; a — humana with power supplied by human beings

tradicionalista traditionalist

traducción translation

traducir to translate

tradujo *pret. of* **traducir**

traer to bring, carry

traición t r e a s o n; betrayal; **a —** treacherously

traidor *m* traitor

trama *f* plot

transformar to transform, change deeply

transitar to go; to walk; to travel

tránsito transition; passage; traffic

transmisor, -a transmitting

transmitir to transmit

transporte *m* transport; transportation

trascendencia importance

trasfondo background

trasladar to carry across, transport, transfer

trasmitir to transmit, carry over

traspaso carrying over

trata African slave traffic

tratado treaty; treatise

tratante de negros slave trader

tratar to treat, try; **—se de** to be a matter of

trato treatment

través *m* inclination to one side; **a — de** across, athwart; by means of

trenzar to braid, plait

trepador, -a climbing, creeping; *m or f* climber, creeper

trepanación an operation performed on the skull

trescientos, -as three hundred

tribu *f* tribe

tributo tribute, tax

trigo wheat

trilogía trilogy

trompeta trumpet

tropa troop

tropel *m* hurry, bustle; **en —** in a great rush

tropezar (ie) to stumble

trópico -a tropic, tropical; *m* tropics

trovador *m* troubadour, a sort of wandering minstrel

trozo fragment, piece

truculento, -a truculent, ferocious

truncar to truncate, cut off

tullido, -a maimed, crippled

tullir to cripple, hurt, maim

tumba tomb

túnica tunic

turbar to trouble, perturb

tutela guardianship; protection

tzompantli Aztec word meaning building where sacrifices were displayed

U

ubicar, to locate, situate, place

último, -a ultimate, last

ultraísta ultraist (name given to a post-World War I literary movement in Argentina)

unción unction; that which excites piety or devotion

único, -a only; unique

unidad unit, unity

unir to unite, join

universitario, -a pertaining to the university

unos, as- some; approximately

urbanismo shift in population toward the cities; city planning

urbano, -a urban, pertaining to the city

urdir to plot, scheme

urna urn

uruguayo, -a Uruguayan

uso; use; custom

usurpador, -a usurping; *m* usurper

utensilio utensil

útil useful

utilitarista utilitarianist (pertaining to the philosophical theory that regarded utility as the basis of morality)

utilizar to use, utilize

utópico, -a utopian

V

vacilación vacillation; hesitation

vacilar to hesitate

vacuno, -a pertaining to cattle

vago, -a vague; *m* tramp, wanderer

valer to be worth; to cost

valiente brave

valioso, -a valuable

valor *m* valor, bravery, courage; value

valle *m* valley

vanguardia vanguard; forefront; advanced portion

vano opening in a wall, such as door, window, etc.

variante *m* variant, alternative form

variar to vary

varilla rod, rib (of a frame)

varios, -as several; various

varón *m* male

varonil manly, virile

vasallo -a *m or f* vassal, subject

vasija vessel, receptacle

vastísimo, -a very vast; extremely broad or large

vecino, -a neighboring; *m* neighbor; inhabitant; freeman

vegetal *m* vegetable

vela, sail

velada evening party

vello down (on a body)

venal venal, mercenary

vencer to conquer, overcome

vendedor *m* seller, vendor

vender to sell

Venecia Venice

venezolana, -a Venezuelan

vengar to avenge

venir (ie) to come

venta *f* sale; inn

ventana *f* window

ventilador *m* fan, ventilator

veraz truthful

verbosidad verbosity

verdadero, -a true, real

vestido dress, garment, raiment

vestimenta clothes, vestment, raiment

veterinaria veterinary medicine

vez time; **una —** one time; **a la —** at the same time, both; **a su —** in their turn

vía way, route

viajar to travel

viaje *m* trip, journey

viajero traveler

viandante *m* traveler, stroller

vicio vice; weakness, fault

vicioso, -a vicious

vicisitud vicissitude

vicuña a wool-bearing animal

vida life; **mujeres de la —** prostitutes

vidalita a type of sad and plaintive song among the gauchos

vidriado, -a glazed

vidrio glass

vientre *m* belly; womb

viga beam

vigencia force, operation

vigente governing, effective

vigilancia vigilance, watchfulness

vigilar to watch over; to keep guard

vínculo bond; tie

vincha band worn around the head

vino *m* wine; also *pret. of* venir

violar to violate

virgen *f* virgin

virreinato viceroyalty

virrey *m* viceroy

virtud virtue; **en — de** by virtue of

virtuosismo virtuosity

viruela smallpox

viscoso, -a viscose, thick, sticky

visitador *m* visitor, searcher, inspector

víspera eve, day before

vista view

vistoso, -a showy, colorful

vitalismo vitalism

vitalizar to vitalize, enliven

viuda widow

viudo widower

vivienda dwelling, living quarters; housing

viviente living

vivo, -a alive

vocablo word, expression

vocación vocation, calling

volador, -a flying; *m* flier

volcán volcano

volumen *m* volume

voluntad   will
voracidad   voracity
vorágine *f*   vortex
vuelo   flight; flare
vuelta   turn; return
vulgarmente   popularly, by the people

X

xeque   Indian word used by the Chibchas to refer to their priests
xenofobia   hatred or fear of foreigners

Y

ya   already; now; — no   no longer; — que   since, because
yacimiento   deposit, field

yanacona   Incan word referring to a type of slave used for specialized tasks
yuca   yucca (a nutritious, farinaceous plant from which tapioca comes)

Z

zaga   back, extremity; a la —   behind
zaque   a word used by the Chibchas to indicate a chief
zambo   offspring of an Indian and a Negro
zipa   a word used by the Chibchas to indicate a chief
zona   zone
zoomórfico, -a   zoomorphic, pertaining to animals
zurdo, -a   left-handed

ORÍGENES DE LAS FOTOGRAFÍAS

Our special thanks to Mr. Kenneth C. Turner, Photograph Librarian of the Columbus Memorial Library of the Organization of American States (OAS), for his generous cooperation.

American Museum of Natural History: 20 (below left and right), 22 (left), 26, 30 (both), 51 (bottom right)

Argentine Consulate General, New York: 160

Art Institute of Chicago (Buckingham Fund): 51 (bottom left)

La Biblioteca Nacional del Perú: 163

Bodleian Library, Oxford, England: 43

Brooklyn Museum (Henry L. Batterman and Frank Sherman Benson Funds): 42 (bottom right)

Chilean Embassy, Washington, D.C.: 61 (top)

Colegias de Tepotzotlan, Tepotzotlan, Mexico: 85

Colombian Government Tourist Office, New York: 55

Consulate General of Brazil, New York: 124 (all), 129, 130, 310 (top)

Dartmouth College Photo Bureau: 311 (top)

Davenport Municipal Art Gallery, Davenport, Iowa: 118

Exxon Corporation (Puerto Rican Print Collection): 290
FAO: 9, 11 (right), 240 (bottom), 250 (bottom), 254 (top), 260, 270 (both), 272 (both), 283
Hospital de Jesus, Mexico City: 72 (top)
IBM World Trade Corporation: 329 (top left)
Instituto Nacional de Bellas Artes, Mexico: 195
Library of Congress: 72 (bottom), 115 (top)
Magnum: 227; photo by Cornell Capa, 208
The Metropolitan Museum of Art: 64 (gift of J. Pierpont Morgan, 1900)
Mexican National Tourist Council, New York: 20 (top left, center left), 21 (both), 31, 42 (top), 140 (both), 153, 264, 285, 312 (right)
Monkmeyer: photos by Paul Conklin, 10, 16 (bottom), 275 (top), 280 (top); by Dieter Grabitsky, 120; by Mann, 13; by Marilu Pease, 17 (bottom), 114 (left)
Museo Nacional de Antropología e Historia de México, Biblioteca: 42
Museo Nacional de Historia, Chapultepec, Mexico City, 190
Museum für Volkerkunde, Vienna: 73 (bottom)
Museum of Fine Arts, Boston, Mass.: 47 (both)
Museum of Primitive Art, New York: 51 (above)
The New Yorker Magazine, Inc.: 302 (drawing by Sabat, copyright © 1970)
The New York Public Library (Astor, Lenox, and Tilden Foundations): From the American History Division: 78 (from Poma de Ayala, Historia Gráfica del Perú); 101 (from Pablo de la Purisimo Concepción Beaumont, Cronica de la Provincia . . . , 1750). From the Art and Architecture Division: 94 (from Sociedad Española Amigos del Arte, Exposición Catalogo General Ilustrado, Madrid, 1930). From the Humanities Division: 82; 108 (from Re-

tratos de los Espagnoles Illustres); 158 (from Alberto Palcos, Historia de Echeverría); 174 (top) (from R. A. Arrieta, Historia de la Literatura Argentina, Buenos Aires, 1959). From the Picture Collection: 82, 148, 169 (bottom). From the Prints Division: 76; 90 (from Carl Nobel, Voyage Pittoresque . . . du Mexico, Paris, 1836). From the Rare Book Division: 73 (top) (from Civitates Orbis Terrarum, vol. I); 77 (from Johannes Gysius, Le Miroir de la Cruelle, Amsterdam, 1620); 91; 100
The New York World (1898): 169 (top)
OAS: 2, 8 (both), 11 (left), 16 (top), 17 (top), 20 (top right), 75, 115 (right), 132, 166, 168, 170, 172, 174 (bottom), 180, 183, 186, 189, 199, 203, 228, 236, 249, 251, 254 (bottom), 261 (both), 269 (both), 271, 277, 280 (bottom), 294, 299, 310 (top), 312 (left), 314, 319, 325, 328
Peace Corps/(ACTION): 240 (top)
Peruvian Tourist Bureau, New York: 50, 96
Philadelphia Museum of Art (The Robert H. Lamborn Collection): 110 (photo by A. J. Wyatt, staff photographer)
Jaime Suchlicki: 212-213 (all) (from his Cuba: From Columbus to Castro, Scribners, New York, 1974)
Transocean Press, Buenos Aires, Argentina: 151 (all)
United Nations: 175, 194, 250 (top), 321 (top), 322
United Press International: 216, 219
University Museum, Philadelphia, Pa.: 22 (right), 61 (bottom)
U.S. News and World Report: 321 (bottom)
VARIG Airlines: 329 (bottom)
Venezuelan Government Tourist Bureau: 115 (bottom), 275 (bottom), 332
West Point Museum Collection: 138
WHO: photos by Paul Almasy, 241 (top), 274, 311 (bottom); by P. Larsen, 241 (bottom); By W. Muckenhirm, 323

ORIGENES DE LAS FOTOGRAFIAS